自我探索與成長

Self-exploration and Growth

林仁和◎著

序

當《自我探索與成長》這本書在迎接2018新年喜氣洋洋的鞭炮聲中完稿，筆者爲此書的出版，獻上誠摯的感謝。自2013年《生涯規劃與發展》出書以來，持續接到讀者以及授課老師的建議，從另一個角度討論年輕人所關心的「探索與成長」議題，今日終於能夠如願。

「小兵立大功」的時代

如果說，上個世紀是「巨人」的世代，因爲它造就了許多耳熟能詳的人物，例如，蘋果電腦的賈伯斯、台積電的張忠謀以及鴻海的郭台銘等傑出的企業創辦人與經營者；那麼，二十一世紀就是個邁向「小兵立大功」的時代。

2017年暑假前從法國巴黎的雷平發明展（Concours Lepine）傳來好消息。大會特別表揚兩名來自桃園會稽國中的二年級學生：張鈞翔以「防瞌睡警示器」獲得金牌；郭宇新的「防洪警鈴」獲銅牌。年僅十四歲的兩人，首度出國參展就奪下獎牌。此外，二十一歲的高志宏以「Just It歡樂碗」獲得特別獎。此次參展，台灣共獲得11金、23銀、40銅的成績。

台灣學子參加2017在泰國舉辦的國際化學奧林匹亞競賽，傳回捷報：四位代表全數奪金，國際排名第一，還有一位台中一中學生葉遠蓁，個人排名世界第二。台灣參加化學奧賽，每年都獲得不錯的成績，近十年國際排名都是前五名，加上今年共有六次拿下第一。此外，在匈牙利舉辦的世界模型大賽，2017年台灣拿到1金1銀3銅的佳績，難以相信的是，五位得獎者，都是第一次參加國際賽的年輕人，而且最小的得獎者，只有十七歲。除了恭喜「立大功」的小兵們，期

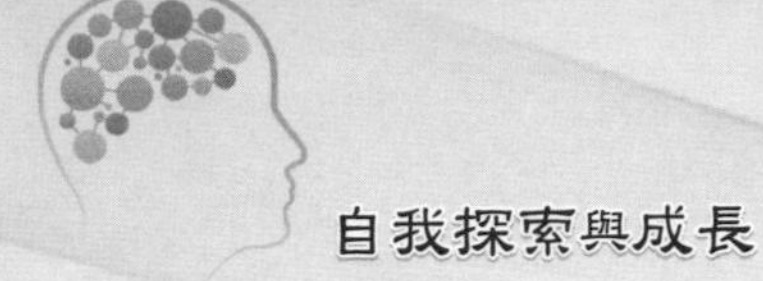

待有更多的年輕人加入這項自我成長的行列。

「空椅子」的聯想

2017年12月7日出版的《空椅子》（*Empty Chairs*），作者安妮·凱勒（Anne Davidson Keller）。本書在亞馬遜（Amazon）圖書獲得很棒的5.0評分。動人地描繪一個家庭的年輕一代，如何在成長過程中面對挑戰的奮鬥故事。

喬·麥克道威爾（Joe McDowell）從他母親的錢包裡偷走了一些硬幣（累積出遠門的路費）。爲什麼？因爲他想要一個貧窮的農場男孩永遠不能擁有的東西：尋找自己的夢想。而從他來看，情況是越來越糟糕。喬的哥哥泰德離家從軍去打仗，而且看起來好像喬必須成爲家庭下一代經營農場的人。他不想要接那個棒子，但是，他怎麼能讓爸爸失望？家庭能倖免於即將面臨的危機嗎？在這故事的一次大轉變中，他必須在個人理想和家庭現實需求之間做出沒有退路的選擇……。

對這位心中徬徨不安的年輕人，或許也包括讀者們，目前的情況是：面對著有許多的「空椅子」。是誰留下的？給誰留下的？問題的關鍵不是找答案，而是尋找它們的新主人！是在上面所提起的兩位國中二年級學生張鈞翔與郭宇新嗎？是高中生葉遠蓁？二十一歲的高志宏？或者是親愛的讀者：是妳？是你？

作者的誠摯期許

身爲教育工作者，撰寫此書的唯一目的是：希望分享「過來人」的經驗，幫助年輕人透過探索自我，以便爲自己的存在價值定位，在具有巨大挑戰與機會的二十一世紀裡成長、茁壯與發展。

筆者秉持英國約翰·羅斯金（John Ruskin）與愛爾蘭威廉·巴特勒·葉慈（William Butler Yeats）兩位教育家的理念：教育不只在

於使人知其所未知，而且更在於行其所未行（Education does not only mean teaching people to know what they do not know；but it also means teaching them to behave as they do not behave）；教育不是裝滿一桶水，而是點燃一把火（Education is not the filling of a pail, but the lighting of a fire）。當讀者在追求未來夢想的過程中，假使能夠運用書中的建言，在專業之外擁有優良品德與熱情動力，將在競爭劇烈的就業市場上，擁有絕對優勢！

《自我探索與成長》設計爲通識課程教材，爲授課者提供「教師使用手冊」。內容包括：教學計畫、內容介紹PPT、測驗問題以及討論個案。

林仁和　謹識

2018年1月1日東海大學

目錄

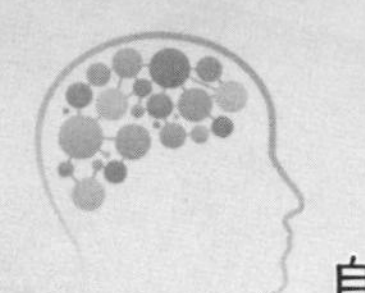

探索篇

第一章

我是誰？
——自我與我的存在

- 探索真實的自己
- 尋找自己的未來
- 讓我的夢想成真
- 成長加油站：王牌推銷員

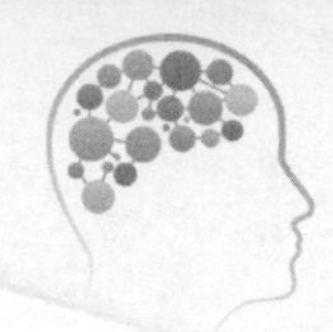

《自我探索與成長》這本書以「我是誰？」開始討論，似乎有太過簡單的嫌疑，其實不然，以都市更新方案爲例，摩天大樓也要從打地基開始興建，因爲本書的目標是通識課程以及有興趣重新探索自我與成長的讀者。

本章依照「我是誰？——自我與我的存在」主題，探討三項議題：探索眞實的自己、尋找自己的未來以及讓我的夢想成眞。首先，探索眞實的自己，討論內容包括：探索心態問題、探索自我概念、探索自我期待以及肯定自己開始。其次，尋找自己的未來，討論內容包括：確認自己努力、經常擁抱希望以及培養健康心態。最後，讓我的夢想成眞，討論內容包括：大樹成長理論、建立樂觀態度以及森林效應助力。

一、探索真實的自己

每一個人都在探索自己，在幼兒時候，喜歡從鏡子觀看自己外表的樣子；上學的時候，從鏡子觀看自己的樣子以外，也會在意同學們

兩個人同時從窗户望出去，
一個人往下看到泥土，
一個人卻往上看到了星星！
Two people in the same time from window looked out,
One down to see the soil,
One is up to see the stars!

——塞爾瑪《快樂城堡》（Selma, *Happy Castle*）

對自己的看法；在中學以後，有功課壓力以及與同學間的競爭，會開始檢討自己的學習能力以及思考如何改善缺點。從此，個人就開始了邁向一段漫長的成長與發展的生活歷程。

(一)探索心態問題

話說，從前在美國有一位名叫塞爾瑪（Selma）的年輕妻子與軍人丈夫駐紮在一個沙漠旁的陸軍基地裡，丈夫經常在沙漠裡演習，她一個人留在部隊眷屬的小房子裡，天氣熱得讓人受不了，又沒有人可以聊天，鄰居大多是不會說英語的墨西哥人和印第安人。她感覺非常難過，於是就寫信給父母親，告訴他們她決定放棄這段婚姻。父親的回信只有簡單的三行字：

兩個人同時從窗户望出去，
一個人往下看到泥土，
一個人卻往上看到了星星！

塞爾瑪非常失望，爲什麼平常非常多話的父親，竟然連一句安慰的話都沒寫？思考多日，她終於領悟父親的用意：兩個人雖然同時從一個窗戶往外看，結果卻看到了不同的世界，因爲往上看，才能看到美麗的天空。她一再思索爸爸的話，最後決定留下來陪伴丈夫，而且要在沙漠中找到星星。

塞爾瑪開始和當地的墨西哥人和印第安人交往，他們的反應讓她非常驚奇，她對他們的紡織品、陶器表示興趣，他們就把最喜愛但捨不得賣給觀光客的紡織品和陶器都送她。她也研究迷人的仙人掌和各種沙漠植物與生態，也知道有關土撥鼠的習性。她觀察沙漠的日落，尋找幾萬年前留下來的海螺殼，原來這沙漠的前身是海洋。終於，原本難以忍受的惡劣環境，變成了令人興奮、留連忘返的絕妙之地。

是什麼使她內心發生這麼大的轉變呢？沙漠沒有改變，墨西哥人沒有改變，印第安人也沒有改變，但是，這位女孩子的念頭改變了：心態改變了。一念之差，使她把原先認爲惡劣的情況變爲一生中最有意義的探險與學習。塞爾瑪爲發現新世界而興奮不已，並寫了一本《快樂城堡》（*Happy Castle*）的書。

在成長與學習過程中，失敗平庸者居多，主要是心態有問題。面對困難時，多數人選擇逃避、倒退的方式，結果陷入失敗的深淵。成功者遇到困難，仍然保持積極的心態與意念，鼓勵自己，想盡辦法，不斷前進，直到成功。偉大發明家愛迪生面對幾千次失敗的試驗，也絕不退縮，最終發明了照亮世界的電燈。

從現實的世界裡，我們觀察到一個奇怪的現象。我們仔細觀察、比較一下成功者與失敗者的心態，尤其是關鍵時刻的心態，也就是在做決策時刻的心態，我們發現「心態」（mental attitude）會導致非常驚人的差異結果。從心理學的觀點看，「心態」是建立在個人所設定的「自我概念」的基礎上，塞爾瑪的故事正是一個很好的證據。「心態」對探索自我的年輕人來說，非常重要。

(二)探索自我概念

自我概念（self-concept）是一個人對自己存在的體驗。它包括一個人透過探索、經驗、反省以及別人的回饋，逐步加深對自己的瞭解，隨後就在「自我概念」基礎上成長與發展。自我概念是一個認知的過程，由態度、情感和價值觀等組成，貫穿整個成長經驗和發展行動，並把個人的各種特定習慣、能力、思想、觀點等組織起來。

心理學家威廉・詹姆斯（William James）於是用self（自我）來表示自我的核心，而且這種做法也沿襲至今。詹姆斯於1890年把自我區分爲作爲客體的我（me）和作爲主體的我（I）。自我（me）是自己在探索過程中所獲得對自己的概念，個人就在這基礎上發展了主體我（I），然後邁向個人的成長與發展的漫長生活歷程。

自我概念包括了三種不同形式：(1)物質的我，指個人的身體、性別以及其相關屬性；(2)精神的我，由個人目標、抱負和信念等所組成；(3)社會的我，也就是他人所看到的我。

勇敢冒險

對於那些害怕危險的人，危險無處不在。

有一天，龍蝦與寄居蟹在深海中相遇，寄居蟹看見龍蝦正把自己的硬殼脫掉，只露出嬌嫩的身軀。寄居蟹非常緊張地說：「龍蝦，你怎麼可以把保護自己身軀的硬殼放棄呢？難道你不怕有大魚一口把你吃掉嗎？以你現在的情況來看，連急流也會把你沖到岩石去，到時候你就糟糕了？」

龍蝦氣定神閒地回答：「謝謝你的關心，你不瞭解我們龍蝦每次成長都必須先脫掉舊殼，才能生長出更堅固的外殼，現在面對的危險，是為了將來發展得更好所作的準備。」

寄居蟹仔細反省，自己整天只能找可以避居的地方，而沒有想過如何令自己成長得更強壯，整天只活在別人的保護之下，難怪永遠都限制自己的發展。

焦點：每個人都有一定的安全區，你想跨越自己目前的成就，就不要劃地自限，勇敢接受挑戰，並充實自我，你一定會發展得比現在更好。

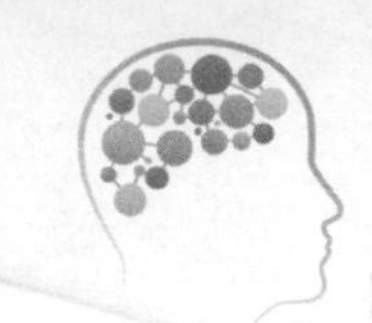

1940年代，心理學家羅傑斯（Carl Ransom Rogers）進一步詳細闡述了自我概念。他專注於自我概念的「知覺和自尊」（perception and self-esteem）方面的評價。羅傑斯區分了作爲實際感覺到的自我（眞實自我）和作爲理想中的自我（理想自我）。他認爲兩者都可以加以測定，是各有特點的有用概念。眞實自我被置於略低於理想自我的地位，眞實自我和理想自我之間的差異表示個人的心理順應指數。理想自我引起適當層次的自重和有關目的定向的期待，因而激發個人成就感和對社會的責任感。

(三)探索自我期待

探索個人期待是年輕人在成長與發展過程中的重要課題。我們不能預知未來發展的各種情況，但是，我們確定能夠適應它。學習擁有正確的心理態度和良好的習慣會有積極的收獲，千萬不要接納心靈的垃圾。普天之下，云云衆生，莫不渴望實現自身的價值，莫不渴望致富，莫不渴望成功。但是，如何捕獲成功，通向成功之路的起點在哪裡呢？人們都在默默嘗試與尋找。

成功學家拿破崙．希爾（Napoleon Hill）告訴人們，如果想要成功，首先應該認識自己的隱形護身符。我們每人都佩帶著隱形護身符，護身符的一面刻著PMA（positive mental attitude，積極的心態），另一面刻著NMA（negative mental attitude，消極的心態）。這塊隱形護身符具有兩種驚人的力量：它既能吸引也能排斥財富、成功、快樂和健康。它可以使人登峰造極，也可以使人終生陷在谷底，即使爬到顚峰，也會被它拖下來。

那麼，心態是如何影響個人的期待呢？按照行爲心理學來說，當有一種信念或心態後，你把它付諸行動，就更能加強並助長這種信念。舉例來說，你有一個信念，就是你能夠很好地完成自己承擔的工

樂觀向上

兩隻青蛙在覓食中，不小心掉進了路邊的牛奶罐裡，牛奶罐裡還有一些牛奶，但是足以讓青蛙們體驗到什麼叫滅頂了。

其中一隻青蛙想：完了，完了，全完了，這麼高的牛奶罐，我是永遠也出不去了。於是，它很快就被埋了下去。

另一隻青蛙在看見同伴消失於牛奶中時，並沒有一點沮喪或放棄，而是不斷告誡自己：「上帝給了我堅強的意志和發達的肌肉，我一定能夠跳出去」。

它就一直鼓起勇氣，鼓足力量，一次又一次奮起、跳躍——生命的力量與美展現在它每一次搏擊與奮鬥裡。

不知過了多久，它突然發現腳下黏稠的牛奶變得越來越堅實起來。原來，它反覆跳躍的動作，已經把液狀的牛奶變成了一塊奶酪！不懈地奮鬥和掙扎終於換來了自由的那一刻。它從牛奶罐裡輕盈地跳了出來，重新回到綠色的池塘裡，而那一隻沉下去的青蛙就留在了那塊奶酪裡，它做夢都沒有想到會有機會逃離險境。

焦點：樂觀的精神其實是生命中最寶貴的品格，而這種精神只有在困難的時候才會突顯其價值。那是一種絕處逢生的力量，只有在眞正堅強的人身上才能找到。普通人並不能隨時保持樂觀，因爲人會懷疑原本相信的東西，而這種懷疑有時具有致命的摧毀力量。要保持樂觀的精神，首先要相信生命中美好、積極的東西。同時，還要將目光投射在事物的積極面，即使是對負面的狀況也要有正面的理解。做到這點才能時時保持樂觀的心態。

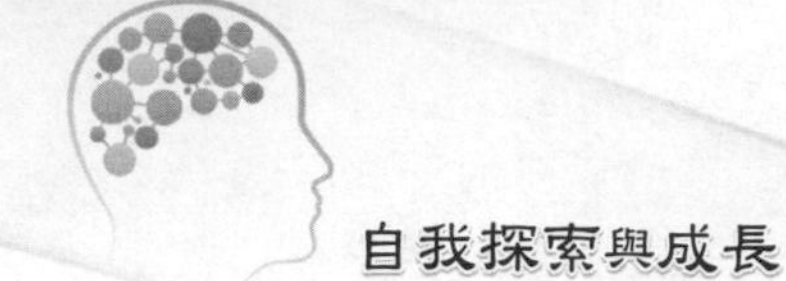

作，這時你會覺得在工作中很有信心，你常常這樣想，並在實踐中想辦法去做好工作，信心就會更強。這就是你的行動加深了你的心態。又比如說，你欣賞一個人也是這樣子的，你喜歡他，你就會主動與他交往，之後你會不斷發現這個人的優點，進而更喜歡這個人。這是情緒和行爲互相呼應的反映。同樣，對於你自己，你很喜歡自己，或是你很不喜歡自己，也是同樣的道理。

當一個心態存在以後，你的行爲會加深它。所以有時候人一哭起來是越哭越傷心，這就是哭的行爲促使人發洩情緒，彼此的因和果就混淆在一塊了。所以，當你認爲自己有實力的話，就會覺得各方面只要經過努力就能獲得成功，因爲這個世界上沒有任何人能夠改變你，只有你能改變自己，也沒有任何人能夠打敗你，也只有你自己。因此，無論你自身條件如何惡劣，只要你運用PMA，並將它和其他成功的定律相結合，就可能得到成功。反之，無論你自身條件如何優秀，機會又如何千載難逢，只要你運用NMA，則失敗是必然的。

(四)肯定自己開始

個人認知自己的期待之後，要從肯定開始行動。在推銷員中，廣泛流傳著一個故事：兩個歐洲人到非洲去推銷皮鞋。由於天氣炎熱，非洲人向來都是打赤腳。第一個推銷員看到非洲人都打赤腳，立刻失望並感嘆地說：「這些人都打赤腳，怎麼會買我的鞋呢？」於是放棄努力，結果失敗沮喪而回。另一個推銷員同樣看到了非洲人都打赤腳，驚喜萬分地說：「這些人都沒有皮鞋穿，這皮鞋市場可大得很呢！」於是他想盡辦法，引導非洲人爲了保護雙腳而學著穿鞋子，購買他所販賣的皮鞋，最後賺很多錢才回國。

這就是一念之差導致的天壤之別的結果。同樣是非洲市場，同樣面對打赤腳的非洲人，由於一念之差，一個人灰心失望，不戰而敗；

而另一個人滿懷信心，大獲全勝。俗語所謂的「半杯酒」概念，正是如此：這「半杯酒」到底是當下擁有的？還是失去的呢？

二、尋找自己的未來

我們會羨慕籃球健將林書豪或者蘋果電腦創辦人賈伯斯的成就，然而，我們對自己的期待又如何呢？學習他們的努力還是羨慕他們的好運？其實，無論一個人原來的處境、氣質與智力怎樣，至少積極的心態是人人都可以學得到的。

拿破崙・希爾說：「有些人似乎天生就會運用PMA，使之成爲成功的原動力，而另一些人則必須學習才會使用這種動力，並且人人都能夠學會發展積極的心態。」但是，怎樣培養和加強PMA？必須從以下三個方面做起。

(一)確認自己努力

老師通常會鼓勵成績比較差的學生：「你認爲你行，你就行。」這句話對任何人都適用。前面在「探索眞實的自己」有討論從肯定自己開始，那麼，我們就繼續從確認自己努力來討論。

拿破崙・希爾曾講過一個故事：一個星期六的早晨，一位牧師正在爲準備講道詞而傷腦筋，他的太太出去買東西，外面下著雨，小兒子強尼煩躁不安。後來他隨手拿起一本舊雜誌，順手翻一翻，看到一張色彩鮮麗的巨幅圖畫，那是一張世界地圖。他於是把這一頁撕下來，把它撕成小片，放在客廳地板上，並說：「強尼，你把它拼起來，我就給你兩毛五分錢。」

牧師心想他至少會忙上半天，竟然不到十分鐘，書房就響起敲門聲，他兒子已經拼好了，牧師眞是驚訝萬分，強尼居然這麼快就拼好了。每片紙片都整整齊齊地排在一起，整張地圖又恢復了原狀。

牧師問：「兒子啊，怎麼這麼快就拼好啦？」。

強尼說：「噢！很簡單呀！這張地圖的背面有一個人的照片。我先把一張紙放在下面，把人的圖畫放在上面拼起來，再放一張紙在拼好的圖上面，然後翻過來就好了。我想，假使人像拼好了，地圖也該拼得對才是。」

牧師忍不住笑起來，立即給他一個兩毛五的硬幣，「你幫我找到了明天講道的題目！」。

他說：「假使一個人是對的，他的世界也是對的！」

這個故事意義非常深刻：如果你不滿意自己的環境，想力求改變，則首先應該改變自己。假如你有積極的心態，你四周所有的問題就會迎刃而解。

(二)經常擁抱希望

在確認自己的努力之後，需要經常擁抱希望，以便取得後續的支持力量。當個人看不到將來的希望，就激發不出現在的動力，NMA會摧毀人們的信心，使希望幻滅。NMA就像一劑慢性毒藥，吃了這副藥的人會慢慢變得意志消沉，失去任何動力，則成功就會離擁有NMA的人越來越遠。拿破崙・希爾講過一匹賽馬的故事。

約翰・格里爾（John P. Grier）是一匹著名的優良品種賽馬，它曾經獲得許多次賽馬比賽的好成績。它是1920年7月的比賽中的種子選手。事實上，它的確是很有希望獲勝，它被精心地照料、訓練，並被廣告宣傳爲唯一有機會擊敗另一匹具有優勢的賽馬「男人的戰爭」（Man o' War）。

1920年7月在阿奎德市舉行的德維爾獎品賽中，這兩匹馬終於相遇了。那天是一個極爲莊嚴隆重的日子，大家的焦點都集中在起跑點。當這兩匹馬沿著跑道並列競跑時，人們都清楚「格里爾」是在和「男人的戰爭」作殊死的搏鬥。跑了四分之一的路程，它們齊頭並進，跑了一半的路程、跑了四分之三的路程，它們仍然不分高下。在僅剩八分之一的路程的時候，它們似乎還是齊頭並進。然而就在這時，「格里爾」使勁向前衝，跑到了前面。

這時是「男人的戰爭」騎師的危急關頭，他在賽馬生涯中第一次用皮鞭持續地抽打著馬匹。「男人的戰爭」的反應是這位騎師似乎在放火燒它的尾巴，它就猛衝到前面，與「格里爾」拉開距離，相較之下「格里爾」好像靜靜地站在那兒一樣。比賽結束時，「男人的戰爭」比「格里爾」領先七個身長。「格里爾」原是一匹精神昂揚的馬，是一匹很有希望的馬。但是這次的經歷卻把它打敗了，將它的隱形護身符從PMA翻到了NMA的那一面，從此消極、悲觀、一蹶不振。後來它在任何比賽中，都只是應付一下，都沒有再獲勝過。

人雖然不是賽馬，但是有格里爾精神的人卻大有人在，他們也像格里爾一樣，在PMA的指導下，也曾經有過輝煌的時刻，但是當他們一遇到挫折，他們的護身符便由PMA翻到NMA那一面，他們悲觀、失望，看不到希望的燈火，從此一敗塗地。持有NMA的人，對將來總是感到失望，在他們的眼中，玻璃杯永遠不是半滿的，而是半空的。

消極心態不僅會產生兩種主要後果，而且消極心態還具有傳染性。首先，俗話說：「物以類聚，人以群分。」聚在一塊的人會互相影響，逐漸靠攏而變成一個樣。就像結婚多年的夫婦行爲逐漸變得一樣，甚至連外貌也相似，而心態的同化是最明顯不過的。跟消極心態者相處久了，你就會受他的影響。接觸消極心態者就像接觸到輻射線，如果輻射劑量小，時間短，你還能存活，但持續接觸輻射就會要命了。

其次，消極心態還會限制人的潛能。一個人的行爲方式不可能

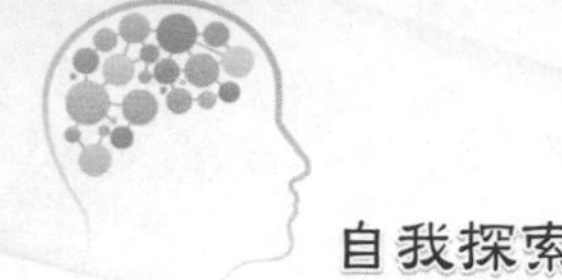

永遠與本身的自我評價脫節，消極心態者不但想到外部世界最壞的一面，而且總想到自己最壞的一面，他們不敢企求，所以往往收獲很少。如果遇到一個新觀念，他們的反應往往是：這是行不通的，從前沒有這麼做過。沒有這主意不也過得很好嗎？這風險冒不得，現在條件還不成熟，這並非我們的責任。

換言之，人們相信會有什麼結果，就可能會有什麼結果。人不可能獲得他自己並不追求的成就。不相信自己能達到的成就，他便不會去爭取。當一個消極心態者對自己不抱很大期望時，他就會給自己取得成功的能力設限，他成了自己潛能的最大敵人。

綜上所述，NMA是失敗、頽廢、消極的泉源。要想辦法遏制這股暗流，不要讓錯誤的心態，將自己變成一個失敗者。

(三)培養健康心態

經常擁抱希望的人，自然會培養出健康心態。因此，培養健康心態是必要的功課。以下七個項目，值得學習：(1)總要言行舉止像你所希望成爲的那種人；(2)要心懷必勝與積極的想法；(3)誰想收獲成功的人生，誰就要當個好農夫；(4)用美好的感覺、信心與目標去影響別人；(5)使你遇到的每一個人都感到自己重要與被需要；(6)心存感激；(7)學會稱讚別人。

◆總要言行舉止像你所希望成為的那種人

許多人總是等待自己有了靈感目標，再去付諸行動，這是本末倒置的想法。有誰看過一個獵人等獵物出現再打獵？積極行動會引導積極思維，而積極思維會導致積極的心態與行動。心態是緊跟行動的，如果一個人從一種消極的心態開始，等待著感覺把自己帶向行動，那他就永遠成不了他想成就的人生。

◆要心懷必勝與積極的想法

美國億萬富翁、工業家卡內基（Andrew Carnegie）說過：「一個對自己的內心有完全支配能力的人，對他自己有權獲得的任何東西也有支配能力。」當我們開始運用積極的心態並把自己看成成功者時，我們就開始成功了。這印證俗語所說的：「好的開始，是成功的一半。」

◆誰想收獲成功的人生，誰就要當個好農夫

我們絕不能僅僅播下幾粒積極樂觀的種子，然後就指望不勞而獲，我們必須不斷給這些種子澆水，給幼苗培土與施肥。要是不做這些動作，消極心態的野草就會叢生，並奪去土壤的養分，直至莊稼枯死。生活在二十一世紀高科技年代的年輕人，眞是很難有機會當農夫，但是，擁有農夫的積極精神，則是不困難的。

◆用美好的感覺、信心與目標去影響別人

隨著你的行動與心態日漸積極，你就會慢慢獲得美滿人生的感覺，且信心日增，人生中的目標感也越來越強烈。緊接著，別人會被你吸引，因爲人們總是喜歡跟積極樂觀的人在一起。在成長過程中，我們會運用他人的積極經驗來發展自己的感覺、信心與目標，同時也能夠從幫助別人過程中獲得積極態度。

◆使你遇到的每一個人都感到自己重要與被需要

雖然高科技讓人類更能夠獨立自主，但是，不能夠脫離社會而獨居。每個人都有一種欲望，就是感覺到自己的重要性，以及別人對自己的需要與感激。這是我們每一個人的自我意識核心：自愛、愛人與被愛。如果你能滿足別人心中的這種欲望，他們就會對自己，也對你抱持積極的互動。一種「你好，我好，大家好」的局面就將形成。正

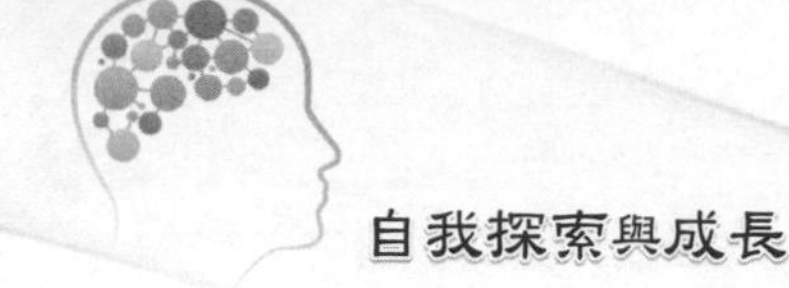

如美國十九世紀哲學家兼詩人愛默生（Ralph Waldo Emerson）說的：「人生最美麗的補償之一，就是人們眞誠地幫助別人之後，同時也幫助了自己。」

使別人感到自己重要的另一個好處，就是反過來會使你自己感到更爲重要。在大多數情況下，你怎樣對別人，別人就怎樣對你，就像那個講述兩個不同的人遷移到同一小鎭的故事一樣。第一個人到了市郊，就在加油站停下來問一位職員：「這個鎭裡的人怎麼樣？」加油站職員反問：「你從前住的那個鎭的人怎麼樣？」答：「他們眞是糟透了，很不友好。」於是加油站職員說：「我們這個鎭的人也一樣。」

過了些時候，第二個人駛進同一個加油站，問職員相同的問題：「這個鎭的人怎麼樣？」職員同樣反問：「你從前住的那個鎭上的人怎麼樣？」第二個人回答：「他們好極了，眞的十分友好。」加油站職員於是說：「你會發現我們這個鎭的人也是很好相處。」那個職員懂得：你對別人的態度跟別人對你的態度是一樣的。

◆心存感激

在日常生活中，那些持有NMA心態的人常常抱怨：父母抱怨孩子們不聽話，孩子們抱怨父母不瞭解他們，男朋友抱怨女朋友不夠溫柔，女朋友抱怨男朋友不夠體貼。在工作中，也常出現主管埋怨下屬工作不得力，而下屬埋怨上級不夠重視自己，不能發揮自己的才能。其實，個人的成就與發展並非單純獨立的事件，而是從家庭、學校與社會中相互關照、學習與磨練而得的，我們應當心存感激。

有些人對生活總是抱怨，而不心存感激。拿破崙・希爾認爲：如果你常流淚，你就看不見星光，對人生、對大自然的一切美好的東西，我們要心存感激，則人生就會顯得美好許多。有一個老故事：「一個小女孩因爲她沒有好鞋子可穿而哭泣，直到她看見了一個沒有腳的人……」。世間很多事情，常常是我們沒有珍視身邊所擁有的，而當失去它時，才悔恨不已。

◆學會稱讚別人

偉大文學家莎士比亞（William Shakespeare）曾經說過：「讚美是照在人心靈上的陽光。沒有陽光，我們就不能生長。」心理學家也說過：「人性最深切的需求就是渴望別人的欣賞。」在人與人的交往中，適當地讚美對方，會增強和諧、溫暖和美好的感情。你存在的價值也就被肯定，使你得到成就感。

前英國首相邱吉爾（Winston Leonard Spencer Churchill）曾經說過：「你要別人具有怎樣的優點，你就要怎樣地去讚美他。」實事求是，而不是誇張的讚美，眞誠的而不是虛僞的讚美，會使對方的行爲更美滿。同時，爲了不辜負你的讚揚，他會在受到讚揚的方面全力以赴。讚美具有一種不可思議的推動力量，對他人的眞誠讚美，就像荒漠中的甘泉一樣，讓人心靈滋潤。許多傑出的歌星或運動員之所以在專業領域中能大放異彩，大多是年幼時參與歌唱、運動等活動，因爲表現優異時，受到讚賞，而激發出一股自信與衝勁而發展潛力的。

因此，我們在成長、學習與生活中，我們也應該以鼓勵代替批評，以讚美來啓迪人們內在的動力，自覺地克服缺點，彌補不足之處。這樣做的話，比你去責怪，比你去埋怨會有效得多。這將會使人們都懷著積極的心態，並創造出和諧的氣氛，而有利於學習的成功和成長的幸福。由衷的讚美所帶給對方的愉快及被肯定的心情，也使自己分享了心態健康的喜悅和生活的樂趣。

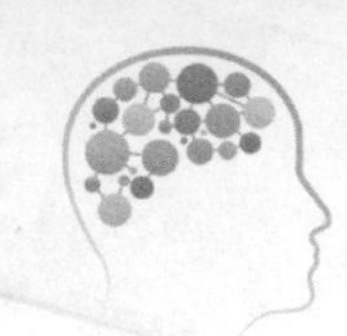

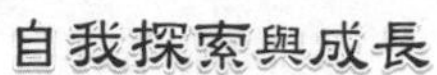

三、讓我的夢想成真

我們擁有夢想與目標是不夠的，而必須讓它成爲事實，否則，依然只是個理想而已。楊致遠（Jerry Yang），一位二十多歲的台灣移民，在美國史丹佛大學當研究生時，與同窗美國青年大衛．費羅（David Filo）合作，爲方便上網查找資料，創造出一個專門用於整理網路上浩瀚龐大資料的程式，並於1994年4月正式在網際網路上推出。YAHOO沒有龐大財力，也沒有成熟的經驗和技術資本。兩位創作者幾乎是從零開始的，當時他們還只是兩名窮學生。由於他們像農夫一樣，從播種夢想的種子開始，不斷給這些種子澆水，給幼苗培土施肥，然後等待收割——實現理想。

(一)大樹成長理論

大樹成長理論是指個人的成長理論，個人成長與樹木的成長一樣，只要滿足一些條件，就能茁壯成長。大樹成長理論告訴我們，要想成爲一棵大樹，需要五個條件：

第一，需要時間。絕對沒有一棵大樹是樹苗種下去，馬上就變成大樹，一定是歲月刻畫出年輪，一圈圈茁壯長大！今日的枝繁葉茂絕非僅是昨日的所爲。我們所期待的成功也不是一朝一夕的事情！一定是隨著時間，經驗不斷得到累積。每一次的超越都將是無可替代的寶貴財富，得之不易的成功愈加顯得彌足珍貴！

第二，需要穩定。絕對沒有一棵大樹，第一年種在這裡，第二年種在那裡，而可以成爲一棵大樹，一定是千百年來，經歷風霜雨水，屹立不搖！如果只是陽光雨露，而沒有狂風霜雪，如何懂得大自然所有的恩賜？陽光雨露給予大樹生長的陽光、營養和環境；而經歷的每一次的狂風霜雪就會使大樹更加堅定，無所畏懼。大樹不會因爲每次遇到壞天氣就想去找避風的庭園，大樹知道只要熬過就會再一次得到成長！恰恰是禁得起狂風霜雪考驗的樹木，才能成爲大樹！

第三，需要根基。大樹的樹根密度往往超出我們的想像，粗根、細根、微根，深入地底，持續的吸收營養，使自己成長茁壯。絕對沒有一棵大樹，沒有根；也絕對沒有一棵大樹的根不深入地底。根基是大樹吸取營養的泉源，沒有根就不會有大樹。如果根基不牢，大樹就會被風吹走，甚至連根拔起。爲了尋找更多的營養，大樹努力的把根深入地底。只有不斷地從大地中吸收養分，使自己的根基壯大牢固，才能禁得起歲月和時間的考驗，才能讓自己成長！

第四，需要向上成長。絕對沒有一棵大樹只向旁邊長，長胖不長高；一定是先長主幹再長細枝，互有空間，絕不打結；越向上長，空間越大，越能成爲一棵大樹！園藝師都有類似的心得體會：多餘的殘枝只能點綴暫時的茂盛，而對成長的大樹卻是累贅；大樹之所以能成棟樑，是要靠不斷地修剪枝葉，所以大樹懂得一直向上，向上，再向上！大樹明白，要壯大必須向上長！只有向上長，才能使樹幹和每個細枝擁有更大的空間，才能吸收更多的陽光！

第五，需要面向陽光。絕對沒有一棵大樹往坑洞長。積極地向光生長，就是大樹的希望所在，就是爲了爭取更多光明！大樹心中的目標就是一定要積極地尋找陽光！陽光，就是大樹的希望所在，大樹體會到必須爲自己爭取更多的光明！

(二)建立樂觀態度

在大樹成長理論建立成長的必要條件之後，個人的發展還需要做一番的努力。首先，是建立樂觀態度。爲了培養樂觀的精神，就必須

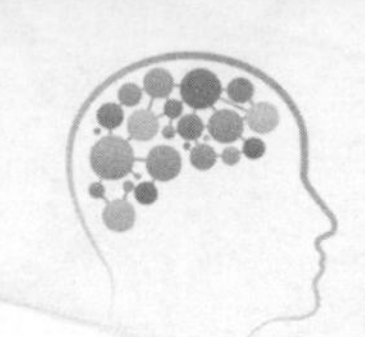
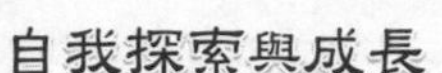

瞭解培養樂觀的九個步驟：

第一，不要做一個受制於自我的困獸。要衝出自己造成的圍籬，當一隻翱翔天空的鳥吧！只要是抱著樂觀態度，必定是個實事求是的現實主義者。而樂觀與現實這兩種心態，是解決問題的好朋友。不值得交往的朋友是那些悲觀主義者和一些只會取笑他人的人。當我們幫助朋友時，不要只著重在分擔他的痛苦和說些無關緊要的話。如果要建立親密的關係，就必須有共同的人生價值和目標。

第二，當情緒低落時去探望更不幸的人。當情緒低落時，不妨去訪問孤兒院、養老院、醫院，看看世界上除了自己的痛苦之外，還有多少不幸。如果情緒仍不能平靜，就積極地去和這些人接觸；和孩子們一起散步遊戲，把自己的情緒，轉移到幫助別人，並重建自己的信心。通常只要改變環境，就能改變自己的心態和感情。

第三，聽聽愉快、鼓舞的音樂。不要去看早上的電視新聞，看看與你的職業及家庭生活有關的當地新聞。不要向誘惑屈服，而浪費時間去閱讀別人悲慘的新聞。在開車上學或上班途中，聽聽電台的音樂或自己喜愛的音樂。如果可以的話，和一位積極心態者共進早餐或午餐。晚上不要只是看著手機，坐在電視機或者電腦前，要將時間用來和你所愛的人談談天。

第四，改變你的習慣用語。不要常說「我眞累壞了！」，而要說「忙了一天，現在心情眞輕鬆！」；不要說「他們怎麼不想想辦法？」，而要說「我知道我要怎麼辦！」；不要在團體中抱怨不休，而要試著去讚揚團體中的某個人；不要說「爲什麼偏偏找上我？我的天啊！」，而要說「請考驗我吧！」；不要說「這個世界亂七八糟！」，而要說「我要先把自己家裡整理好。」

第五，向龍蝦學習。龍蝦在某個成長的階段裡，會自行脫掉具有保護作用的硬殼，因而很容易受到敵人的傷害，這種情形將一直持續到它長出新的外殼爲止。個人生活中的變化是很正常的，每一次發生變化，總會遭遇到陌生及預料不到的意外事件。不要躲起來，使自己變得更懦弱。相反地，要敢於去應付危險的狀況，對你未曾見過的事物，要積極培養信心。

第六，重視你自己的生命。不要說：「只要吞下一口安非他命，就可忘記煩惱。」不要說：「只要吃下毒藥，就可獲得解脫。」不妨這樣想：「PMA將協助你度過難關。」你所交往的朋友，你所去的地方，你所聽到或看到的事物，全都存在你的記憶中。由於頭腦指揮身體如何行動，因此你不妨從事高級和最樂觀的思考。人們問你爲何如此樂觀時，請告訴他們，你情緒高昂是因爲你服用了「腦內嗎啡」（安多酚，endorphin）。

第七，從事有益的娛樂與教育活動。觀看介紹自然美景、家庭健康以及文化活動的節目；挑選電視節目及電影時，要根據內容的品質，而不是在意於商業吸引力。避免接受誇大不實的廣告宣傳，包括假冒專業的置入性廣告。

第八，擁有健康心態。年輕人在幻想、思考以及談話中，應表現出自己的健康情況很好。每天對自己做積極的自言自語，不要老是想著一些小毛病，像感冒、頭痛、扭傷以及一些小外傷等。如果你對這些小毛病太過注意了，它們將會成爲你最好的朋友，而經常來「問候」你。你腦中想些什麼，你的身體就會表現出來。在撫養及教育孩子時，這一點尤其重要，要常常想著家庭的好處，注意家庭四周的健康環境。有一些父母太關心孩子的健康與安全，反而使他們的孩子變成了精神病患者。

第九，培養穩定心態。在你生活中的每一天裡，寫信、拜訪或打電話給需要幫助的某個人。在週末固定用來培養積極心態的日子，養成參與宗教或社區活動的習慣。根據對青少年濫服藥物所作的研究報告指出，不服用任何藥物的正常年輕人，他們生活中的三大支柱就是：宗教信仰、良好的家庭關係以及高度的自尊心。我們不建議你從

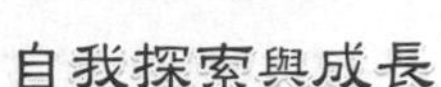

你的字典裡把「不可能」拿掉，而是建議你要從你的心中把這個觀念剷除掉，不再爲它編理由，不再爲它尋找藉口，把這個字和這個觀念永遠的拋棄，而用光輝燦爛的「可能」來替代它。

湯姆・鄧普西（Tom Dempsey）就是將不可能變爲可能的一個好例子。他生下來的時候，只有半隻腳和一隻畸形的右手。父母從來不讓他因爲自己的殘疾而感到不安。結果是任何男孩能做的事，他也能做，如果童子軍團行軍10哩，湯姆也同樣走完10哩。後來他要參加橄欖球隊，他可以把球踢得很遠，超越其他人。他請人專門設計一隻鞋子，參加了踢球測驗，並且得到了一份合約。

但是教練卻很婉轉地告訴他，說他「不具有擔任職業橄欖球員的條件」，請他去試試其他的事業。最後他申請加入紐奧爾良聖徒球隊（New Orleans Saints），並且請求給他一次機會。教練雖然心存懷疑，但是看到這個男孩這麼自信，對他有了好感，因此就招收他。兩個星期之後，教練對他的好感更深，因爲他在一次友誼賽中踢出55碼的得分球。這個成績讓他獲得了專爲聖徒隊踢球的工作，而且在那一季中爲這個球隊踢得了99分。

然後，到了最偉大的時刻，球場上坐滿了66,000名球迷。球是在28碼線上，比賽只剩下幾秒鐘，球隊把球推進到45碼線上，但是根本就沒有時間了。「湯姆，進場踢球。」教練大聲說。當湯姆進場的時候，他知道他的球隊距離得分線有55碼遠，球傳接得很好，湯姆一腳全力踢球，球筆直地前進，但是踢得夠遠嗎？66,000名球迷屏住呼吸觀看，接著球門終端得分線上的裁判舉起了雙手，表示得了3分，球在球門橫桿之上幾英寸的地方越過，湯姆的球隊以19比17獲勝。

球迷狂呼喊叫，爲踢得最遠的一球而興奮，這是只有半隻腳和一隻畸形的手的球員踢出來的！「眞是難以相信」有人大聲叫，但是湯姆只是微笑。他想起他的父母，他們一直告訴他的是他能做什麼，而不是他不能做什麼。他之所以創造出這麼了不起的紀錄，正如他自己說的：「他們從來沒有告訴我，我有什麼不能做的。」

總之，你永遠也不要消極地認定什麼事情是不可能的。首先你要認為你能，再去嘗試、再嘗試，最後你就會發現你確實能。

(三)森林效應助力

在前面，我們根據大樹成長理論來論述個人的發展，接著繼續以森林效應的助力來完成目標的實現。森林效應（Forest Effects）是植物學名詞，後來被引用到管理學的應用上。它指出，一棵樹如果孤零零地生長於荒郊，即使存活也多半是枯矮畸形；如果生長於森林中，則每棵樹都爭搶水露、爭取陽光，直到整個森林都是高高聳立的大樹。管理專家們將此現象稱之為「森林效應」。森林效應告訴我們：個人的成長是在團體中透過與人交往、與人競爭而成長的，團體的要求、活動與評價和成員素質等，都對個人成長具有舉足輕重的作用。優良的團體往往可以造就心智健康的人，不良的團體通常會造就心智不健康的人。

森林效應對個人成長與企業管理工作頗有啓迪作用。對個人而言，在學習成長與發展過程中，大家共同相互切磋與彼此競爭是必要的。同時，企業領導者要善於利用團體的作用，來促進下屬個人心智的健康成長，就是一方面要創造條件讓下屬之間、下屬與其他企業下屬之間多一些交往的機會，透過交往來開闊眼界、更新觀念、互相學習、取長補短，以加速自身素質的提高；另一方面要採取各種措施營造競爭、向上的良好團體氣氛，讓下屬在良好團體氣氛的長久薰陶下，尋找到競爭對手，感受到工作壓力，激發出工作的動力。這也印證了俗語所說的：「獨木不成林」。因為，個人沒有競爭就沒有成長與發展的生命力。

如今台灣一些年輕人，雖然懂得競爭的重要性，但是在實際學習

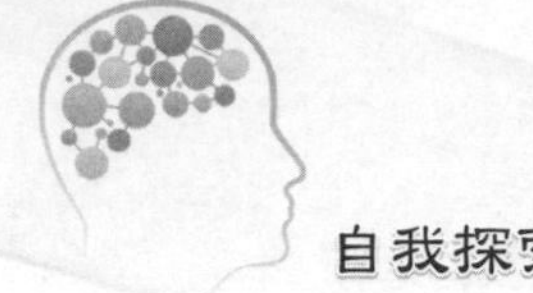

中，往往因爲種種的原因，卻又不願融入到競爭的大潮流去，不思進取，不敢創新，抱著「餓不死」的消極心態及懶惰的思想觀念，變成很難有所成就，最終逃脫不了被淘汰的命運。因此，個人若要不斷的成長與發展，就應該像樹木那樣，融入到競爭市場的「森林」之中，去爭取水露與陽光，才能徹底改變「畸形」與「矮小」的局面，在學習過程中或在人力資源市場上保持旺盛的生命力。

四、成長加油站：王牌推銷員

以前美國聯合保險公司（United Insurance Company）業務部有一位艾爾・艾倫（Al Allen），他一心想成爲公司的王牌推銷員。他把自己讀過的勵志書籍和雜誌中所介紹的PMA原理拿來應用。在一本名爲《成功無限》（*Success Infinite*）的雜誌裡，他讀到一篇題目爲〈化不滿爲靈感〉（Dissatisfaction as Inspiration）的社論後，不久他就有了應用的機會。

一個寒風刺骨的冬天，艾爾在威斯康辛市區裡冒著嚴寒向一家家商店拉保險，結果一張保單也沒簽成。他非常不滿意自己的表現，但他的PMA卻把不滿轉變成「靈感」。他突然想起自己讀過的那篇社論，就決心試一試。第二天從辦事處出發前，他把自己前一天的挫敗告訴其他推銷員。他說：「等著看好了！今天我要再去拜訪那些客戶，並且會賣出比你們更多的保險。」說也奇怪，艾爾眞的辦到了。他回到原來的市區裡，再度拜訪每一個他前一天談過話的人，結果他一共賣出66份意外險。

把隱形護身符翻過來，不用NMA的那一面，而使用具有PMA的威力的這一面，是許多傑出人士的共同特徵。大多數人都以爲成功是突然降臨的，或是我們擁有這些優點，卻視而不見。其實最明顯的往往最不容易看見，每一個人的優點正是自己的PMA，一點也不神秘。

積極的心態（PMA）是正確的心態，正確的心態是由「正面」的特徵所組成的，例如信心、誠實、希望、樂觀、勇氣、進取、慷慨、容忍、機智、誠懇與豐富的常識等等都是正面的。至於消極的心態（NMA）的特性都是反面的，它們是消極、悲觀、頹廢的不正確的心理態度。拿破崙・希爾在研究成功人士多年以後，終於有一個結論：認爲積極的心態正是成功者們共有的一個簡單的秘密。

人與人之間只有很小的差異，
但是這種很小的差異
卻往往造成了巨大的差異結果！
這個很小的差異就是
所具備的心態是積極的還是消極的，
巨大的差異結果就是
成功與失敗。

——拿破崙・希爾《邁向成功的肯定心態》

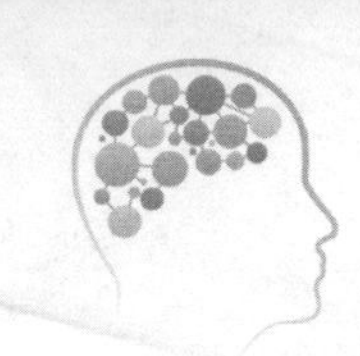

思考問題

1.塞爾瑪（Selma）如何轉變心態，而沒有放棄婚姻？

2.自我概念包括了哪三種不同形式？

3.試說明PMA（positive mental attitude，積極的心態）與NMA（negative mental attitude，消極的心態）。

4.如果你不滿意自己的環境，想力求改變，要如何改變自己？

5.消極心態會產生哪兩種主要後果？

6.如何培養健康心態？

7.請說明大樹成長理論，要想成爲一棵大樹，需要哪五個條件？

8.請說明培養樂觀的九個步驟。

9.何謂「森林效應」？

第二章

我會是怎樣的人？
——自我發展與歷程

- 成就者的搖籃
- 發展成就能量
- 登上成就舞台
- 成長加油站：為成就鋪路

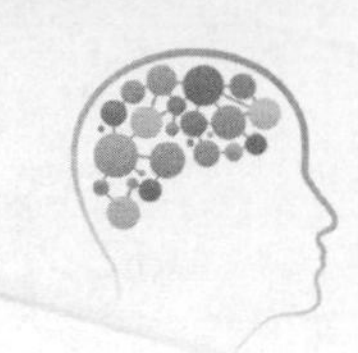

承接上一章「我是誰？——自我與我的存在」的探索之後，我們將進行「我會是怎樣的人？——自我發展與歷程」的討論。因爲，一個成長中的人在確認自己存在與自我定位：我是誰？之後，自然會希望探索未來發展的可能性：我會是怎樣的人？

本章根據「我會是怎樣的人？——自我發展與歷程」主題，探討三項議題：成就者的搖籃、發展成就能量以及登上成就舞台。首先，成就者的搖籃，討論內容包括：建造成就基礎、爲成就添柴火以及尋找成就機會。其次，發展成就能量，討論內容包括：掌握成就動機與掌握成就訓練。最後，登上成就舞台，討論內容包括：記憶儲存知識、語言溝通工具以及意志支持努力。

在過去數千年人類文明的歷史發展過程中，有許多成功者，包括政治、經濟、文化與藝術等等各個領域的領袖人物，但是，眞正有資格稱之爲傑出成就者——天才者（genius）並不多，還不足四百人。在整個人類當中，平均每十年才出現一個「沒有爭議」的天才人物！這眞是人類的一大缺憾。

我們應該戰勝恐懼，
讓這些小小的勝利開闊世界，
開闊我們的生活。
這樣，我們就會逐漸瞭解連做夢都不敢期望的潛力。
事實上，我們造就具備這些潛力，
但卻從來沒有把它們發揮出來。

——鮑威爾將軍《人性的充分發揮》

科學研究指出，上天賜給每個人具備成就的潛能，也就是學習知識的可教性，然後，把個人所學的知識變成應用的能力。可惜之處在於傳統的填鴨式教育沒有包含各種有效的實用訓練，時下絕大部分年輕人成就的潛能沒有完全發揮。雖然大多數人的生命裡，注定難以成為偉大發明家愛因斯坦、雅虎創辦人楊致遠或者籃球戰將林書豪等傑出的國際性贏家（winners），但是，任何一個平凡的人都可能是未來個人的成就者（achievers），至少在每個普通人的身上都可以看到成就者的可能性。例如，陳立喆在世界廚師協會於挪威所舉辦的「全球甜點廚師大賽」中獲得世界冠軍；周俊勳贏得「第十一屆LG盃世界棋王戰」棋王寶座，以及國中二年級學生邱顯鈞，2016年底打造鋼彈模型作品“OVER WAR”，首次赴日參加「2016 GBWC鋼彈模型製作家全球盃」總決賽，從全球13國、525名參賽選手中脫穎而出，拿下青少年組全球冠軍等等，他們的成就是最佳證據。

一、成就者的搖籃

「我會是怎樣的人？——自我發展與歷程」的討論，「成就者的搖籃」是首項議題。討論內容包括：建造成就基礎、為成就添柴火以及尋找成就機會。

先天生理因素和後天環境因素究竟以何種方式影響人類行為？這是科學家與哲學家們一直爭論不休的問題。心理學家、社會學家長久以來便深入研究那些在人類社會以外長大的野孩或狼孩。以1920年辛格博士（Dr. Singh）發現的兩女性狼孩為例，她們保存了狼的生活習性。辛格博士想要恢復狼孩的人性，教她們說話，但結果並不理想。這個事例直指出：經過長期的教育訓練而從動物界發展分化出來的人類，如果從小離開人類社會，回到過去的動物界生活，則其生理機能

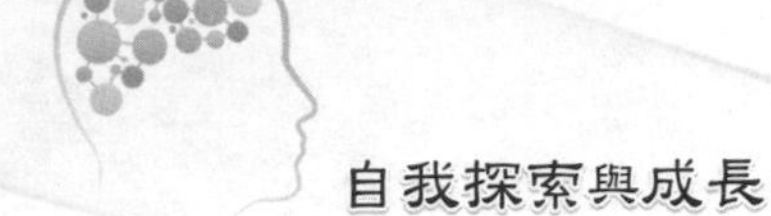

和習性就會向動物界退化，更不必說能獲得成就的個人天賦了。換言之，如果一個人從小接受適當的教育訓練，配合個人的努力，則其發展是可以期待的。

(一)建造成就基礎

個人的生涯成就發展需要建立在穩固的基礎上，它是個人努力打造的，而不是不勞而獲地靠他人施捨禮物。以最近在台灣所發生富豪家族因爲子孫爭奪遺產而鬧上法庭，登上了媒體版面，這印證俗語「富不過三代」的鐵律。反之，上天公平的提供每一位有心的成長者一個公平的努力平台。

根據心理學家麥克利蘭（David C. McClelland）的「成就需要理論」（Achievement Need Theory），個人的生涯發展要建立在三項需要基礎上：能量的需求（Need for Power）、互動的需求（Need for Affiliation）以及成就的需求（Need for Achievement）。他是美國哈佛大學教授，透過對人的需求和成就動機進行研究，於二十世紀五〇年代在一系列文章中提出的。麥克利蘭把人的高層次需求歸納爲對能量、互動和成就的需求。他對這三種需求，特別是成就需求做了深入的研究。

◆能量需求

「能量需求」是指個人能夠具有獨立自主而不受他人影響或控制的能量，甚至包括能夠影響或控制他人。不同的人對能量的渴望程度有所不同。普通人對能量的需求，通常是以自我防衛或自我保護爲主。能量需求較高的人，則對影響和控制別人表現出較大的興趣，喜歡對別人「發號施令」，注重爭取地位和影響力。

能量需求較高者常常會表現出喜歡爭辯、健談、直率，善於提出問題和要求，喜歡教訓別人並樂於演講。他們喜歡具有競爭性和能展現較高地位的場合或情境，他們也會追求出色的成績，但他們這樣做並不像高成就需求的人那樣是爲了個人的成就感，而是爲了獲得地位和能量或與自己已具有的能量和地位相稱。能量需求是管理成功的基本要素之一。

麥克利蘭還將組織中管理者的能量分爲兩種：一是個人能量。追求個人能量的人表現出來的特徵是圍繞個人需求行使能量，在工作中需要及時的回饋和傾向於自己親自操作。麥克利蘭提出，一個管理者若把他的能量形式建立在個人需求的基礎上，不利於他人來接手。二是職位性能量。職位性能量要求管理者與組織共同發展，自覺的接受約束，從體驗行使能量的過程中得到滿足。

◆互動需求

「互動需求」是指與他人建立友好親密人際關係的需求。互動需求就是尋求被他人喜愛和接納的願望。高互動需求的人更傾向於與他人交往，至少是爲他人著想，這種交往會給他帶來愉快。高互動需求者渴望互動，喜歡合作而不是競爭的工作環境，希望彼此之間的溝通與理解，他們對環境中的人際關係更爲敏感。有時，互動需求也表現爲對失去某些親密關係的恐懼和對人際衝突的迴避。互動需求是保持社會交往和人際關係和諧的重要條件。

麥克利蘭的互動需求與心理學家馬斯洛（Abraham Maslow）的「人類需求五層次」（包括生理上、安全上、感情上、尊重以及自我實現的需要）及另一位心理學家奧爾德弗（Clayton Alderfer）的ERG理論基本相同。ERG理論：生存需求（Existence Needs）、關係需求（Relatedness Needs）以及成長需求（Growth Needs）。麥克利蘭指出，注重互動需求的管理者容易因爲講究交情和義氣而違背或不重視管理工作原則，而導致組織效率下降。然而，對成長中的個人而言，

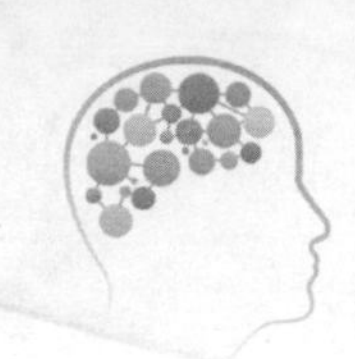

互動能量的適當需求是必要的，以便與他人建立友好與親密人際關係。互動需求就是尋求被他人喜愛和接納的動機和願望。

◆成就需求

「成就需求」是指個人希望做得最好以及爭取成功的需求。麥克利蘭認爲具有強烈的成就需求的人渴望將事情做得更爲完美，提高工作效率，獲得更大的成功，他們追求的是在爭取成功的過程中克服困難、解決難題、努力奮鬥的樂趣，以及成功之後的個人成就感，他們並不看重成功所帶來的物質獎勵。個人的成就需求與其所處的經濟、文化、社會的發展程度有關，社會風氣也制約著人們的成就需求。

山豬磨獠牙

一隻山豬在大樹旁勤奮地磨獠牙。狐狸看到了，好奇地問：「既沒有獵人來追趕，也沒有任何危險，為什麼要這般用心費力地磨牙？」山豬回答說：「你想想看，一旦危險來臨，就沒時間磨牙了。現在磨好，以備不時之需，等到要用的時候就不會慌張了。」

焦點：未雨綢繆，做好準備，日後自有用處。書到用時方恨少，平常若不充實學問，臨陣上場就會措手不及。也有人抱怨沒有機會，然而當升遷機會來臨時，再感嘆自己平時沒有充實足夠的學識與能力，以致於不能勝任，只好後悔莫及。同樣，一個企業要時常居安思危，紮實地打好基礎，才能在競爭的世界應付自如。

麥克利蘭發現高成就需求者有三個主要特點：第一，高成就需求者喜歡設立具有適度挑戰性的目標，不喜歡憑運氣而獲得成功，不喜歡接受那些在他們看來特別容易或特別困難的工作任務。第二，高成就需求者在選擇目標時會迴避過分的難度。他們喜歡中等難度的目標，既不是唾手可得，沒有一點成就感，也不是難以成功而只能憑運氣。第三，高成就需求者通常喜歡多少能立即給予回饋的任務。目標對於他們非常重要，所以他們希望得到有關工作績效的及時明確的回饋資訊，從而瞭解自己是否有所進步。這就是高成就需求者往往選擇專業性職業，或從事銷售，或者參與經營的原因之一。

(二)為成就添柴火

我們如何根據麥克利蘭的「成就需要理論」建立個人的生涯發展？又如何能夠為個人的成就添加柴火？答案要從探索影響成就需要滿足的因素來獲得。成就需要是基於內在心理體驗的需要。其滿足來自於人們對所取得的工作績效的內在心理體驗。這種體驗包括兩種：一種是對工作成果中累積的個人貢獻的體驗，一種是將個人參與及貢獻與他人比較所獲得的優勢體驗。

◆參與的體驗

個人要獲得成就所要添的第一把柴火是——對個人參與及貢獻的體驗。在一般情況下，人們對學習或工作成果中累積的個人參與及貢獻體驗越強烈，成就感就越高，成就需要的滿足程度也越大。值得指出的是，個人參與及貢獻體驗的強烈程度不僅僅取決於實際參與及貢獻，還受特定心理感受的影響。也就是說，在實際參與及貢獻的情況下，僅僅因為純粹心理因素的變化，人們就會產生不同的體驗，從而產生不同的成就感。

換言之，不同的人，即使參與程度及貢獻完全一樣，其體驗到的成就感也會不同；同一個人，在不同的時期、不同的環境下，有可能對同樣的參與及貢獻產生不同程度的成就感；同一個人，在不同的時期，不同的環境下，有不同的參與及貢獻，也可能產生相同的成就體驗。

◆優勢的體驗

個人為取得成就所添加的第二把柴火是——個人的優勢體驗。在工作中，人們不僅會對自己參與及貢獻的絕對量有心理體驗，而且會將參與及貢獻與別人進行橫向比較。當透過比較認為自己的參與及貢獻大於別人時，會產生一種優越感，或稱為優勢體驗。這種優勢體驗的特點是，不管業績是否眞的比別人好，只要人們自己認為比別人好，就能產生優勢體驗。優勢體驗越強烈，人們的成就感就越高，成就需要的滿足程度就越大。當然，影響這種優勢體驗強烈程度的因素也是多方面的，其中最關鍵的因素就是有無比較的平台或機會。這又包括兩個方面：比較機會和比較標準。進行比較的機會越多，工作績效突出的人產生優勢體驗的機會也越多，成就滿足程度也就越大。

因此，企業展開各種的競賽，或者將各項績效指標進行排名並公布，對業績突出的人是一個很好的成就激勵；由於優勢體驗是以自己的評價為標準，而不是以客觀績效為標準，因此，管理者的思考方向就應該是——想辦法使越多的員工產生優勢體驗，這就必須使績效標準多樣化。例如，對行銷員，可以制訂銷售額、收款率、開發的新客戶數量、平均價格甚至合理化建議等多項指標，使大部分行銷員都有機會因為單項指標或多項指標較好而獲得成就感的滿足，從而受到成就的激勵。

虧本經營

古德製藥廠是美國著名的企業家哈默的父親投資成立的，長期以來由於經營管理不善，產品銷售不出去，已面臨破產。哈默接手後，便對美國醫藥市場進行深入的調查研究，決定對這家藥廠進行大規模的改造，特別是在產品銷售方面。那時，美國藥品銷售有個慣例，各家藥廠生產的藥品都是把小包裝的樣品散發給在藥廠附近地區的醫生，經過這些醫生試用後，如果覺得滿意，則開出藥方，讓病人們購買整瓶、整包的藥。哈默在藥廠研製出一批品類齊全、功效卓著的藥品後，決定不按照慣例。他的工廠送出的藥物樣品全部改為大包裝，甚至是一大罐；送樣品也改成由工作人員直接送到醫生那裡，與醫生直接見面。哈默準備了各城市的地圖，把每個城市分成若干區域，指定銷售人員分區攜帶大包裝樣品和他親自執筆的宣傳廣告資料，去一戶戶地拜訪醫生和藥房。古德製藥廠的銷售員對哈默採取直接免費送樣品到醫生的決策是可以理解，但對他規定用大包裝的措施卻迷惑不解，並且怨聲載道。

哈默的策略是基於：醫生接受了許多各製藥廠小小的樣品，由於送樣品的廠家很多，不是隨手扔掉，就是放到藥櫃的角落，這樣的話，樣品就沒有達到應有的作用。哈默決定改送大包裝樣品，會使任何一個醫生都無法把它扔掉或者擱在一旁。另外，這樣可給醫生有信譽和實力的印象。雖然支出增加，但卻非常有效果。

哈默的新策略剛開始是虧本的，甚至有可能血本無歸。然而，幾個月過去後，訂單陸續湧現。不久，古德製藥廠變成全國知名。隨著業務的擴展，古德製藥廠改名為聯合化學藥品公司，成為世界有名的大企業。看來，哈默看似「虧本經營」決策是在放長線釣大魚而已。

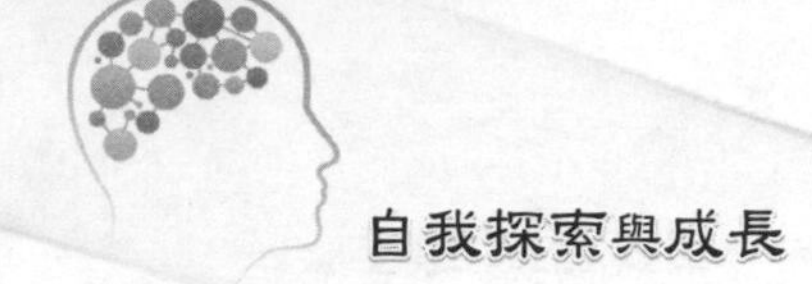

焦點：經營上的「虧本經營」決策，實際上是一種「欲取先予」的好計謀。經營者爲了擴大銷售，贏得利潤，先要做好各種促銷工作，付出一定的代價。當然，首先要評估自己的產品，是否適合目標市場的消費需求。如果連這些起碼的情況都不瞭解，那麼即使所促銷的產品非常豐碩，也無法獲得許多訂單。其次，要調查目標市場的需求及價格、稅收、管理體制等情況，以利衡量該不該採用「虧本經營」策略。

(三)提供成就機會

美國史丹佛大學特爾門教授（Lewis Madison Terman）和研究團隊對於高智商兒童的智力與創造的相互關係，進行了長達五十多年的追蹤研究，並最終獲得了1976年全美心理學會的卓越科學參與及貢獻獎。1921～1923年間，他們根據史丹佛比納智力測驗（The Stanford Binet Intelligence Test）的結果，選拔智商130分以上的小學三年級至初中二年級的男生857名，女生621名，在對他們的家長和教師進行採訪的基礎上，對這些兒童的身心特徵作了詳細的分析評價。1925年，他所著作的《天才兒童的研究》（*Genetic Studies of Genius*）報告問世。他們所進行的系統研究的結果，推翻了那種認爲超常兒童是天生異物的世俗偏見，剛好相反，天才兒童一般都與通常的兒童一樣。1947年特爾門發表《優越兒童的成長》（*The Gifted Child Growth*），這份研究報告證明，優越又較富於創造能力者，在心身發展、教育、文化、家庭、職業等方面，都表現出優越的發展狀況。

早期成就在某些領域更爲明顯。例如，在文學藝術創作上，由於這種形象創造與激情的關係甚爲密切，某些富有激情的少年便可捷足先登。在體育、音樂等動作性創造上，出於這類人的先天素質和稟賦的關係較為密切，某些兒童早期成就便較明顯。在其他領域也有不少早期成就的事例。古今中外，人們傳頌的早期成就創造的事例非常多。人類行為科學研究指出，早期成就者的成長與發展是有跡可尋的，例如，莫札特八歲譜寫一支交響曲；年僅二十五歲的歌德寫成《少年維特的煩惱》；莎士比亞二十七歲開始編劇，三十歲寫成名劇《羅密歐與茱麗葉》。在中國的白居易十六歲寫出《賦得古原草送別》；諸葛亮二十七歲作《隆中對》。愛爾蘭「神童」化學家羅伯特・波以耳（Robert Boyle）十三歲就在氣流與沸點、溶點的關係上有所建樹，一生在科學上作出了重大貢獻；義大利科學家伽利略（Galileo Galilei）十九歲成名；德國科學家高斯（Johann Carl Friedrich Gauss）十七歲成名，以及台灣國中二年級學生邱顯鈞贏得「2016 GBWC鋼彈模型製作家全球盃」青少年組全球冠軍等等為例，指出尋找個人成就機會的重要性，值得年輕人思考自我成就發展的可能性。

二、發展成就能量

在探索成長歷程中，發展成就能量是必要的課題，否則空有偉大的理想，卻無法有所成就。發展成就能量包括以下兩議題：掌握成就動機與掌握成就訓練。

(一)掌握成就動機

成就動機就是一種想要把事情做好的動力，它與個人對自己的高要求、高標準有關，也與個人的高抱負水準有關。心理學家麥克萊倫（Marian McClellan）認為人們的成就動機不但有利於個人的成長，

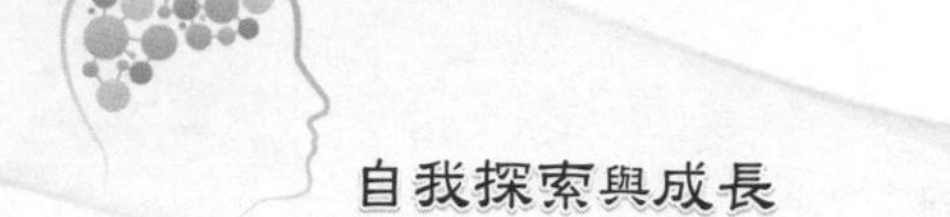

也有助於社會經濟的發展。具有高成就動機的人，生活內容豐富而充實，學習或工作主動積極，生氣勃勃，精力充沛，心情愉快；有進取心，永遠不滿足於現狀；思維活動的獨立性、創造性強，富有競爭意識，自信心強，敢於承擔具有難度的工作，並力求做得完美。

另外，在學習上成就動機高的人比成就動機低的人學習得更快。但是，在簡單的、規律性的課題中，成就動機高的人比較缺乏動力，只有在完成困難的事情時，才能獲得「成功」的滿足感，這也才能顯示出成就動機的積極作用。所以，問題在於如何提出學習課題。因爲成就動機與學習效率很有關係，所以必須提高成就動機，使自己具有取得成功的願望。那麼，如何提高成就動機呢？

◆進行獨立性訓練

首先，要掌握成就動機，我們必須要能夠進行獨立性的訓練。麥克萊倫認爲，個人的成就動機與其早期的獨立性訓練有關。他收集了八個較低文化水準地區的民間傳說，並分析了這些傳說中關於對兒童獨立性的要求與培養情況。結果發現，早期獨立性的培養與其成就動機之間有明顯的正相關。

心理學家溫特伯托（M. Winterbottom）的權威性研究，探討了兒童獨立性的培養與其成就動機的關係。他把二十九個男孩（八至十一歲）的成就動機分成幾個等級，並採用問卷法調查這些兒童的父母對其獨立性的培養，然後分析兩者的關係。調查中，他對兩個問題詢問得最爲詳細。一個問題是要求每一位母親回答她認爲自己的孩子從幾歲開始應該做以下的事情：不會迷路、開始探索、在競爭中得到好成績、自己結交朋友。結果發現：孩子成就動機高的母親認爲，兒童應該很早就開始獨立地生活；而孩子成就動機低的母親則認爲兒童應該受到一些限制，不該太早獨立活動。

另一個問題是，當兒童達到母親要求時，母親是如何獎勵他們。

結果發現，前者的母親常使用身體接觸的方式，如擁抱或親吻。這項研究顯示，父母的態度對孩子獨立自主的生活習慣的培養很重要，但另一方面也啓發我們，中學生自己應儘早地從對父母的依賴感中擺脫出來，去嘗試獨立自主的生活，體驗成功的喜悅。只有在獨立生活的磨練中，才能刺激獲得成功的欲望。

◆對自己高度負責

其次，要掌握成就動機，我們必須要能夠對自己作出的決定高度負責，凡事要有責任感。成就動機高的人是經過深思熟慮才決定接受任務，一旦接受了任務，就對自己的行爲負責，努力去實現目標。對人對己對事沒有責任感的人，是很難獲得成功的。

◆培養自我創造力

再者，要掌握成就動機，我們必須要能夠培養自己的創造力。成就動機高的人不願意循規蹈矩，或採取簡單重複的方法去完成任務。傳統心理學的效果律認爲，個人在某件事情上的成功，就會反覆做同樣的事情。這條定律對於一般人來說可能是有作用，而對於高成就動機者來說，不一定會重複做同樣的事來獲得成功，因爲他們想要把工作做得更好，獲得更多的成功。由此可見，他們有冒險精神與創造精神。

(二)掌握成就訓練

關於掌握成就訓練，教育家麥克萊倫提供了有效的培訓成就動機的方法。

◆三個步驟

麥克萊倫認爲，人們的成就動機是可以經由訓練而提高的。這種

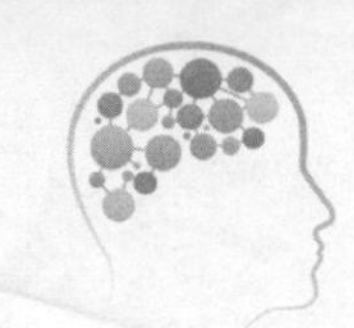

訓練包括三個步驟：

1.要訓練人們的良好個性品質，包括自信心、獨立性、自我實現需要等。
2.要改變受訓者對自己的態度，向自己提出要求，確立自信、自立等個性特徵。
3.讓受訓者在具備成就動機之後，提供給他們更多的進取機會，進一步發展其動機。

◆九項要求

麥克萊倫的成就動機培訓計畫共有九項要求：

1.要求受訓者確信，經過訓練，自己的個性品質是可以獲得有效的改變。
2.使受訓者注意到，在實際生活中自己的個性確實是發生了變化，獲得進步與改善。
3.使受訓者確實知道，成就動機的內涵以及它對自己行爲具有的推動與提升作用。
4.使受訓者清楚知道，與成就動機有關的其他概念的含義，包括自尊、理想與自我實現等。
5.使受訓者完全瞭解，人際交往的社交行爲和自己生活之間是不可分的密切關係。
6.使受訓者具體瞭解，新的動機的產生是在個人的自我形象確立之後，而獲得改進的。
7.使受訓者具體瞭解，成就動機不但是個人的課題，更是促進社會文化發展的一種力量。
8.要求受訓者用所設定的新成就動機，用以實現生活上的新目標。

9.要求受訓者記錄自己實現目標的過程與進度，並隨時複習。

麥克萊倫建議，在訓練過程中要注意保持輕鬆的心理狀態，提高受訓者的自信心和自我改進的自覺性。訓練的最後，要求受訓者訂一個兩年計畫，每隔半年受到一次檢查，觀察是否達到預期目標。

這項訓練計畫是在他人指導下進行的，不過，作爲學生，你也可以按照這基本方法進行自我訓練。

一尺長的劍

一名劍客去拜訪一位武林泰斗，請教他是如何練就非凡的武藝。武林泰斗拿出一把只有一尺長的劍，說：「多虧了它，才讓我有了今天的成就」。

劍客大為不解，問：「別人的劍都是三尺三寸長的，而你的劍為什麼只有一尺長呢？兵器譜上說：劍短一分，險增三分。拿著這麼短的劍無疑是處於劣勢，你怎麼還說這把劍好呢？」武林泰斗說：「就因為我在兵器上處於劣勢，所以我才會時時刻刻提醒自己：如果與別人對陣，我有多麼的危險，那麼我只有勤練劍招，以劍招之長補兵器之短，這樣一來，我的劍招不斷進步，劣勢就轉化為優勢了。」

焦點：優勢和劣勢有時候並不是絕對的。把自己放在劣勢，就是給自己壓力，爲自己加入進取的動力，敢於把自己放在劣勢的人，最終就有可能把劣勢轉化成爲優勢，從而取得勝利。

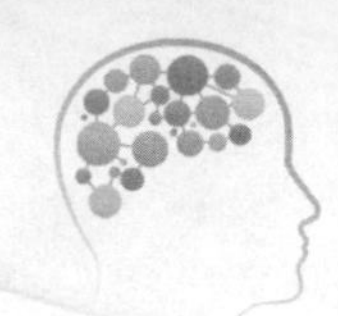
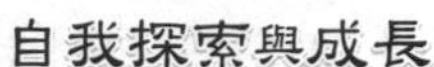

三、登上成就舞台

「登上成就舞台」是繼續討論「成就者的搖籃」與「發展成就能量」之後的議題。內容包括：記憶儲存知識、語言溝通工具以及意志支持努力。

文化界一直在辯論這樣的話題：人類的能力、潛能和展望的因果關係與發展過程。儘管所發表的觀點各不相同，甚至是大相徑庭，但是，人們在下面這個問題上的看法幾乎是完全一致的：天賦可以有成千上萬種類型：或者對音樂具有特別敏感的聽覺功能，或者有非凡的視覺功能，或者具有超群的綜合能力，或者具有極快的反應速度，或者具有驚人的數學素質，或者具有特別的文學才能，我們的任務是盡量開掘這些天賦，滿腔熱情地培養這些天賦。正如對其他各種特長一樣，這種情況完全適合於培養藝術家、數學家、鋼琴家以及其他各類領域。

各種的天賦存在於成千上萬的普通人群中。目前我們的職業教育和訓練的基本目標是盡可能地發掘人們所具有的潛在能力。有一種叫作「人類極限法」的科學訓練新原則，透過研究每個人生理、精神、智力的能力，來確定他的生命類型所適合的科學研究工作，來確定一個人以其合理的努力來取得合理的成就；以其更多的努力來取得較大的成就；以其整個生命的代價來取得最高的成就。

(一)記憶儲存知識

當代最著名的美國天才數學家和控制論專家維納（Norbert Wiener）曾經指出一個很有意義的發現，他認爲人腦在原則上能貯存

10^{20}個單位的資訊。把這個數字變成易懂的語言，它意味著我們每個人的大腦能夠記住世界上最大圖書館所貯藏的全部圖書的資訊量。表面看起來，這種說法似乎近於荒誕。但是，如果我們考慮一下事實，特別是考慮一下那些稱作現象記憶的事實，我們就不會認爲太過離奇了。

歷史學家曾告訴我們，歐洲古代偉大的政治家凱撒（Caesar）和亞歷山大（Alexander）具有極強的記憶力，他們能夠記住每一個戰士的面孔和名字，最多時達萬餘名。波斯國王基羅斯（Georges）也具有類似的記憶能力。西米斯托克（Themistocles）能記住希臘首都三萬居民的名字，這些事例都能夠在書本上找到。這並不意味著普通的人沒有這方面的能力，每個正常人對平時的各種事件記在腦海裡的事數以萬計。事實上，正是這種對過去事件的記憶才使某個人具有極其廣博的智力財富。

人的記憶收錄了黃昏時日落的壯觀景象，記住了被領悟的事件、詞彙、聲音；也記住了那些偶然注意到、從大量事件中挑選出來的、在腦海裡留下痕跡的一切事物。這說明引人注目的事物能容易被觀察到。據說，英國足球隊總負責人赫爾德（Herder）能記住所有足球比賽的詳細情況。有一天，電視台體育節目主持人隨便問他：五年前在澳大利亞那場比賽的情況怎樣？他毫不遲疑地回答：那次比賽我們4比0獲勝，那一天是8月18日，27,000位觀衆，我們獲利235萬美元，波爾（Bohr）射中三球，斯利塞卡（Slyseka）射中一球……。

不久以前，許多歐美國家都在傳說有一個人透過現象記憶，能夠迅速回答歷史上的重要時間、事件、人物。他的記憶包括重要人物的出生日期和死亡日期。讓他能準確記憶的秘訣是他自己制訂特殊的日曆。許多人都知道，美國總統林肯的一幅最好的畫像出自一位沒名氣的鄉村畫家之手，這位畫家只見過林肯一次，就把林肯畫得相當逼眞。還有，貝多芬耳聾之後仍然能夠譜曲。莫札特能把只聽過一次的大型複雜的交響曲完整地記錄下來。

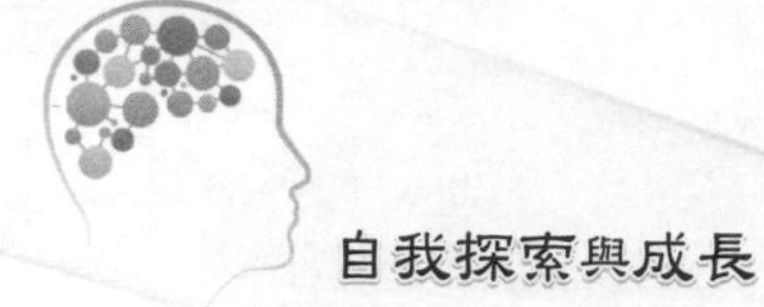

讀者們對這些例證可能都聽倦了，但我們舉出這些事例不僅使讀者看到記憶的重要性，而且能使讀者從中得出關於記憶的可能性。記憶是人腦創造的基礎，沒有良好的記憶能力要想創造出大量成果那是不容易的。多數傑出人物都具有超群的記憶能力。科學家肯定：天賦能力與記憶力息息相關。

當然，我們上述提到的那些人物都是屬於人類記憶能力的高手。這些人所能做到的絕不是一件簡單的事，他們所達到的記憶程度可以爲我們練習記憶能力的最大值提供了強有力的證明。我們認爲記憶力差的人其成就發展需要更加用功，但是，也有一些人具有非凡的記憶能力卻沒有獲得輝煌的成就。同時，有一些做出偉大創造的人卻沒有非凡的記憶力。所以，記憶力和成就並不是一種必然的因果關係，而我們的功課是尋找訓練加強記憶的機會。

(二)語言溝通工具

我們都肯定具有豐富知識是發展個人成就的「寶礦」，然而也必須經過語言「加工」，才具有實際價值。於是大家會問：究竟什麼語言是最有效的溝通工具？有人說是英語，因爲英語是世界上最通用的語言。也有人說是華語，因爲世界上最多的人口使用華語。然而，以當前美國爲例，由於國際商業市場需求關係，學習西班牙語和日本語的學生卻比以往任何時期都多。

經驗顯示，首先應學習主要語種，然後學習與主要語種密切相關的語種。一個人懂的語言越多，學習一種新語言的初始困難就越少。語言學家奧倍克（T. Orbic）積極倡導外語學習。他曾講過一個很有說明意義的故事，是關於著名考古學家施理曼（Heinrich Schliemann）的故事。施理曼初學語言時，相當緩慢。學習法語和英語，分別耗費了他一年的時間。後來他只需幾週，甚至數日就可學會一種語言。他是這樣學習西班牙語的，在離開漢堡去委內瑞拉時，他對朋友說：「當我到達加拉加斯（Caracas）時，我將說西班牙語。」如他所號稱，他在旅途中學會了這種語言。他是用已經會的語言記一本西班牙語書學會的。每當施里曼著手學習某種語言時，他首先要找到這本書的翻譯本。施里曼共精通十四種語言。

施里曼年輕的時候記憶力不好。但是，隨著長期從事古文化的研究，他深知精通多種語言的必要。在持之以恆的訓練中，施里曼要求自己以每天二十頁的速度背誦課文。直到他確信自己的記憶力已超出一般水準，他才加快語言學習的速度。俄語被認爲是外國人相當難學的語種，但施里曼只在短短的六週內就學會了俄語。

你可以說某人有著特殊的語言天資，但「語言天資」並非爲少數人擁有。例如，小孩子都能較易而高效率地學會外語，年輕人學語言也一樣容易。當你掌握了一種語言的訓練方法，並積極不懈地運用它以後，你的進步將是令人吃驚的。通曉多種語言的人們幾乎都會說，他們有三個基本學習方式：

1.不要有「語言羞怯」：當你學會了一種語言，你想要學得更好，就應無所顧忌地用這種語言來表達你的思想。
2.勤於發問：不斷以這種語言向每一個人提出各種問題，盡可能與說這種語言並樂意助人者進行語言交流。
3.提高聽力：聽起來也許不稀奇，就是多聽音樂以提高聽力。好的聽力對外語的清晰發音幫助很大。

近來語言教育專家又提出了幾種學習外語的方法。有一種方法很直接，大致是這樣的：老師指著某個單詞代表的物體，不斷重複這個單詞，直到學生能記住。這種方法與語法結合起來，可能在兩百個小時內學會某種語言。另一種方法則是用附有詳細學習指南的唱片或和錄音帶。這主要看學生的韌性和勤奮性。有一種「速成法」已廣泛被

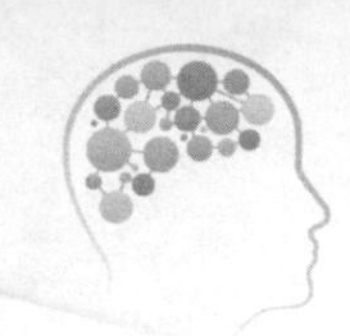

採用，就是去掉語法或語言結構的學習，唯一的目標是教「說」，並鼓勵「說」。一週只用三個小時講文法，其餘時間全是「說」，非常重視培養交談習慣。

語言學家發現了一個很有意思的規律，即最常用的10,000個單詞占「說」與「寫」所用詞的20%；1,500～2,000個日常交流所用詞彙占交流詞彙的85%。要碰上其餘的幾千個單詞的可能性只有15%而已。1911年，奧爾德里奇（Aldridge）爲美國移民編輯了一部只有6,000個最常用英語詞典的字典。從此，類似的字典相繼出現，據統計，最簡潔的英文版本《聖經》，僅用幾百個詞彙而已。

詞彙使用頻率是不斷變化的，例如「水」這個詞，我們日常一天要說許多次，相比之下，「算法」這個詞，雖然大家都很熟悉，但卻很少使用。一個詞出現的次數越多，它就越常用，也就是使用頻率越高。頻率詞彙書以使用順序來編排詞彙，把最常用的詞置於首位。不難預料，每本基礎語言教科書都設法出現一些最常用的頻率詞。總之，平日使用英語溝通，只要熟練300個詞彙，類似小學三年級程度，就可以了。要閱讀英文文章，類似國中二年級程度，掌握大約3,000個單詞就夠了。

再談口語學習的速成法。在英國工作的德國語言學家泰勒（Marx Taylor）指出，一個英國農場主日常生活中需要300個單詞就行了。也有科學家的研究顯示，一般人可在三日內學會任何一種語言的100個單詞，你不妨記住這一點，即口語中常用單詞的出現頻率比文字語言中更大。最常用的100個單詞就可占口語交流語言的90%。不論學習外語的方法有多少種，都可以歸結爲十條原則性的方法或規則：

1.定期學習。每天學習一會兒比一週學幾個小時效果要好。

2.經常對常用的單詞、範例、規則和課文進行簡潔地整理彙集。

3.變化學習所用教材的版本，包括閱讀用的、聽力用的、語法用的以及寫作用的等等。

4.透過文章的上下文來記單詞，別靠單詞表。

5.不管課文理解了多少，盡可能多讀。

6.盡可能背記。

7.學會使用一些常用短語，如「應該那樣說」、「順便」、「就我而言」、「講得通」、「等一等」，這些片語爲你思考下文爭取時間。

8.語言是一座堡壘，所有的入門線路和每一種可能的方法都必須是用來強攻的。任何一次機會都是走向成功的手段，因此，不要讓任何一次說、讀或寫的機會錯過。

9.不要害怕出錯，人們正是從錯誤中學習的。太謙虛絕對是對你沒好處，而自信則對你很有幫助。

10.利用起經常容易被浪費掉的時間，如乘車、候車時間等。

只要願意學，並遵循一些基本要求，人人都能成爲通曉各種語言的人。萬事起頭難，但更難對付的是經常激勵自己克服這些障礙：厭倦、懶惰、一些想像出的或眞實的成見，諸如「不必著急」、「有的是時間」之類的藉口。語言學家認爲，從第三種語言開始就順利了。

總之，「熟練靠實踐」，這句話適合所有的勤奮者。只學習，不實踐，是不會成功的。應該要記住法國的一句諺語：「沒有汗水，不會有果實；沒有雙手參與，不會有成功之日。」然後，在學習語言過程中，會擁有發展成就的工具。

(三)意志支持努力

在個人登上成就舞台之前，除了增強記憶儲存知識與學習國際通用語言成爲溝通工具之外，我們還需要具備堅強的意志以便能夠持續

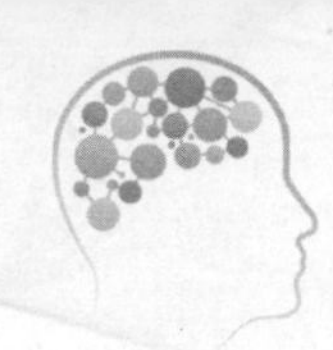
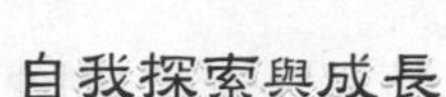

努力。心理學家們指出，意志是一個人啓動自我力量去克服困難的推動力。在控制論中，意志用「博奕論」來定義。博奕論是關於對抗的理論。同樣，只要沒有對抗，沒有阻力，就不需要意志努力。

偉大的義大利畫家米開朗基羅（Michelangelo）在畫「西斯廷教堂」（Cappella Sistina）時，除了每天爬上爬下以外，幾年裡都要仰頭作畫。由於這項工程時間長，難度大，以至於他長時間不能低頭。不把信件放在頭上，他甚至讀不了一封簡短的信。但他沒有絲毫退縮，他的意志使他能夠致力於偉大的事業，幫助他克服了巨大痛苦，使他得以繼續工作，直到完成巨作，我們在為他的傑作而驚嘆之時，可以觀察到，正是意志的力量，減緩了他極大的肉體之苦。

一個人克服障礙後感受到的快樂，可以提供一種回饋，顯示我們的意志力朝正確的方向推動、前進。所以，一生中最重要的事情是認清一個眞實的、偉大的目標，並運用我們的意志力去實現它。擁有堅強的意志力並不是任意尋找目標，遭受困苦的能力；它應該是敏銳地、理智地分辨對自己和社會都有益的動機和目標的能力，也是對意志力實現的「報償」；要有耐心和理智的估計，去克服障礙和從可能的選擇中挑選最佳的方案。

任何自主的行動，都可分解成一系列步驟：首先，是認清目標；然後，是實現它的決心；接下來，是對現實的選擇和對衝突動機的認識，這種認識是利弊比較的結果。然後，決定就會終結衝突；最後，決定開始實施。心理學家強調：「意志不只是控制行為的無名代理人，而且是一種理智和道義感的積極因素。」

自主行動的關鍵步驟是要面對動機衝突。動機衝突是指「我必須」和「我不想」，「希望」和「不應該」，以及「是」與「不是」之間的衝突。在我們每天的生活中，在我們的日常行為和具體行動中，我們容易忽視意志力的作用。我們也常常忘記我們必須要做的事情、意願和行動必須結合在一起。有足夠的理由說，意志堅定的人想做什麼，而意志薄弱的人則只是想想而已。意志堅定存在於許多情況，有時，人們爲一個普通的目標努力奮鬥，在遭受了巨大困苦之後，沒有得到報償、幸福和享受。這種情況對檢驗意志力是最嚴峻的：一個人必須強迫自己、命令自己去追求完成任務後的滿足感。心理學家說過：任務就是人們喜歡自己給予自己的命令。

責任感產生成就人生的目標，它是對「完成任務」自我奉獻的最高形式，也是意志力的最高體現。因此，有些人具備了堅定的意志力，而另一些人則必須透過學會控制自己來發展意志力。誠然，克服外部障礙和自身阻礙的動力，與目標本身相比可能更重要，更具有實質性。這也意味著人們可能太過高估計自己，而且往往固執己見。一個意志堅定的人應該在頭腦中遵從一條重要的生活法則——適宜法則。意志薄弱在某種程度上是剛愎和頑固的對立面。意志薄弱的原因很多，如惰性、原始動機不堅定，而動機不強烈可能是意志薄弱的最重要原因。許多人受限於狹隘的利益而不能獻身於自己的意志力。對這些人，一個補救的辦法是擴大他們的視野。因爲利益形成目標和實現目標的要求，後者又命令其意志力，並使它們發揮作用。

只有那些能夠以意志力控制情感，並能駕馭和集中其注意力的人，才能夠控制本身的欲望和要求。有些人似乎擁有一種內在的、強大的控制力，以至於有時可以緊緊束縛住各種欲望。偉大作家在工作上常常具有強烈的意志能力，包括蘇聯的托爾斯泰（Leo Nikolayevich Tolstoy）、法國的巴爾扎克（Honoré de Balzac）、美國的傑克·倫敦（Jack London）以及其他許多作家都因此而以其作品令我們仰慕。

此外，語言有助於意志力。語言是一種重要的、不可忽視的刺激劑。來自朋友善意的語言，來自書中的名言警句，來自父母和同輩的勸告，都是一種激勵。 然後，把一種精神貫入我們的學習和工作言行中，這是很有用的。任何事情都可以事先估量，也都可以轉化爲行動。再者，情緒狀況對我們影響很大。足球比賽中，地主隊常常戰

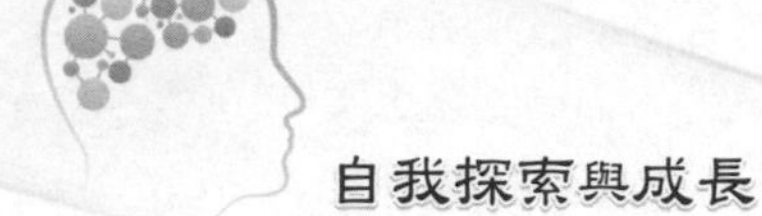

勝客隊，這並非偶然。每一個人在熟悉的環境中都能做得好一些。好的情緒，例如有所發明的快樂、工作中的成績，以及一帆風順的滿足感，對意志力的強化有重要作用。

不幸的是，這樣的事情也時常發生：堅定的意志束縛了情感，束縛了人，甚至損害了他們的創造力。它對人們精神的嚴格約束，縮小了人們創造力的嘗試範圍。一個意志特別堅強的人，可以把一切努力集中在一個點上，而且不許對已確定的東西有任何偏離。過強的意志力束縛了情感，進而切斷了創造性研究的道路。這項問題也值得學習發展中的年輕人注意與重視。

總之，我們在探索「我會是怎樣的人？」的自我發展歷程中，經過了三階段的討論：成就者的搖籃、發展成就能量以及登上成就舞台。從最佳戰略上說，個人希望發展自己成爲心目中的「目標人物」，我們必須擁有「目標感」——這就是牛頓指的「思索的耐心」（thinking of patience）——在新的前景中發現問題的能力以及與產生願景的能力相結合；情感上的自由與克服理智上惰性的能力相結合，促成自己成爲心目中的理想自我。

四、成長加油站：為成就鋪路

話說，在巴西的里約熱內盧的一個貧民窟裡，有一個男孩，他非常喜歡足球，可是又買不起，於是就踢塑膠盒，踢汽水瓶，踢從垃圾堆揀來的椰子殼。他在巷口裡踢，在任何一片空地上踢。

有一天，當他在一個乾涸的水塘裡踢一隻豬膀胱時，被一位足球教練看見了，他發現這男孩踢得很好，就主動送給他一顆足球。小男孩得到足球後踢得更加賣勁，不久，他就能準確地把球踢進遠處的水桶裡。

聖誕節到了，男孩的媽媽說：「我們沒有錢買聖誕禮物送給我們的恩人。就讓我們爲我們的恩人祈禱吧！」小男孩跟媽媽禱告完畢，向媽媽要了一隻剷子就跑了出去，他來到教練住的別墅前的花圃裡，開始挖個坑洞。

就在他快挖好的時候，有一個人從別墅裡走出來，問小孩子在做什麼，小男孩抬起滿臉汗珠的臉蛋說：「教練，聖誕節到了，我沒有禮物送給您，我替您的聖誕樹挖一個樹坑」。教練把小男孩從樹坑裡拉上來，並說：「我今天得到了世界上最好的禮物。明天你到我訓練場去吧！」

三年後，這位十七歲的男孩在第六屆世界杯足球賽上獨進六球，爲巴西捧回冠軍杯，一個原來不爲世人所知的名字——比利（Pele），隨之傳遍世界。

在個人的成長與發展過程中，放棄機會並不可惜，可惜的是我們常常會放棄給自己的成長與發展鋪路及創造機會。路是鋪出來的，機會是創造出來的！機會是給有準備的人們！

上帝對人類的夢想，
比我們對自己的夢想更偉大。
認識夢想的關鍵不是追求成功，
而是追求重要的成就：
也就是：一步一步去做……
沿著你自己的路往前走，
最終將取得極大成就。

——歐普拉・溫芙蕾（Oprah Winfrey）

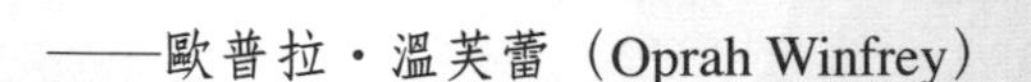

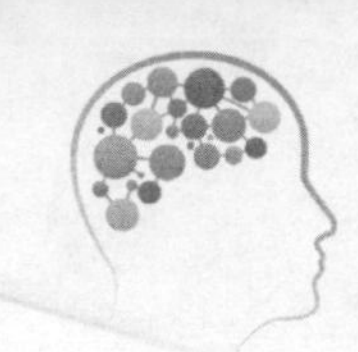

1.根據心理學家麥克利蘭（David C. McClelland）的「成就需要理論」（Achievement Need Theory），個人的生涯發展要建立在哪三項需要基礎上？

2.成就需要是基於內在心理體驗的需要。其滿足來自於人們對所取得的工作績效的內在心理體驗，其中的參與體驗是指？

3.如何提高成就動機？

4.教育家麥克萊倫認為人們的成就動機是可以經由訓練而提高的，這種訓練包括哪三個步驟？

5.試述記憶能力對成就的影響。

6.通曉多種語言的人有哪三個基本學習方式？

7.學習外語的方法有哪十條原則性的方法或規則？

8.試述意志如何支持努力？

第三章

我的將來如何？
——自我想像與眞實

- 培養自我想像力
- 發揮我的遠見能力
- 讓我的想像成為真實
- 成長加油站：小兵立大功

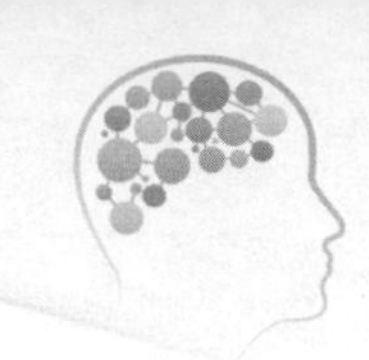

繼續上一章「我會是怎樣的人？——自我發展與歷程」的討論，我們將進行「我的將來如何？——自我想像與眞實」的議題。由於，一個成長中的個人在探索自己未來發展：「我會是怎樣的人？」之後，會希望思考後續的議題：我的將來如何？

本章根據「我的將來如何？——自我想像與眞實」主題，探討三項議題：培養自我想像力、發揮我的遠見能力以及讓我的想像成爲眞實。首先，培養自我想像力，討論內容包括：尋找想像的關鍵與認清事實的眞相。其次，發揮我的遠見能力，討論內容包括：認識我的遠見與排除遠見阻力。最後，讓我的想像成爲眞實，討論內容包括：爲我的想像力定位與想像能夠創造奇蹟。

一、培養自我想像力

培養自我想像力（imagination）是個人爲邁向實現成長與發展踏出的第一步。換言之，想像力是個人成就的基礎，其公式是：

成就＝正確的想像力＋信念＋行動

想像力比知識重要，
因為知識是有限的，
而想像力概括世界上的一切，
推動著進步，
並且是知識進化的泉源。

——愛因斯坦《愛因斯坦文集》

你最好使自己瞭解，要成爲一個想像力正確的人，必須具備堅定的性格。想像力有時會受到某種現象的誤導，對於這一事實，毋須否認。但是，由於想像力所獲得的成就性報酬，整個合計起來，將是如此巨大的，因此，你將會努力學習以下兩項功課：尋找想像的關鍵與認清事實的眞相。

(一)尋找想像的關鍵

埃瑪·蓋茨（Elmer Gates）博士認爲能夠把這個世界變成更理想的生活所在，全靠創造性的思考。蓋茨博士是美國偉的大教育家、哲學家、心理學家、科學家和發明家，他一生中在各種藝術和科學上有許多發明與發現。蓋茨博士的個人生活證實，他鍛鍊腦力和體力的方法可以培養健康的身體並促進心智的靈活。

拿破崙·希爾年輕時，曾帶著介紹信前往蓋茨博士的實驗室去見他。當希爾到達時，蓋茨博士的秘書告訴他說：「很抱歉，……這時候我不能打擾蓋茨博士」。

「要過多久才能見到他呢？」希爾問。

「我不知道，恐怕要三小時。」她回答。

「請妳告訴我爲什麼不能打擾他好嗎？」

她遲疑了一下然後說：「他正在靜坐冥想。」

希爾忍不住笑了：「那是什麼意思啊——靜坐冥想？」

她笑了一下說：「最好還是請蓋茨博士自己來解釋吧！我眞的不知道要多久，如果你願意等，我們很歡迎；如果你想以後再來，我可以留意，看看能不能幫你安排時間。」

希爾決定要等，這個決定眞值得。下面是希爾所說的經過情形：

當蓋茨博士終於走進房間裡時，他的秘書給我們介紹，我開玩笑地把他秘書所說的話告訴他，在他看過介紹信以後，高興地說：「你

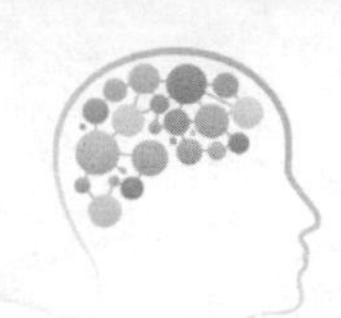

不想看看我靜坐冥想的地方，並且瞭解我怎麼做嗎？」

於是他帶領我到了一個隔音的房間去，這個房間裡唯一的家具是一張簡樸的桌子和一把椅子，桌子上放著幾本白紙簿，幾枝鉛筆以及一個可以開關電燈的按鈕。

在我們談話中，蓋茨博士說他遇到困難而百思不解時，就走到這個房間來，關上房門坐下，熄滅燈光，讓所有心思進入深沉的集中狀態。他就這樣運用「集中注意力」的方法，要求潛意識給自己一個解答，不論什麼都可以。有時候，靈感似乎遲遲不來；有時候似乎一下子就湧進他的腦海；更有些時候，至少得花上兩小時那麼長的時間才出現。等到念頭開始清晰時，他立即開燈並把它記下。

埃瑪·蓋茨博士曾經把別的發明家努力過卻沒有成就的發明重新研究，使它盡善盡美，因而獲得了兩百多項專利。他就是能夠加上那些欠缺的部分——另外的一點。蓋茨博士特別安排時間來集中心神思索，尋找另外一點。這另外一點，他很清楚自己要什麼，並立即採取行動，因而他獲得了成就。由此看來，正確的思考方法具有巨大的威力。那麼怎樣才能養成正確的思考方法呢？

拿破崙·希爾告訴我們，首先，要培養注意重點的習慣；其次，要看清事實，尊重眞理，正確評價自己和他人，另外還要善於投資，要有建設性的思想。正確的思想方法包含了兩項基礎：第一，必須把事實和純粹的資料分開；第二，必須把事實分成兩種：「重要的和不重要的」以及「有關係的和沒有關係的」。

在達成主要目標的過程中，你所能使用的所有事實都是重要而有密切關係的；你所不能使用的是不重要及沒有重大關係的。某些人因爲疏忽而造成了這種現象：機會與能力相差無幾的人所作出的成就卻差別很大。

只要深入研究，你將會發現，那些成就大的人都培養一種把影響到工作的事實全部綜合起來加以使用的習慣。這樣一來，他們比起一般人工作得更為輕鬆愉快。由於他們已經懂得秘訣，知道如何從不重要的事實中抽出重要的部分，因此，他們等於已為自己的槓桿找到了一個支點，只要用小指頭輕輕一撥，就能移動即使以整個身體的力量也無法移動的沉重工作分量。

一個人若能養成把注意力移轉到重要事實上的習慣，並根據這些重要事實來建造他的成就殿堂，那他就獲得了一種強大的力量，就好像可以一下子擊出十噸力量的大鐵鎚，而不是只有一磅力量的小鐵鎚。

為了使你能夠瞭解分辨事實與純粹資料的重要性，拿破崙‧希爾建議去研究那些聽到什麼就做什麼的人。這種人很容易受到謠言的影響，對於他們在報上所看到的所有消息全盤接受，而不會加以分析，他們對別人的判斷，則是根據這些人的敵人、競爭者及同時代的人的評語來決定。從你認識的朋友當中，找出這種人，在討論這段主題時，把他當作是你的一個例子。

請注意，這種人一開口說話時，通常都是這樣說：「我從報上看到」，或者是「他們說」。思想方法正確的人都知道，報紙的報導並不是一向正確的，也知道「他們說」的內容通常都是不正確的消息多過正確的消息。如果你尚未超越「我從報上看到」和「他們說」的層次，那麼，你必須十分努力，才能成為一個思想方法正確的人。當然，很多眞理與事實，都是包含在閒談與新聞報導中。但是，思想方法正確的人並不會把他所看到的以及所聽到的全部接受。

(二)認清事實的眞相

在法律程序的領域中，一向遵守「證據法則」，這項法律的目的就是取得事實。任何法官都可以把案子處理得對所有關係人都同樣公平，只要他能根據事實作判決；但是，他也可能冤枉了無辜的人，只

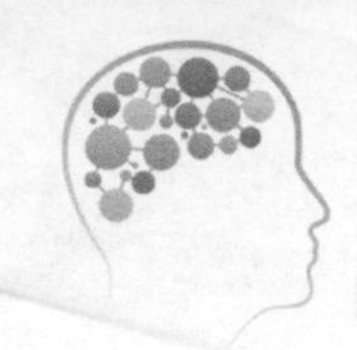

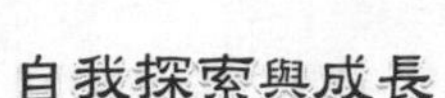

要他故意迴避這項「證據法」，根據道聽塗說的消息作判決或結論。

「證據法」根據它所使用的對象與環境，而有所不同。在缺乏你所知道的事實時，如果你能夠假設，在你眼前的證據中，只有那些既能增進你自己的利益，但是又不會對任何人造成損害的證據，才是以事實爲基礎的證據。你只要以這部分的證據去判斷，就不會出錯。

可惜，目前的狀況是，有許多人錯誤地——他自己可能知道，也可能不知道——把事情的利害關係當作事實。他們願意做一件事，或是不願意做的一件事，唯一的原因是能否滿足自己的利益，而未曾考慮到是否會妨礙到其他人的權益。在生活中，不管多麼令人感到遺憾，這仍然是事實。今天大多數人的想法，是以利害關係爲唯一的基礎。在事情對他們有利時，他們表現得很「誠實」，但當事情對他們似乎不利時，他們就會不誠實，還會爲他們的不誠實找到無數的理由。

思想方法正確的人定了一套標準來指引自己，他時時遵從這套標準，不管這套標準能否立即爲他帶來利益，或是偶爾還會帶給他不利的情況。因爲他知道，到最後，這項政策終將使他達到成就的最高峰，使他最後達到生命中明確而主要的目標。他充分瞭解，在下面由一位哲學家提到的格言具有充分正確性：

> **人類的事物都是在一個輪子上旋轉，由於這種特殊的設計，因此沒有任何人能夠一成不變的永遠保持平衡。**

在成長與追求事實的過程中，年輕人經常需要借鏡他人的知識與經驗，用這種途徑收集事實之後，必須很小心地檢查證據以及提供證據的人。而當證據的性質影響到提供證據的證人的利益時，我們有理由要更加詳細審查這些證據，因爲，和他們所提出的證據有關係的證人，通常會向誘惑屈服，而對證據予以掩飾或改造，以保護自身的利益。

只有眞理才可以永垂不朽。在你成爲一個思想方法正確者之前，你必須知道並瞭解此事實，就是無論在什麼情況，當一個人擔任領導職務時，競爭者就可能會開始散布「謠言」，傳播閒話，對他展開攻擊。因此，不管一個人的品行多麼好，也不管他對這個世界有多麼卓越的貢獻，都無法逃過這些人的攻擊，因爲這些人喜歡破壞而不喜歡建設。美國林肯總統的政敵散布謠言說他和一名黑人女人同居。華盛頓的政敵也散布類似的謠言。由於林肯和華盛頓都是南方人，因此，製造這些謠言的人也就認爲，這是他們所能想像出來的最合適及最有破壞力的謠言。

當威爾遜總統從巴黎回到美國時，他帶回了終止戰爭及解決國際糾紛的最有效計畫，但是，除了思想方法正確者之外，所有的人受到「道聽塗說」報導的影響，全都認爲他是尼祿（暴君）與猶大（出賣耶穌）的綜合體。造謠者用惡毒的謠言殺害了威爾遜。他們對待林肯也同樣，而且態度更爲可怕：鼓動一名狂熱分子以一顆子彈提早結束了林肯的生命。

台積電董事長張忠謀被台北市議員王欣儀爆料在夏威夷摔倒重傷，需要緊急返台就醫。2017年2月1日晚間張忠謀搭機回台灣，自行步下階梯，破除受重傷謠言。不過，隨著張忠謀摔傷消息一出，1日早晨果眞衝擊台積電股價，ADR（美國存託憑證）一早一度下跌0.4%，最後跌幅回拉，收盤下跌0.9%，以30.91美元作收，收盤下跌0.28美元，短短一天市値蒸發了700億元，相當去年台積電整年度營收。

思想方法正確者必須防範閒言閒語攻擊，並不只是在政治界與工商業界。一個人只要開始擁有成就表現，這些閒言閒語可能馬上就會開始出現。如果某人所經營的彩券行中了大獎，那麼，鄰居們都會湧到他的店面向他道賀，這是毫無疑問的。但是，在這些前來道賀的人群當中，卻有一些同行競爭者或慣竊，可能並不是來道賀的，而是前來伺機搞破壞或乘機下手行竊的。

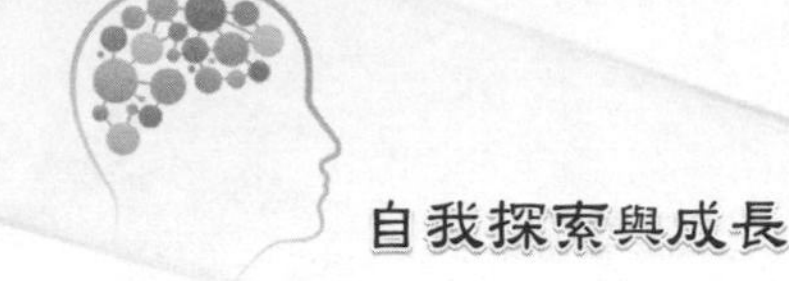

總之，奉勸年輕的朋友們，在成長與發展過程中，除了自我努力認清事實的眞相之外，還要隨時提防意外的危機處理。以台積電董事長張忠謀個案爲例，假使案發時有適當的人立即公布眞相，不必等到下飛機時來證明他的傷勢無礙，那麼，短短一天市值700億元的蒸發，相當於2016年台積電整年度營收，就可避免了，不是嗎？！

每個人，特別是在成長與發展中的年輕人，有必要去閱讀有關人類意識能力的最佳個案，並學習人類意識如何能夠發揮驚人的功能：尋找想像的關鍵與認清事實的眞相。我們同時也看到，錯誤的思想方法會對人類產生極爲可怕的負面影響，甚到迫使他們發瘋。現在，讓我們去發掘人類意識的巨大功能，並讓我們終身受益。

二、發揮我的遠見能力

當一個人獲得想像力之後，必須要能夠讓他的想像能力得到充分的發揮，才能利己利人。這想像力的最具體表現，就是遠見（vision）。因此，當你在準備完成每項工作和計畫時，請多問一下自己：我想的事情或要做的事情具有遠見嗎？

(一)認識我的遠見

回答上列問題之前，請聽一個關於兩位年輕人的遠見故事：

明理和守禮差不多同時受僱於一家農產品公司，開始時大家都一樣，從最底層做起。可是不久明理受到總經理青睞，一再被提升，從領班直到部門經理。守禮卻像被人遺忘了一般，還在最底層混。終於有一天守禮忍無可忍，向總經理提出辭呈，並痛斥總經理狗眼看人低，辛勤工作的人不提拔，倒提拔那些吹牛拍馬屁的人。

總經理耐心地聽著，他瞭解這個年輕人，工作肯吃苦，但是，似乎缺少了點什麼，缺什麼呢？三言兩語說不清楚，說清楚了他也不服氣。後來，總經理忽然有了個主意。他說：守禮先生，您馬上到市場，去看看今天有什麼可以賣？」守禮很快地從市場回來說，剛才只有一個農民在賣花生。總經理問：「一車大約有多少袋，多少斤？」守禮又跑去，回來說有十袋。總經理再問：「價格多少？」守禮再次跑去。總經理望著跑得氣喘呼呼的他說：「請休息一會吧！看明理是怎麼做的。」

說完，總經理叫來明理對他說：「明理先生，你馬上到市場，去看看今天有什麼可以賣？」明理很快地從市場回來了，回報說到現在爲止只有一個農民在賣花生，有十袋，價格適中，品質很好，他帶回幾粒花生讓經理看。這個農民過一會兒還會弄幾筐番茄上市，據他看價格還算公道，可以進一些貨。這種價格的番茄總經理可能會要，所以他不僅帶回了幾個番茄作樣品，而且把那個農民也帶來了，他現在正在外面等回話呢！明理由於比守禮多想了幾步，於是在工作上有一些成就。現實生活中，多想幾步，就是具有遠見，隨之而來的個人成就將給我們的生活帶來極大的價值。請問，你能做到幾步呢？

女企業家兼管理諮詢顧問凱瑟琳（Catherine Rowan）指出：「遠見告訴我們可能會得到什麼東西。遠見召喚我們去行動。心中有了一幅鴻圖，我們就從一個成就走向另一個成就，把身邊的物質條件作爲跳板，跳向更高、更好、更令人快慰的境界。這樣，我們就擁有了無可衡量的永恆價值。」

遠見帶來巨大的利益，會打開不可思議的機會之門。遠見增強一個人的潛力。人越有遠見，就越有潛力。我們在此提供年輕人三個建議如下：

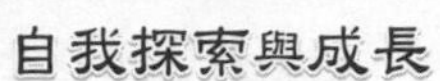

◆遠見使工作輕鬆愉快

成就令人生更有樂趣。當你努力做，把工作做好時，沒有任何東西比這種感覺更愉快。它給予你成就感與樂趣。當那些小小的成績爲更大的目標服務時，譬如，使一個遠見成爲現實，就更令人激動了。每一項任務都成了一幅更大的圖畫的重要組成部分。

◆遠見給工作增添價值

同樣的，當我們的工作是實現遠見的一部分時，每一項任務都具有價值。哪怕是最單調的任務也會給你滿足感，因爲你看到更大的目標正在實現。這個道理，就如同下列三個砌磚工人的故事一樣。

有人問第一個工人：「你在做什麼？」，工人回答：「我爲工資而工作。」

他用同樣的問題問第二個工人，回答是：「我在砌磚。」

但是，當他問到第三個工人時，他熱情洋溢地回答：「我在建造一座教堂！」

那三個人在做同一種工作，但只有第三個工人受到遠見的指引。他看到了願景，願景給他的工作增添了價值。

◆遠見預定你的將來

缺乏遠見的人可能會被自己的未來弄得目瞪口呆。變化的風會把他們吹得滿天飛。他們不知道會落在哪個角落，等待他們的又是什麼狀況。人生是個機會，如果你有遠見，又勤奮努力，你將來就更有可能實現你的目標。誠然，未來是無法保證的，任何人都一樣。但是，擁有遠見，你能大大增加成就的機會。

人們早就知道遠見對於成就的重要性。據《聖經》箴言第二十九章十八節記載，大約三千年前就有人說過：「沒有遠見，人民就放肆。」儘管遠見向來都那麼有價值，但是，今天有遠見的人看來並不多。記得十二年前偶然看到美國新任總統川普的新書《像億萬富翁一樣思考》（*Trump: Think Like a Billionaire: Everything You Need to Know About Success, Real Estate and Life*），論點與論述方式具有獨到之處，印象深刻。換言之，「遠見」是一項普世與永恆價值，其影響力無限。

(二)排除遠見阻力

遠見不是天生的，你也無需生下來就具備看到機會和光明未來的能力。遠見是一種可以培養的本領，反之，這種本領也可能被壓抑。因此，你必須排除發揮遠見的阻力。記住，下面是你的遠見可能受到限制的五種情況：

◆過去經歷的阻力

過去的經歷比任何其他因素都更可能限制我們的遠見。我們常常以過去的成敗來看將來的機會。如果你的過去特別艱難、困苦、沒成就，你大概得加倍努力，才可以看到將來的前途。

從大自然中可以找到一個極好的例子，說明過去是如何影響一個人。這個例子是在跳蚤訓練試驗裡獲得教訓。以前，美國心理學家曾經用跳蚤訓練來實驗能力與經驗的關係，而實驗的結果可以應用在人類身上。

當訓練跳蚤時，把它們放在廣口瓶中，用透明的蓋子蓋上。這時跳蚤會跳起來，撞到蓋子，而且是一再地撞到蓋子，當你注視它們跳起並撞到蓋子的時候，你會注意到一個現象。跳蚤會繼續跳，但是，不再跳到足以撞到蓋子的高度。然後，你拿掉蓋子，雖然跳蚤繼續在跳，但卻不會跳出廣口瓶以外。這些極小的昆蟲能跳得很高，但是，不會超出一個預定的限度。每隻跳蚤似乎都默認一個看不見的最高限度。你知道這些跳蚤爲什麼會限制自己跳的高度嗎？

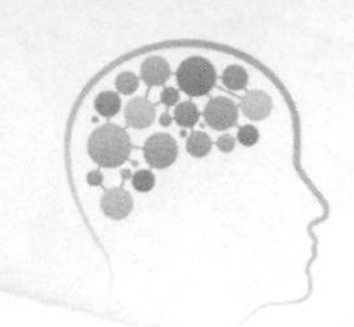

跳蚤因為過去的經驗使跳蚤知道它們是跳不出去的，這些跳蚤成了自我限制的犧牲品。個人的成長與發展也是這樣的，如果你認定自己不能有所成就，你就局限了自己的願景。我們要動腦筋，要敢於有偉大的理想，試一試你的最大能力，不要關閉你自己的潛力。

◆壓力產生的阻力

有個故事，父子倆趕著驢子要去市場買食品。起初父親騎驢，兒子走路。路人看見他們經過，就說：「真狠心哪！一個強壯的漢子坐在驢背上，那可憐的小孩卻要步行。」於是父親下來，換兒子騎上去。可是人們又說：「真不孝順呀！父親走路，兒子騎驢。」於是父子兩人一起騎上去。這時路人說：「真殘忍呀！兩個人騎在那可憐的驢背上。」於是兩人都下來走路。路人說：「真愚蠢呀！這兩個人步行，那隻壯碩的驢子卻沒有東西馱。」

他們最後到達市場時，已整整遲到了一天。人們驚訝地發現，父子一起抬著那頭驢來到了市場！像這個趕驢子的人一樣，我們也會因為過分擔心所受到的壓力而看不清方向，忘記了自己的目標。心理學家告訴我們，小事和空洞的批評會占據我們的頭腦，使我們無法有遠見。千萬不要讓這種情況發生在你身上。

◆問題限制遠見

要敢於夢想——不管有什麼問題、逆境和障礙。歷史上有無數傑出的男女都曾面對問題但仍獲得成就。例如，古希臘最偉大的演說家德謨克利特（Democritus）就有口吃的毛病！他第二次發表演說時，被聽眾的哄笑聲給轟下台。但是他預見到自己能成為偉大的演說家。據說，他常常把鵝卵石放進嘴裡，在海邊對著拍向海岸的浪花演說。

此外，還有其他人都透過努力實現了自己的理想：凱撒（Gaius Julius Caesar）患有癲癇病，但是他當上了將軍，後來又成為古羅馬共和國末期的皇帝；拿破崙（Napoléon Ier）出身低微，也成了法國皇帝；貝多芬（Ludwig van Beethoven）聾了以後還能創作交響樂，他把自己對音樂的理想變成現實，成爲偉大作曲家；狄更斯（Charles John Huffam Dickens）受理想鼓舞而成了英國維多利亞時代最偉大的小說家——儘管他是個瘸子，在貧困中長大。

人人都有各自的大小問題。有些是生來就有的缺點，也有些問題是自己招來的。但是，無論你是什麼人，都不要讓這些問題毀掉自己的遠見。

◆缺乏洞察力的限制

洞察力（insight）對於遠見是至關重要的。總之，遠見就是在人生的巨大歷程中看到、想到當前的情景與未來的前景。你聽說過英國倫敦《泰晤士報》老闆兼主編諾斯克利夫勳爵（Lord Northcliffe）的故事嗎？

諾斯克利夫曾受到完全失明的威脅，可是當眼科醫師給他檢查時，卻沒有發現任何問題。弄清楚他的工作方式之後，專家認爲他要改變一下視角，多看遠處的物體。他閱讀細小的印刷字體和看太多距離很近的東西。專家建議諾斯克利夫勳爵離開原來的工作環境，到鄉村去放鬆一下，接觸廣闊的大自然。這個簡單的療法矯正了諾斯克利夫勳爵的視力，也讓他後半段生涯更多彩多姿。

缺乏洞察力是十分不利的。你聽說過嗎？在十九世紀美國專利局（US Patent Office）裡有人建議關閉專利局，因爲他覺得不會再有人能發明什麼有價值的東西了。想一想自1900年以來的科技進步，有人竟提出那樣的建議，眞是令人難以置信。如果你的洞察力不行，請試試從另一個角度看問題。研究歷史，研究其他民族的文化。然後在分析當前的事物時預見未來。正如一位智者所說：「只有看到別人看不見的事物的人，才能做到別人做不到的事情。」

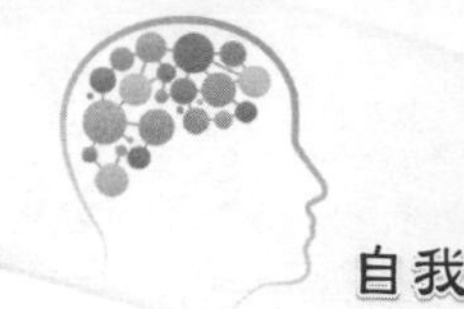

◆**滿足現況的阻力**

何時、何地以何種方式開始我們的一生，這是無法選擇的。我們生下來就處於身不由己的環境中。但隨著年歲增長，我們的選擇就越來越多。我們可以選擇在哪裡居住、跟誰結婚、做什麼工作。我們可以選擇人生的方向，年紀越大的人，就要做出越多的人生選擇，就越應該爲自己的處境負責。

許多人不是這樣想的，他們認爲目前的處境決定了自己的命運。他們向環境屈服，覺得沒有別的選擇。絕對不要掉進這個陷阱裡。幾百年前，這種觀點也許是對的，現在就行不通了。如果我們有完成一件事的強烈願望，並樂意爲之付出代價的話，幾乎沒有事情是不可能完成的。無論你目前的職位多麼低，別讓它剝奪了你的遠見，要有偉大的理想。一位智者說：「人生在世，最緊要的不是我們所處的位置，而是我們活動的方向。」

三、讓我的想像成為真實

想像力是靈魂的創造力，是每個人自己的財富，也是你在這個世界上唯一自己能夠絕對控制的東西。這是繼續探討「培養自我想像力」與「發揮我的遠見能力」之後的議題項目，以便完成「我的將來如何？——自我想像與眞實」主題討論。以下提供兩個建議：爲我的想像力定位與想像能夠創造奇蹟。

(一)爲我的想像力定位

就好像橡樹從橡實種子發芽而開始成長，小鳥從卵中沉睡的胚細胞逐漸成長一樣，你的成就也將從你在想像中創造的組合計畫中成長。首先，出現的是思想，然後，再把這個思想和觀念與計畫組織起來。最後，就是把這些計畫變成事實。你將會注意到，一切都是從你的想像開始。

在加州海岸的一個城市中，所有適合建築的土地都已被開發了。在城市的另一邊是一些陡峭的小山，無法作爲建築用地，而另外一邊的土地也不適合蓋房子，因爲地勢太低，每天海水倒流時，總會被淹沒一次。一位具有想像力的年輕人來到了這座城市，他具有敏銳的觀察力。在到達的第一天，他立刻看出了這些土地賺錢的可能性。他先集資購買了那些因爲坡度太陡而無法使用的山坡地。他也購買了那些常常要被海水淹沒而無法使用的低窪地。他買地的價格很低，因爲這些土地被認爲並沒有什麼利用的價值。

他用了幾噸炸藥，把那些陡峭的小山炸成鬆土。再利用推土機把土推平，原來的山坡地就成了很漂亮的建築用地。另外，他用卡車把多餘的泥土倒在那些低窪地上，使其超過水平面，因此，也使低窪地變成了絕佳的建築用地。他賺了不少錢，是怎麼賺來的呢？

這位成爲億萬富翁的年輕人，只不過用少量資金把泥土從不需要的地方運到需要這些泥土的地方罷了，只不過把某些沒有用的泥土和想像力混合使用罷了。小城市的居民把這人視爲天才；而他確實也是天才——任何人只要能像這個人運用想像力，那麼，任何人也可以成爲天才。

靈魂的創造力，是每個人自己的財富，是你在這個世界上唯一能夠絕對控制的東西。很久以前，有一天早晨，美國鋼鐵大亨史威伯（Schwab）先生的私人汽車剛在他的鋼鐵工廠的停車場停下來，當他下車時，一名年輕的速記員就立刻迎上前去。這位速記員說，他之所以立刻趕上前來，只是希望如果史威伯先生有任何信件或電報要寫的話，他能夠立即提供服務。沒有任何人吩咐這位年輕人要這樣做，但是他有足夠的想像力，讓他可以看出，他這樣做，對自己的前途並沒

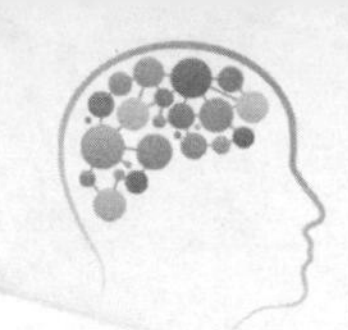

有任何壞處。

從那一天起，這位年輕人就「注定」要踏上成就之路了。史威伯先生之所以看中這位年輕人，是因爲他做了公司其餘十幾名速記員可以做，但是一直沒做的事。這位年輕人已是世界上最大規模的一家藥品公司的總裁。

幾年以前，拿破崙・希爾接到了一位年輕人的來信，他剛從商學院畢業，希望到拿破崙・希爾的辦公室工作。他在信中夾了一張嶄新的從未折疊過的10元新鈔。這封信的內容是這樣寫的：

我剛剛從一家第一流的商學院畢業，希望能進入你的辦公室服務。因爲我瞭解到，一個剛剛展開他的商業生涯的年輕小夥子，能夠幸運地在像你這樣的人的指揮下從事工作，實在太有價值了。

隨函附上的10元美金鈔票，足以償付你給我第一週指示所花的時間，我希望你能收下這張鈔票。在第一個月裡，我願意免費替你工作，然後，你可以根據我的表現，而決定我的薪水。我希望能獲得這項工作，渴望的程度，超過我一生當中對任何事情的期望，爲了獲得這項工作，我願意作任何合理的犧牲。

這位年輕人終於進入拿破崙・希爾的辦公室工作了。他的想像力，使他獲得了他所希望得到的機會。在他工作的第一個月即將屆滿時，一家人壽保險公司的總裁知道了這件事，立即聘請這位年輕人去當他的私人秘書，薪水相當高。之後，他成爲世界上最大人壽保險公司的重要幹部。

(二)想像能夠創造奇蹟

如果你正確使用你的想像力（imagination），它將協助你把你的失敗與錯誤改變成價值非凡的資產，也將引導你去發現只有使用想像力的人才能知道的眞理，那就是——生活中的最大逆境和不幸，通常反而會帶來美好的機會。

美國有一位雕刻師，以前是位郵差。有一天，他搭上一輛電車，不幸發生車禍，使他的一條腿因此被切掉。電車公司付給他5,000美元，賠償他的損失。他拿了這筆錢去上課，終於成爲一名雕刻師。他用雙手雕刻的成品，加上他的想像力，比他利用雙腳當郵差所能賺到的錢更多。由於電車發生車禍，他必須改變他的努力目標，結果他發現自己原來也很具有想像力。

由於神經系統無法區分生動的想像出來的經驗和實際的經驗，心理的圖像便提供給我們一個實踐的機會，把新的優點和方法「付諸實踐」。想像爲我們獲得技巧、成就和幸福開拓了一條新途徑。

如果我們正想像自己以某種方式行事，幾乎也就是實際上在這麼做，想像給我們提供的實踐可以幫助此行爲臻於完美。透過一個人爲控制的實驗，心理學家R. A.凡戴爾（R. A. Vandell）證明：讓一個人每天坐在靶子前面想像著他對靶子射鏢，經過一段時間後，這種心理練習幾乎和實際射鏢練習一樣能提高準確性。

美國《研究季刊》（*Research Quarterly*）曾報導過一項實驗，證明想像練習對改進投籃技巧的效果。

第一組學生在二十天內每天練習實際投籃，把第一天和最後一天的成績記錄下來。第二組學生也記錄下第一天和最後一天的成績，但是在此期間不做任何練習。第三組學生記錄下第一天的成績，然後每天花二十分鐘做想像中的投籃。如果投籃不中時，他們便在想像中做

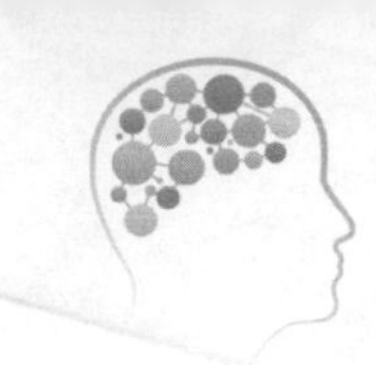

出相應的糾正。

實驗結果：

第一組每天實際練習二十分鐘，進球增加了24%。

第二組因爲沒有練習，也就毫無進步。

第三組每天想像練習投籃二十分鐘，進球增加26%。

羅思（Charles B. Roth）在《完成銷售的秘密》（*Secrets of Closing Sales*）一書中，講到底特律的一群推銷員利用一種新方法使推銷額增加了100%，紐約的另一群推銷員增加了150%，其他一些推銷員使用同樣的方法則使他們的推銷額增加了400%。

推銷員們使用的魔法其實就是所謂的角色扮演。其具體做法是：想像自己處於各種不同的銷售情況，然後再找出方法，直至在出現各種實際銷售情況時自己知道該如何應對、該做些什麼爲止。取得銷售的好成績，就不足爲奇了。這樣訓練之後，他們越來越善於處理各種不同的情況。一些卓有成效的推銷員，透過想像力和實際操作得到深刻的體會：

1. 每次你與顧客談話時，他說的話、提的問題或反對意見，都是一種特定的情況。如果你總是能估計他要說哪些話，並能迅速回答他的問題、妥善處理他的反對意見，你就能把貨物推銷出去。
2. 一位好的推銷員晚間一人獨處時，也會製造這種情境。他會想像出客戶對他最刁難的情況，然後想出相應的對策⋯⋯。
3. 不管是什麼情況，你都可以預先有所準備，你想像自己和顧客面對面地站著，他提出反對意見，給你出各種難題，而你能迅速而圓滿地加以解決。

自古以來，許多成就者都曾自覺或不自覺地運用了「正確想像」和「排練實踐」來完善自我，以獲得成就。拿破崙在帶兵横掃歐洲之前，曾經在內心想像中「演習」了多年的軍事狀況，後來有學者對他的成就指出：拿破崙在上學的時候所做的閱讀筆記，在複印時竟有滿滿四百頁之多。他把自己想像成一個司令，畫出科西嘉島的地圖，經過精確的數學計算後，標出所可能防禦的各種情況。

世界旅館業巨擘希爾頓（Conrad Hilton）在擁有一家旅館之前，很早就想像自己在經營旅館。當他還是小孩子的時候，就常常「扮演」旅館經理的角色。成就後的希爾頓，便將他的連鎖旅店發展到世界各地，成爲享譽全球的旅館大王。因此，專家的結論是：事業上的每一個成就實現之前，他都在想像中預先實現過了。這種奇妙之處，難怪人們總是將「想像」（imagine）與「魔術」（magic）聯繫起來，「想像力」在成就學中，確實具有難以抗拒的魔力。

一個人的想像力能夠創造奇蹟，但也不是說所有的想像都得以實現。這不是一種「魔術」，而是一種眞理的原則。科學控制論可以解釋「想像」產生驚人後果的原因，並且證明這些成果並非「魔術」，而是我們的心理和大腦自然而正常的功能。

科學家的控制論把人的大腦、神經系統和肌肉組織看作是一套高度複雜的「伺服機制」——一部自動尋求目標的機器，運用自動反饋和訊息儲存爲手段。它透過這套機制指導自己通向成功的目標，並在必要時自動糾正指向的方向。但是「伺服機制」並不意味著「人」是一部機器，而是指人的大腦和身體由人操縱著像機器那樣發揮作用。人身上這套自動化的「創造性機制」有一種運行方法，也就是它必須有一個既定的目標。

心理學家指出，你必須首先在內心認識一個事物，然後才著手去完成它。當你在內心裡「看到」一個事物時，你的內在「創造性機制」就會自動把任務承擔起來，其完成這項工作要遠遠勝過你有意識的努力或者「意志力」（可稱爲「超意志力」）。

因此，在做一件事情時，不要過分地用有意識的努力或鋼鐵般

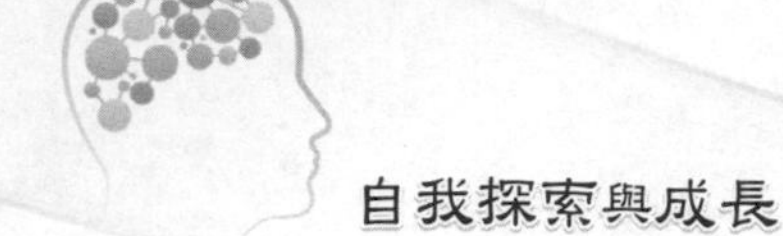

的意志去施加影響，也不要過分擔心，總是懷疑自己所做的一切的正確性。應當放鬆心情，不要用緊張的情緒來做這件事，而是在心裡想著你眞正要達到的目標，然後讓你的創造性成就機制來承擔任務。這樣，心裡想著你達到的目的，最終將迫使你運用PMA（積極心態）。但是你並不能因此就不努力或停止工作，你的努力要用來驅使你向目標前進，而不是要糾纏在無謂的心理衝突之中。這種心理衝突的結果是「想要」或者「嘗試」做某件事時，內心想像的卻是其他事情。

想像力是靈魂的工場，它可以給你帶來成就的目標，讓世界上許多事物向你展示出新奇的面目。但是，僅止於此還不夠，你還必須以堅定的信念，去加以實現。因此，當我們有一個成就創意存在於大腦中時，不妨相信成就已經在某處存在，僅只需要我們動手去捉住「她」罷了。總之，讓我們的想像成爲眞實的學習功課，除了爲我們的想像力定位，更要讓我們的想像能夠創造奇蹟。

四、成長加油站：小兵立大功

人們都渴望一生有所成就，那麼成就有無「秘訣」？這裡我們要分享一個巨大「秘訣」的故事。

任何成就者都不是天生的，成就的根本原因是開發了人的無窮無盡的潛力，只要你抱著積極心態去開發你的潛力，你就會有用不完的能量，你的能力就會越用越強。潛力日夜地工作，以一種不爲人知的程序，利用了無窮盡的智慧力量；這種力量可以把一個人的欲望轉化成他的理想，利用它達到目的。

有一次，拿破崙·希爾閱讀到一件極富戲劇性的故事，話說在戰爭期間一名海軍水兵的事蹟。這位腦筋清楚、思路條理分明的小兵使得他身邊的人無不感到驚奇，毫無疑問的，他在危機中表現出來的能力也使他自己也驚奇不已。

在二戰期間，一艘美國驅逐艦停泊在某國的港灣，那天晚上萬里無雲，明月高照，一片寧靜。一名士兵按例巡視全艦時，突然停止站立不動，他看到一個烏黑的大東西，在不遠的水上浮動著。他驚駭地看出那是一枚觸發水雷，可能是從一處雷區脫離出來的，正隨著退潮慢慢向船艦中央漂來。

抓起艦內通訊電話機，他通知了值日官，而值日官馬上快步跑來。他們也很快地通知了艦長，並且發出全艦戒備訊號，全艦立時動員了起來。官兵都驚愕地注視著那枚慢慢漂近的水雷，大家都瞭解眼前的狀況，災難即將來臨。軍官立刻提出各種辦法：

1.他們該起錨駛開嗎？不行，沒有足夠時間。
2.發動引擎使水雷漂離？不行，因為螺旋槳轉動只會使水雷更快地漂向艦身。
3.以槍砲引發水雷？也不行，因為那枚水雷太接近艦裡面的彈藥庫。那麼該怎麼辦呢？
4.放下一支小艇，用一支長桿把水雷推離？這也不行，因為那是一枚觸發水雷，同時也沒有時間去拆下水雷的雷管。

悲劇似乎是沒有辦法避免了。突然，一名水兵想出了比所有軍官所能想的更好的辦法。「把消防水管拿來」。他大喊著。大家立刻明白這個辦法有可行之處。他們向艦艇和水雷之間的海上噴水，製造一條水流，把水雷帶向遠方，然後再用艦砲引炸了水雷。這位水兵眞是了不起。他當然不平凡——但是他卻只是官階最低的水兵。不過，他卻具有在危機狀況下冷靜而正確思考的能力。我們每一個人的身體內部都有這種天賦的能力。也就是說，我們每一個人都有創造的潛力。

不論有什麼樣的困難或危機影響到你的狀況，只要你認為你行，你就能夠處理和解決這些困難或危機。對你的能力抱著肯定的想法，

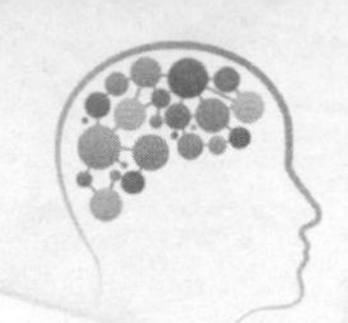

就能發揮出積極心智的力量，並且因而產生有效的行動。有一句老話說：「在命運向你擲來一把刀的時候，你要抓住它的兩個地方：刀口或刀柄。」

如果你抓住刀口，它會割傷你，甚至使你喪命；但是如果你抓住刀柄，你就可以用它來打開一條大道。因此當遭遇到大障礙的時候，你要抓住它的柄。換句話說，讓挑戰提高你的戰鬥精神。你沒有充足的戰鬥精神，你就不可能有任何的成就。因此你要能發揮戰鬥精神，它會引出你內部的力量，而把它付諸行動，讓危機的挑戰轉化成為成就的機會。

有想像力
而沒有鑑別能力
這是世界上最可怕的事。
Imaginative
But not the ability to identify
This is the most terrible thing in the world.

——歌德（Johann W. von Goethe）

1.試說明：成就＝正確的想像力＋信念＋行動。

2.怎樣才能養成正確的思考方法呢？

3.思想方法正確的人，其行爲有何特徵？

4.試舉例說明有無遠見與無遠見的人在做事時的差別。

5.說明遠見可能受到限制的五種情況。

6.從拿破崙．希爾接到一位年輕人的來信，並附上10元鈔票的故事中，與想像力有何關聯？

7.想像如何能夠創造奇蹟？

第四章

我要克服哪些障礙？

——自我障礙與超越

- 認識壞習慣造成成就障礙
- 從良好習慣獲得成就報酬
- 建立超越障礙的個人意識
- 成長加油站：世界冠軍麵包裡的故事

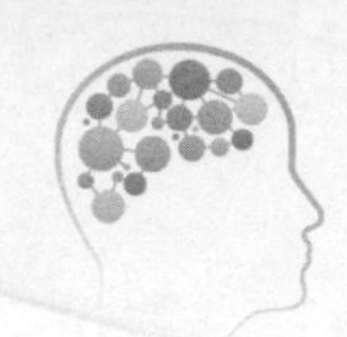

一個想自我成就與發展的年輕人必須明白：個人習慣的力量是如何強大：好的習慣可以造就人才，而壞的習慣可以淹沒人才。

本章希望從這個觀點背景討論，個人如何克服這些障礙，讓理想成眞。討論的議題包括下列三個部分：認識壞習慣造成成就障礙、從良好習慣獲得成就報酬以及建立超越障礙的個人意識。

生命是獲取知識的工具，
只要秉持這個原則，
我們不僅會勇氣百倍，
還能盡情生活以及開懷大笑。

——尼采《快樂的科學》

一、認識壞習慣造成成就障礙

經驗告訴我們，一位獲得成就的人士必定擁有良好的生活、思考、決策與操作習慣，同時也努力克服或超越個人的壞習慣。

(一)三種壞習慣

一個人要超越成就阻礙，我們認爲有三種壞習慣必須克服：時間的浪費、金錢的浪費、心情的壓抑。

◆時間的浪費

俗語常說：「時間就是金錢」，這話永遠都是正確的，而在這個競爭劇烈的高科技時代尤其更顯重要。我們認爲對學習與發展中的年輕人來說，養成珍惜時間的信念是特別有價值的資產。

現代企業的步調分秒必爭，主管和高級職員的日程都排得滿滿的，因爲他們負擔不起工作生產時間的浪費，就像負擔不起生產線上的耽擱一樣。現在擁有自用飛機的企業越來越多了，因此，他們能迅速地把職員準時地送到任何地方處理事務。今天美國公司的飛機就超過四萬架，僅通用汽車公司就有超過一百架的企業自用飛機。

美國蒙哥馬利華德（Montgomery Ward）百貨公司公開指出：公司利用自有的飛機運送職員，要比讓職員去搭乘民航客機，費用要高出三分之一。但是，使用自己公司的飛機，對職員的旅行時間卻節省了將近60%。而蒙哥馬利華德公司跟許多其他公司一樣，都瞭解節約時間比多花點錢更值得。

總而言之，一個人說他什麼時候要到某地方而準時到達的話，不但給人一個極好的印象，他還替自己或公司節省了錢。否則，不準時赴會，不但浪費自己的寶貴資源，浪費別人的時間，更會讓自己養成壞習慣。因此，「守時」對生意人來說，非常重要，有成就的商人和公司，他們必定準時接受訂單、交貨、提供服務、付款、還債以及其他事項。假如時間到了，所訂的貨還沒送來，顧客下次可能就向別家廠商訂貨了。

◆金錢的浪費

浪費金錢是個人成就的障礙。換言之，節儉是可以養成的習慣，而它可以說是能使個人發展以及從事任何事業成就的因素。俗語說：「勿以善小而不爲。」節儉也是一樣，不論多或少。

一旦開始就業，對天性節儉的人而言，其成就機會比才華相同

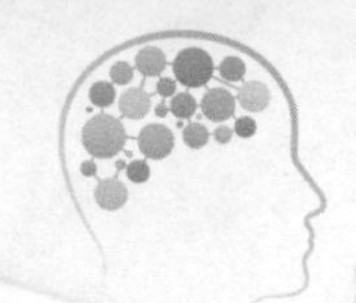

者更多。而習慣節儉的人，他知道只有減少開支和成本才有賺錢的機會，而在今天高度競爭的市場裡，即使節儉很少錢，積少成多，也是很可觀的，甚至會造成賺錢和賠錢的差別。

除此之外，對一個有節儉習慣的人而言，他似乎永遠有一筆積蓄，以防不時之需，必要時可使他度過難關，或使他有擴張和改進的機會，而不必去借錢。聰明的人都知道，能做到「準時和節儉」，對自己有很大的幫助。在生活中如果你能經常準時、節儉，直到讓它成爲你的第二天性，你就會在事業上，獲得由這些習慣爲你帶來的利益。

◆心情的壓抑

壓抑心情，則是一種最容易被忽略的個人成就障礙。換句話說，輕鬆的心情是另一種好習慣。任何一個想要在商業上有所成就的人，遇事必須要養成輕鬆的心情，成就的商人通常都是能放鬆心情的人，甚至在碰到逆境的時候。他的腦筋必須保持能感受與反應的狀態，隨時準備好捕捉和發掘新機會，以及瞭解和對付新的問題。

高明創業者所擁有心境輕鬆的情形，就像一個稱職的橄欖球員一樣。當球意外地傳到他的手中，他並不膽怯或驚慌。而高明的創業者也是一樣，對突發的新情況，並不會使他手忙腳亂。他能靈敏地反應，他有辦法掌握或對付情況，他會緊抱著球向前跑去，也會警覺而放鬆地轉個方向，以免對手撲過來。

有些剛開始創業的人在學習過程就已具備放輕鬆的內在能力，但是，大多數的創業者，經歷過多次才能養成這種習慣。一位資深的石油商人在蓋蒂事業剛開始的時候對蓋蒂忠告：「隨時都要把自己看成是一個在湖中翻了船的人！如果你能保持鎮靜，你就可以游到岸邊，讓人來救你。假如你失去冷靜，那就完蛋啦！」

當一個人剛開始創業的時候，眞有點像突然沉溺在湖中央的船。如果他保持鎮靜，他生存的機會就較大，否則他就很可能溺死。剛開始做生意的人或年輕的職員，都應該常常把這句警語牢記在心裡，這樣，你就會養成心情放輕鬆的習慣，而獲得不少的幫助，也有辦法應付任何情況。

拿破崙．希爾的一位經理有一個習慣，每星期都要把部門所有的人找來開會。雖然這種方式基本上是正確的，但開了好幾個月的會，卻沒有產生一點效果。這位經理想，他是否應該中斷這個會議。他對於開會失敗的問題想了好久。他把問題分析之後，終於找到了答案：他每次開會的時間都是星期五下午四點十五分。

每當星期五，成員們都在想著怎樣度過週末假期，而在下班前四十五分鐘，他們對於公司的任何討論已沒有心情與興趣。最後這位經理把開會的時間和日子都改變了，而他這種每星期召開會議的習慣，幾乎立即就變成好的習慣了。由於會議日期、時間配合得當，後來，在會中提出了很多增加產量和效率的好想法，他的成員士氣也變得很高。

一個想要有所成就的人，必須明白習慣的力量是如何巨大，也必須瞭解養成好習慣一定要踏實地去做。他必須時時警惕去除那些可能破壞他好習慣的事物，也要趕快養成對自己所追求的成就有幫助的習慣。

(二)管理我的習慣

習慣是人們養成的思考和行動的方式。當我們頻繁使用某種思考和行動的方式，而使它幾乎變成了一種自動自發的行爲時，習慣就產生了。人是習慣的動物，每個人都有好的習慣與壞的習慣。所謂習慣管理，則是尋找團隊中成員普遍具有的、對團隊發展有較大影響的習慣，並對它們進行有效的引導和管理。對成員習慣有效的管理將提高團隊的運作效率，更快地實現團隊目標。因此，習慣管理成了現代團

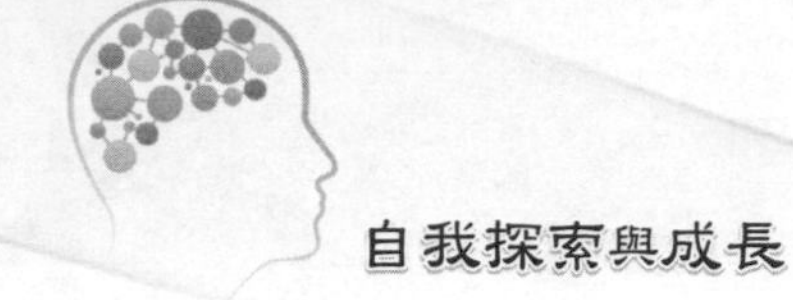

隊人力資源管理的新課題。

習慣的綜合管理。團隊組織對成員的習慣進行管理，可以按照如下步驟：

第一，根據組織文化鑑別出成員的好習慣和壞習慣。好習慣和壞習慣是相對於目標而言的。每個組織團隊擁有不同的企業目標和組織文化，因此，組織中宣導的好習慣和反對的壞習慣也不盡相同。組織必須根據自己特有的文化來界定成員身上普遍具有的、對組織發展至關重要的好習慣和壞習慣，把它們作爲習慣管理的主要對象。

第二，在鑑別出這些對組織達成既定目標有關鍵影響作用的好習慣和壞習慣以後，就要採取相應措施，使好習慣在組織中得到保持與發揚，而壞習慣得到改正。這就是習慣管理的第二步，即採取措施鞏固好習慣，糾正壞習慣。措施有許多種，比如主管者可以運用口頭表揚、精神激勵或物質激勵、委以重任等方式對成員的好習慣進行正向強化；運用批評、物質懲罰、取消其擔當重要工作資格等方式對成員的壞習慣進行負向強化。

第三，習慣管理的第三步涉及到組織的制度建立。如果組織團隊認爲成員的有些習慣對組織團隊影響很大，必須進行規範，就可以在組織團隊制度中進行說明。例如，嚴格要求成員準時開始工作的組織團隊，可以設立上班打卡制度，在組織團隊規章制度中，明確規定一個月如果遲到若干次數的成員會受到一定程度的懲罰，而每一天都準時的成員可以得到一些額外的獎勵。透過制度的建立，把組織團隊宣導的和反對的行爲明確地界定下來，成員的行爲就更加容易得到規範，向著組織團隊希望的方向發展。

不管是措施還是制度，都是從硬性的角度來規範成員的習慣，但是，要讓成員在潛移默化中養成組織團隊推崇的好習慣，摒棄組織團隊反對的壞習慣，還需要在組織團隊文化建立上下功夫。組織團隊文化即是習慣管理的起點，也是習慣管理的終點。組織團隊擁有什麼樣

習慣

有位身經百戰並得過很多勳章的上尉退伍了。剛回到城裡，他的朋友就介紹一位女友給他。在他出門之前，他朋友忠告他：「你在戰場上或許很英勇，但在愛情上有些事你要聽我的。第一，你下車後要替你女朋友開門；第二，你女朋友要入座時，你應該拉開椅子，幫她入座；第三，她說話時，你要溫柔地看著她；第四，她需要什麼東西，你一定要搶先做好，不要讓她動手。如果這些都能做到，那很容易成功得到她的芳心。」

第二天，朋友打電話問他昨晚的情形，他沮喪地說：「我沒有希望了！」朋友問他：「你是不是忘了替她開車門？」他說：「不，我替她開了車門，她很高興！」朋友又問：「你是不是忘了幫她入座？」他說：「不，我幫她入座，她說我是紳士！」

於是朋友又問：「你是不是在她說話的時候東張西望？」他說：「不，我一直看著她，她說我很溫柔，且稱讚我的眼睛很有魅力！」

最後朋友問：「那你是不是在某事上讓她自己動手了？」他沮喪地說：「如果真是這樣就好了。我們回家時，她說口渴，於是我就跑去替她買飲料。」朋友說：「那很好呀！」

他又說：「可是由於多年的習慣，我一拉開飲料罐，就向她砸了過去，然後自己躲到了牆壁後面……」

焦點：看到這人的習慣是如何影響生活。它告訴我們：養成一種好的習慣，我們會獲益無窮；而養成一種壞習慣，我們只會作繭自縛。同時也提醒我們：習慣是養成的，而不是可以一蹴而就的！

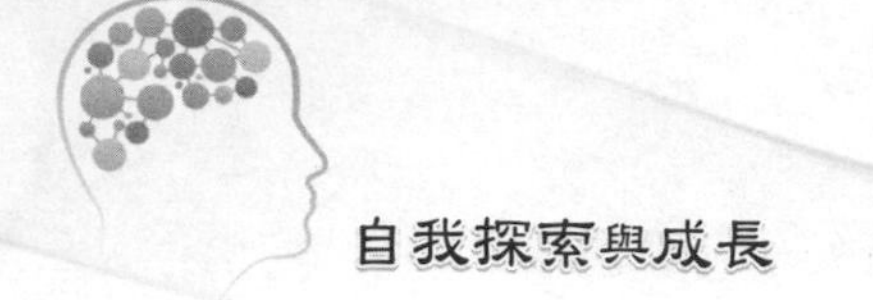

的文化，就會在無形中孕育成員什麼樣的習慣。如果成員的習慣與組織團隊文化相符，這個習慣就會被擴大、被強化；反之，如果成員的習慣與組織團隊文化相違背，那麼這個習慣很難有長久的生命力，成員會在組織團隊文化潛移默化的作用下摒棄原來的習慣。

上述這些組織團隊文化議題，對學習成長中的年輕人有指標性作用。在學校教室與社團活動中，個人的做事風格和氣氛就有助於習慣的產生和發揚。而那些在團隊文化中難以得到認同的習慣，就會在群體的影響下逐漸淡化，否則個人就難以在組織團隊生存下去了。

二、從良好習慣獲得成就報酬

一個人一定能夠從個人的良好習慣獲得成就。這裡面隱藏著人類本能的秘訣，也就是當我們每天重複某一重要概念的時候，它們會溜進我們的心靈，變成奇妙的泉源。討論的議題如下：養成休息習慣以及放鬆心情的習慣。

(一)養成休息習慣

疲勞是個人邁向成就道路上的重要障礙。因為，疲勞容易使人產生憂慮。疲勞同樣會減低你對憂慮和恐懼等感覺的抵抗力，所以防止疲勞也就可以防止憂慮。因此，心理學家指出，任何一種精神和情緒上的緊張狀態，完全放鬆之後就不可能再存在了。這就是說，如果你能放鬆緊張情緒，就不可能再繼續憂慮下去。所以要防止疲勞和憂慮，首先要做到：常常休息，在你感到疲倦以前就休息。

這一點為何重要呢？因為疲勞增加的速度很快。美國陸軍曾經做過實驗，證明以年輕人為例，如果不帶背包，每一小時休息十分鐘，他們行軍的速度就加快，也更持久，所以陸軍規定他們這樣做。一個人的心臟每天泵送出來流過你全身的血液，足夠裝滿一節火車上裝油的車廂；每二十四小時所供應的能量，也足夠用剷子把二十噸的煤剷上一個三尺高的平台所需的能量。你的心臟能完成這麼多令人難以相信的工作量，而且持續五十、七十甚至可能九十年之久。你的心臟怎麼能夠受得了呢？

針對這項議題，哈佛醫院的華特．坎農（Walter B. Cannon）博士在*The Wisdom of The Body*一書中解釋說：

> 絕大多數的人都認爲，人的心臟整天不停地在跳動著。事實上，在每一次收縮之後，它有完全靜止的一段時間。當心臟按正常速度分秒鐘跳動70下的時候，一天二十四小時裡，實際的工作時間只有九小時。也就是說，心臟每天休息了整整十五個小時。

在第二次世界大戰期間，邱吉爾已經六十多歲了，卻能夠每天工作十六小時，一年一年地指揮英國作戰，實在是一件很了不起的事情。他的秘訣在哪裡？他每天早晨在床上工作到十一點，看報告、口述命令、打電話，甚至在床上舉行很重要的會議。

他吃過午飯以後，一定再上床去睡一個小時。到了晚上，在八點吃晚飯以前，他再上床去睡兩個鐘點。他並不是要消除疲勞，因爲他根本不必去消除，他事先就防止了。因爲他經常休息，所以可以很有精神地一直工作到半夜之後。 約翰．洛克菲勒（John Rockefeller）也創了兩項驚人的紀錄：他賺到了當時全世界爲數最多的財富，也活到九十八歲。他如何做到這兩點呢？最主要的原因是他家裡的人都很長壽，另外一個原因是他養成了休息的習慣，他每天在辦公室裡睡半小時午覺。他躺在辦公室的大沙發上——在睡午覺的時候，哪怕是美國總統打電話來，他都不接。

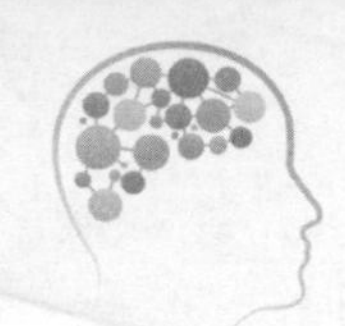

健康專家指出，休息並不是絕對什麼事都不做，休息就是「修補」。在短短的休息時間裡，就能有很強的修補能力，即使只打五分鐘的瞌睡，也有助於防止疲勞。棒球名將馬克（Mark）說，每次出賽之前如果不睡個午覺，到第五局就會覺得精疲力盡了。可是如果他睡午覺的話，哪怕只睡五分鐘，也能夠打滿整場球賽，一點也不感到疲勞。 偉大發名家愛迪生（Thomas Alva Edison）認爲他無窮的精力和耐力，都來自他能隨時想睡就睡的習慣。拿破崙・希爾曾建議好萊塢的電影導演傑克・查納克（Jack Chanaker）試試這種方法，查納克後來說，這種辦法可以產生奇蹟。幾年前他是米高梅公司短片部的經理，常常感到勞累和精疲力盡。他什麼辦法都試過，喝礦泉水、吃維他命和補藥，但對他一點幫助也沒有。兩年之後，拿破崙・希爾再見到他的時候，他說：

> 出現了奇蹟，這是我醫生說的。以前每次我和手下的人談短片問題的時候，我總是坐在椅子裡，非常緊張。現在每次開會的時候，我躺在辦公室的長沙發上。我現在覺得好多了，每天能多工作兩個小時，卻很少感到疲勞。

你如何使用這些方法呢？如果你是一位電腦工作者或行銷員，你不能像愛迪生或是洛克菲勒那樣，每天在辦公室裡睡午覺；而如果你是一個會計員，你也不可能躺在沙發上跟你的老闆討論帳目的問題。可是如果你住在一個小城市裡，每天回去吃中飯的話，飯後你就可以睡十分鐘的午覺。如果你沒有辦法在中午睡個午覺，至少要在吃晚飯之前躺下來休息一下，這比飯前一杯酒要便宜得多了。如果你能在下午五點、六點或者七點左右，睡半小時，你就可以在你生活中每天增加一小時的清醒時間。爲什麼呢？因爲晚飯前睡的那半個小時，加上夜裡所睡的六個小時一共是六個半小時，對你的好處比連續睡六個半小時更多。

從事體力勞動的人，如果休息時間多的話，每天就可以做更多的工作。佛德瑞克．泰勒（Frederick Taylor），在伯利恆鋼鐵（Bethlehem Steel）公司擔任科學管理工程師的時候，就曾以事實證明這件事情。他曾觀察過，工人每人每天可以往貨車上裝大約十二噸半的生鐵，而通常他們中午時就已經筋疲力盡了。他對所有產生疲勞的因素，做了一次科學研究，認為這些工人不應該每天只能裝十二噸半的生鐵，而應該能裝運四十七噸。照他的計算，他們應該可以做到目前成績的四倍，而且不會疲勞，只是必須要加以證明。泰勒選了一位施密德（Schmidt）先生，讓他按照碼表的規定時間來工作。有一個人站在一邊拿著一隻秒表來指揮施密德：現在請拿起一塊生鐵，走……下面坐下休息……現在走……現在休息。

結果怎樣呢？別人每天只能裝運二十噸半的生鐵，而施密德每天卻能裝運四十噸生鐵。而當佛德瑞克．泰勒在伯利恆鋼鐵公司工作的那三年裡，施密德的工作能力從來沒有減低過，他之所以能夠做到，是因為他在疲勞之前就有時間休息：每個小時他大約工作二十六分鐘，休息三十四分鐘。他休息的時間要比他工作時間多，可是他的工作成績卻差不多是其他人的四倍。常常休息，照你自己心臟做事的辦法去做——在你感到疲勞之前先休息，然後你每天清醒的時間，就可以多增加一小時。下面是一個很令人吃驚而且非常重要的事實：只是用腦不會使你疲倦。這句話聽起來非常荒謬。可是幾年以前，科學家曾試圖瞭解，人類的頭腦能夠工作多久而不至造成「工作能量減低」，也就是科學上對疲勞的定義。令這些科學家們非常吃驚的是，他們發現通過活動中的腦細胞的血液，毫無疲勞的跡象。

但如果你從一個正在做工的人的血管裡抽出血液，就會發現血液裡充滿了「疲勞毒素」。但是如果你從愛因斯坦的腦部抽出血來，即使是在一天的終了，也不會有任何疲勞毒素在內。如果只針對腦的話，那麼它在八小時或者十二小時之後，工作能量還和開始時的效率

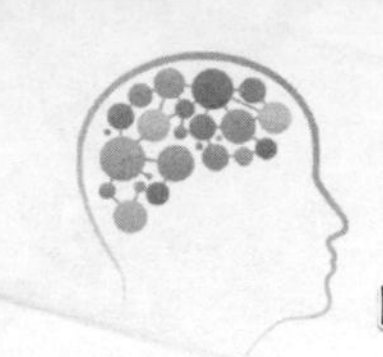

一樣，腦是完全不會疲倦的，那麼是什麼使你疲倦呢？心理治療專家們都說，我們所感到的疲勞，多半是由精神和情感因素所引起的。

還有一種另類的休息。任何剛開始創業的人，要養成最有價值的習慣是在他下決心之前，可以稍停片刻，迅速回顧自己的推理。這種最後的檢查，也許只需要幾分鐘甚至幾秒鐘，但效果卻非常大。這可以讓人有最後的機會，來合理地調整自己的思緒，或回想自己爲什麼或怎樣會有這種決定。

這個簡單的過程，可以大大地增加一個人迅速而有效地去處理難題的能力。這似乎有點像世界上有些演技很好的演員所養成的習慣一樣，雖然他們可能對所扮演的角色已經非常熟悉了，但是在開演之前，仍會迅速地把劇本再過目一遍。

拿破崙・希爾認識一位超級業務員，他對拿破崙・希爾說，他的成就是在經營事業的初期便養成了這種習慣。他說：「我甚至還想出一個秘訣來養成這個習慣。去拜訪顧客之前，我一定先靜下心，喝杯咖啡，擦擦皮鞋。這樣的話，在我眞正踏入顧客辦公室之前，我有一個最後思考的機會——如何表現自己。這樣所得到的效果好極了！除了能從容地應付對方所提的問題外，還使我推銷了很多的東西。」

因此，這位成功推銷員養成良好習慣的秘訣，我們認爲很重要。不管任何人，在作決定之前，最好再等一分鐘來冷靜地整理自己的思緒。

(二)放鬆心情的習慣

在養成休息習慣之後，我們也要學習放鬆心情的習慣。一位美國著名的心理分析家布列爾（Breyer）博士說得更詳細。他說：一個坐著的工作者，如果健康情形良好的話，他的疲勞百分之百是受心理因素，也就是情感因素的影響。然而，哪些心理因素影響坐著不動的工作者使他們疲勞呢？是快樂？是滿足嗎？是煩悶、懊悔，一種不受欣賞的感覺？是一種無用的感覺，太過匆忙、焦急、憂慮的感覺？這些都是使那些坐著工作的人精疲力盡的心理因素。於是，美國大都會人壽保險公司（American Metropolitan Life Insurance Company），特別在一本教育訓練課程討論疲勞的小冊子上，指出了這一點。

> 困難的工作本身，很少造成好好休息之後不能消除疲勞。憂慮、緊張和情緒不安，才是產生疲勞的三大原因。通常我們以爲是由勞心勞力所產生的疲勞，實際上都是由這三個原因引起的……請記住！緊張的肌肉，就是正在工作的肌肉，應該要放鬆，把你的體力儲備起來，以應付更重要的責任。

請你檢查一下自己：當你念這幾行字的時候，有沒有皺著眉頭？你是否覺得兩眼之間有一種壓力？你是否正很輕鬆的坐在你的椅子裡？還是聳起肩膀？你臉上的肌肉是否很緊張呢？除非你的全身放鬆得像一個舊的布娃娃一樣軟，否則你這一刹那就是在製造神經和肌肉的緊張，就是在製造疲勞。請你在早上做同樣的動作，比較一下你的反應是否大大的不一樣！

爲什麼我們在勞心的時候，也會產生這些不必要的緊張呢？答案是這樣的：

> 我們發現主要的原因，是幾乎所有的人都相信，愈是困難的工作，愈是會有一種用力的感覺，否則做出來的成績就不夠好。

因此，我們一集中精神就皺起了眉頭，聳起了肩膀，要所有的肌肉都來「用力」。事實上這對我們的思考，根本沒有絲毫幫助。碰到這種精神上的疲勞，應該怎麼辦呢？

要放鬆！放鬆！再放鬆！

要學會在工作時放輕鬆一點。要做到放鬆並不容易，可是做這種

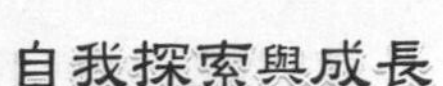

努力是值得的，因爲這樣可以使你的生活起革命性的變化。威廉・詹姆斯（William James）說：「美國人過度緊張、坐立不安、著急以及緊張痛苦的表情……這是壞習慣，不折不扣的壞習慣。」緊張是一種習慣，放鬆也是一種習慣，而壞習慣應該去除，好習慣應該養成。 你怎樣才能放鬆呢？是該先從思想開始，還是該從你的神經開始呢？答案是：兩樣都不是。而是，你應該先放鬆你的肌肉。我們先從你的眼睛開始，先把這段讀完。當你讀完之後，把頭向後靠，閉起你的眼睛，然後默不出聲地對你的眼睛說：放鬆，放鬆，不要緊張，不要皺眉頭，放鬆，放鬆。

如此慢慢地重複、再重複念一分鐘……你是否注意到，經過幾秒鐘之後，眼睛的肌肉就開始服從你的命令了？你是否覺得，有一隻無形的手把這些緊張的情緒給挪開了。雖然看起來令人難以相信，可是你在這一分鐘裡，卻已經學會了放鬆情緒的全部關鍵和秘訣。你可以用同樣的方法放鬆你的臉部肌肉、你的頭部、你的肩膀、整個身體。但是你全身最重要的器官，還是你的眼睛。

芝加哥大學的艾德蒙・傑可布森（Edmund Jacobson）博士曾說：如果你能完全放鬆你的眼部肌肉，你就可以忘記你所有的煩惱了。在消除神經緊張時，眼睛之所以這樣重要，是因爲它們消耗了全身散發出來的能量的四分之一。這也就是爲什麼很多眼力很好的人，卻感到「眼部緊張」，因爲他們自己使眼部感到緊張。

於是拿破崙・希爾整合許多專家的看法，擬訂出放鬆的五項建議：

第一，隨時放鬆你自己，使你的身體軟得像一隻舊襪子。如果你找不到一隻舊襪子的話，一隻貓也可以。你有沒有抱過在太陽底下睡覺的貓呢？當你抱起它來的時候，它的頭就像打濕了的紙一樣塌下去。印度的瑜珈術也教你，如果你想要放鬆，應該多去觀察貓。要是你能學貓一樣地放鬆自己，大概就能避免這些問題了。

第二，工作時採取舒服的姿勢。要記住，身體的緊張會產生肩膀的疼痛和精神上的疲勞。就如大衛・哈羅・芬克博士所說的：「疲倦有三分之二是習慣性的造成的，包括生理與心理上的習慣性。」

第三，每天自我檢討五次，問問你自己：「我有沒有使我的工作變得比實際上更重？」、「我有沒有用一些和我的工作毫無關係的肌肉？」針這兩個自省問題，有助於你養成放鬆的好習慣。

第四，每天晚上再檢討一次，問問你自己：「我有多疲倦？如果我感覺疲倦，這不是我過分勞心的緣故？這是因爲我做事的方法不對？」一天的結束，請核算自己的成績。不是看你在一天完了之後有多疲倦，而是看你有多不疲倦。當哪一天過去而你感到特別疲倦時，或者是你感覺精神特別疲乏的時候，你會毫無問題地知道，這一天不論在工作的質和量上都做得不夠。

如果每一位生意人都能領會這一點，那麼因爲神經緊張而引起疾病致死的比率，就會馬上降低了。而且在我們的精神療養院裡，也不會再有那些因爲疲勞和憂慮導致精神崩潰的人。

第五，把心事說出來，怎樣做到這一點，必須遵照以下幾點：

1.準備一本「提供靈感」的剪貼簿，你可以貼上自己喜歡的可以鼓舞你的詩，或是名人的格言。往後，如果你感到精神頹喪時，也許在本子裡就可以找到治療的藥方。在波士頓醫院的很多病人，都把這種剪貼簿保存好多年，他們說這等於是替自己在精神上「打了一針」。

2.不要爲別人的缺點太操心。也許在看過他所有的優點之後，你會發現他正是你希望遇到的那種人。

3.神經緊張或疲勞時，向你的朋友、親人寫信，以傾訴你的煩惱，或寫給自己也可以達到放鬆的目的。打電話也可以，但效果沒有書寫那麼有效，因爲書寫要用更多的心思。

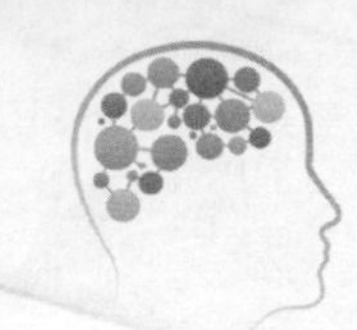

三、建立超越障礙的個人意識

潛意識（subconscious）是我們「心」的大海。它匯集了一切思想感情的涓滴細流，容納各種心態觀念的山川江河，它是形成我們一切思維意識的泉源。因此，許多失敗者，由於在他們的「心海」中走錯了方向，而到了不歸路，或者是迷失了方向，不知何去何從。相反的，許多成功者，則從他們的「心海」寶藏中獲取思想、感情、意識與觀念的無限泉源，造就了他們的個人成就。

根據這項前提，我們要在個人學習與發展過程中，要從以下兩方面建立超越障礙的個人意識：認識潛意識效能以及善用你的潛意識。

(一)認識潛意識效能

「潛意識」又稱爲「下意識」，簡單地說，是人的較不明顯的認知世界的大腦心智活動。「潛」，是不露在表面的意思。潛意識是不明顯，不露在表面的大腦認知、思想等心智活動。因此，心理學家弗洛伊德曾用海上的「冰山」（iceberg）來形容：浮在海平面可以看得見的一角，是意識，而隱藏在海平面以下，看不見的更廣大的冰山主體便是潛意識。因此，我們建議在成長與發展中的年輕人，從以下六項課題認識自己的潛意識效能。

◆具有記憶儲蓄功能

我們的潛意識具有記憶儲蓄功能。潛意識像個巨大無比的倉庫或銀行，它可以儲存人生所有的認知和思想感情。人從出生到老死的所見所聞、所感想的一切意識到的東西，都會深入潛意識並儲存起來。

一些熟悉的事物，例如長期生活環境中的習俗、觀念、人物景象、他人的某些思維習慣和行為特點等等，常常不經過明顯的意識記憶，不知不覺地直接進入人的潛意識，並儲存起來。所謂「近朱者赤，近墨者黑」便是潛意識吸收和回饋的結果。

◆具有自動排列組合分類的功能

我們的潛意識具有自動排列組合分類的功能。潛意識將保存的複雜性東西，進行自動的重新排列組合、分類，以隨時應付各種需要。人們做夢，便是潛意識的一種自動排列組合的反映。當我們思考某個問題的時候，與這類有關的潛意識就可能被我們喚醒，從潛意識裡轉到意識中來為思考服務。而與思考問題無關的潛意識，一般情況下不會被喚醒，它老老實實在那裡隱藏著。大腦功能紊亂的「神經病」，便是潛意識排列組合混亂無序造成的。

◆具有「密碼」性和「模糊」性

我們的潛意識具有「密碼」性和「模糊」性。「密碼」是用來比喻的權宜之辭，即潛意識的喚起，須由特定的情景或特定的意識指令觸發。「模糊」指存入大腦的潛意識已經變成了我們無法認識的模糊的「代碼」，只有透過意識的重新「翻譯」，才能清晰起來。這個過程速度之快，我們幾乎無法覺察。

當我們要思考回想某件事的時候，比如我們想回憶少年時代一件成就的往事，我們就給潛意識下了一個特定的指令，於是，這方面的潛意識很快便會被喚起，並經過意識的「翻譯」，而栩栩如生地重現出來。當我們在某種特定情景的刺激下，一些相對應的潛意識有時會自動地重現出來。比如你看到電影中的接吻場面，你的潛意識中的某些相關的記憶有可能就閃現在腦的屏幕上，與電影中的場面交相輝映在你的大腦意識裡。這是潛意識的快速「密碼」喚起和快速意識翻譯

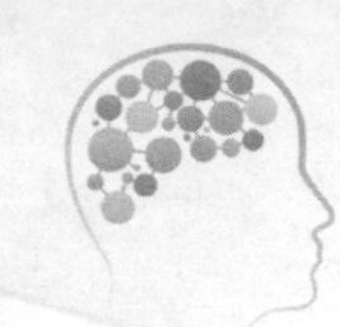

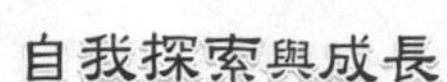

的表現。

◆具有直接支配行為的功能

我們的潛意識具有直接支配行爲的功能。人的一些習慣性動作、行爲，以及一些自己也沒有意料到的行爲，實際上就是潛意識在支配。一些人遇到難題，馬上想到「挑戰」，想辦法解決，行動也幾乎同時跟上。另一些人遇到難題，則不自覺地、甚至不加思考地就想到退縮，想到失敗，而且也在行動上退卻。這便是過去不同經驗的潛意識在起作用。

◆具有自動解決問題的思維功能

我們的潛意識具有自動解決問題的思維功能。當我們苦思冥想某一難題，一時得不到解決時，我們可能會暫時停下來，去做別的事。結果突然有一天，問題答案的線索，甚至完整的答案從你腦中跳出來了，你驚喜萬分。原來這便是潛意識在自動替你思維解決問題。所謂「靈感」，就是潛意識的自動思考功能。

◆具有快速習慣反應，形成超感和直覺功能

我們的潛意識具有快速習慣反應，可形成超感和直覺功能。據說有些美國印第安人能從馬蹄印跡中判斷馬已經走了多遠，這種超感和直覺實際上是長期與馬、馬蹄痕跡打交道形成的經驗潛意識的習慣性反映。另外，有經驗的農夫都具有觀察氣候變化的判斷功能；母親對嬰兒的某些直覺，也是長時間和嬰兒生活一起的習慣潛意識的直接反映。

總之，人從母胎誕生開始，潛意識便開始形成：父母的期望、教誨、家庭環境的影響、學校的教育，從小到大的閱歷，一切影響過你的外部思想觀念、意識和你自己內部形成過的觀念意識情感，包括正面積極的意識情感和負面消極的意識情感，這些統統都會在你的潛意識裡匯集沉澱儲存起來，形成一個人豐富的內心世界和靈魂。它是我們形成新的思想、心態、智慧，取之不盡、用之不竭的素材和資訊泉源。換言之，潛意識就是我們「心」的大海，可以容納各種觀念心態。它是形成我們一切思維意識的泉源。

喜瑪拉雅山的猴子

在很久以前，一個聰明的人生活在一個很古老的部落裡，人們稱他為智者。智者能參透很多玄機，自然的、神明的、人類的、社會的……智者用自己的智慧幫助了許多人，留下很好的口碑。他的善良與才幹以一種默默的方式傳到了神的耳朵裡，神很好奇，很想見識一下這位智者。神來到了智者的家裡，性格隨和的智者款待了神。神和智者談得很投機，神很開心。臨行前，神若有所思的對智者微笑地說：「為了感謝你的款待，我將會告訴你一句神語，這句神語會讓你夢想成真。只是你在念這句神語時，一定不要想起喜瑪拉雅山的猴子，否則，你會因靈魂遠離肉體而死。」

神離開後，智者覺得這句神語跟喜瑪拉雅山的猴子有什麼關係，我又怎麼會在念神語的時候，無緣無故想起喜瑪拉雅山的猴子呢？智者覺得很好笑，神老糊塗了……。

許多年後的一天，智者居住的地方發生了洪水。山洪從深谷奔騰而來，沖垮了道路、橋樑，沖斷了環繞部落的一棵棵百年古樹，人們落荒而逃，眼看洪水馬上要吞沒部落所在的村莊。情急之下，智者猛然想起神教他的箴言，還有神警告過的喜瑪拉雅山的猴子。

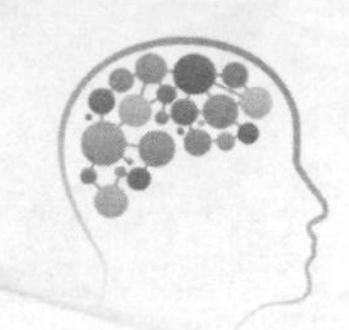

只見智者口中念念有詞，洪水神奇般地消失無蹤，天色漸漸亮了起來，衆人將智者高高舉起，並高聲歡呼。可是智者的意識卻越來越模糊，他看見天邊的光在招引他飛起來，他看得見自己被滿心歡喜的人們高高抛起的身體。光線越來越強，刺得他睜不開眼睛。他聽見一個似曾聽過的聲音說：「雖然你是智者，但你終究是人，你仍然想不透我告訴你神語裡的玄機，這是你的劫，你躲不過。作為人，你不可能忽略了那個毫無意義的「只是」「如果」，所以，喜瑪拉雅山上的猴子就成了你無法逾越的鴻溝……。」

焦點：人在處理記憶的時候，總是將同一時間發生毫不關聯的事情作一個總結，然後認爲這些事情是一體的，有某種聯繫的，這就出現了因果和巧合。這種捆綁式記憶方式是人的優點，也成爲人不能逾越的阻礙。作爲人的智者，在潛意識裡將喜瑪拉雅山的猴子作爲是箴言的一部分，其實，箴言的玄機就在於——箴言是箴言，猴子是猴子。兩者並無任何形式上的關聯。

(二)善用你的潛意識

愈是發自內心深處的良知和價値觀，愈容易與潛意識深深契合，或甚至有時就是潛意識的一部分。認清你潛意識中的眞正「願景」（vision，在第三章稱爲遠見），追求願景，可以產生巨大的力量。因此，善用你的潛意識，是學習成長與發展的另一項課題。

◆讓心靈平靜

善用你的潛意識的功課是要讓我們的心靈處於平靜的狀態，讓潛意識如冰山浮出水面來，我們的功課是學習更加清楚地把焦點對準想要的結果。

一項有用的初步練習是，我們需要將「願景」中的一項特定目標或某一方面（例如成為行銷工作者），納入思考。首先，想像這個目標已經實現了。然後，問自己：「如果我眞的成爲行銷工作者，它將帶給我什麼？」於是我們會發現，對這個問題的回答，揭開了在目標背後更深的渴望。事實上，目標是爲了達成一項更重要「願景」的必要中間步驟。然後，運用潛意識來發展創造性張力，讓焦點明確對準「願景」，以便達成所追求的成就與自我實現。

◆學習自我超越

善用你的潛意識的積極課題是學習自我超越。《第五項修練：學習型組織的藝術與實務》（*The Fifth Discipline: The Art and Practice of the Learning Organization*）是一本學習善用潛意識的工具書。此書被推崇爲當代的管理聖經，作者爲彼得・聖吉（Peter M. Senge），是「學習型組織」的創始人，獲得世界企業學會（World Business Academy）最高榮譽的開拓者獎。《哈佛商業評論》（*Harvard Business Review*）評爲近百年最具影響力的管理類圖書。

這五項修練包括：自我超越、改善心智模式、建立共同願景、團隊學習以及系統思考。我們借用第一項修練「自我超越」來加強善用你的潛意識。

「自我超越」的修練是深刻瞭解自我的眞正願望，並客觀地觀察現實，對客觀現實正確的判斷。透過學習型組織，我們要不斷地學習激發實現自己內心深處最想實現的願望。同時。我們仍要全心投入工作、實現創造和超越。此項修練相容並蓄了東方和西方的傳統精神，修練時需要培養耐心、集中精力，對於學習如同對待自己的生命一樣，需要全身心地投入進學習型組織。它是學習型組織的精神基礎，然後發展個人的成就實現。

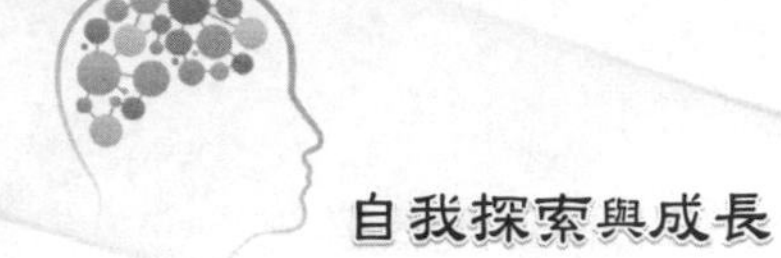

老鼠和貓

一隻老鼠向一匹馬誇耀自己的能耐：「說實在的，別看我個子不大，然而小巧輕盈，對誰我都不怕。獅子號稱百獸之王，我一鑽進他的耳朵，他就痛不欲生。牛是很強壯，我常常鑽到他的胯下咬他的瘡疤，他除了跳幾下，也毫無辦法，他那兩隻大牛角也完全無能為力。驢子，我常常弄得他整夜不得安寧。如果我咬他的背，他只能跺跺腳。老兄，你有多大本事，試試看，敢不敢和我較量較量？」

「不敢，我也怕你來咬我的瘡疤。照這樣說，你肯定是動物界最厲害的了！」馬說。

「那是當然的，」老鼠說，「任誰多麼龐大，我都不看在眼裡。」

「是嗎？」馬笑著說，「最近我的樓上來了一位客人，非常仰慕你，不知可否見他一面？

「他比牛大嗎？」老鼠問。

「不，」馬回答說，「小得多了，看來也沒什麼本事，我昨天看到他和狗在胡鬧，他連狗都不如。」

「是嗎？那好，」老鼠滿不在乎地說，「叫他出來吧！」

「請吧！我的客人！」馬仰起頭來叫道。

從樓上跳下一隻貓來。

焦點：小老鼠將自己吹噓得再好，他仍是怕貓；我們將自己吹噓得再好，我們也只是我們自己。要想獲得別人的尊重，並不是因爲我們比別人強，而是因爲我們在不斷進步，在不斷超越自己。而正確認識自己，是我們首先要做的！

四、成長加油站：世界冠軍麵包裡的故事

話說，一個來自台灣窮鄉僻壤的孩子，只有國中學歷，認識的國字不超過五百個，一斤等於十六兩都搞不清楚！為了讓母親過好日子，他立志成功。藉由跨領域、持續的學習，如今他在法國揚眉吐氣，贏得世界麵包冠軍！來自台灣的吳寶春打敗歐、美、日頂尖的麵包師父，拿下第一屆世界麵包大師個人冠軍。當年四十歲，只有國中畢業、沒吃過法國麵包的吳寶春，卻連續兩次在法國比賽奪冠，創下了烘焙業的傳奇。

吳寶春出生在屏東鄉下，是家中八個小孩的老么。十二歲時，父親過世，家中生計全靠母親。國中以前的吳寶春不喜歡讀書、討厭上學，總是放牛班裡的最後一名，國中畢業時國字還認不到五百個。因為不知求學的意義何在，國中畢業後就北上當麵包學徒，才發現「沒讀冊」讓他吃足苦頭。在他的自傳《柔軟成就不凡》中有則小故事：初到台北的吳寶春是一百三十八公分高的鄉下「細漢仔」。剛當小學徒時，師父要他秤一百兩的糖，他拿著吊秤，專心看著細細的格子，一格一格從一數起。師父看見就破口大罵：「你白痴喔！不知道一百兩是六斤四兩？」「細漢仔」愣住了，因為沒有讀書，真的不知道一斤是十六兩。

一直以來，吳寶春內在有著強烈的欲望，希望可以成功、出人頭地，讓母親不必再過苦日子。他以為不升學、當學徒就可以不必學習；因為自己不怕苦，但怕讀書。沒想到，當學徒還是得學習，而且，這種學習一點也不比讀書輕鬆。當兵時，為了突破瓶頸，吳寶春才開始認真「讀書識字」。服役期間，他一邊看電視一邊看字幕認字。不懂的地方，就去問大專兵。

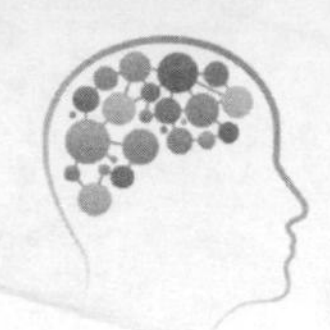

閱讀讓他彷彿長出一對得以高飛的雙翼。帶領他進入更高境界的貴人陳撫光，教吳寶春「品味」。陳撫光熱愛美食和美好事物，他給不知何謂精緻生活，下班後只想去海產攤、土雞城的吳寶春當頭棒喝：「麵包不好吃」。他帶著吳寶春嚐美食、品酒，更建議他到台北亞都飯店住三天，把飯店裡的每一個餐廳吃遍，瞭解什麼叫做「好吃」。學習欲望強烈的吳寶春爲了看懂日文烘焙書去學日文，又幫進口食材的廠商研發產品，換得廠商免費讓他到日本進修。日本進修解開他學習烘焙的困惑，靠「感覺」傳承的台灣烘焙技術，有太多的失眞：「原來十幾年來，我都用錯誤的方法做麵包！」吳寶春眞正體會到烘焙的藝術和深奧。靠著自學，吳寶春從國中畢業的半文盲，到衆人矚目的世界冠軍。深深體會學習的挫折與樂趣，吳寶春希望自己未來無私的傳承，投入台灣烘焙的教育與創新，能提升台灣烘焙業的國際競爭力。

冠軍只是當下，學習才是永遠，不斷學習才會不斷成長。我不希望台灣烘焙業只是曇花一現，未來要著重烘焙的教育。現在我在高雄餐飲學校教課，希望培育和引發烘焙業的創新，提升烘焙業在台灣的地位。我想要做的是麵包藝術家。未來我想著重培育人才，我教一個老師，老師可以教一、兩百個學生，這樣才會快。我不希望徒弟和台灣的烘焙業，跟我以前一樣，那麼辛苦。我們要走入國際，就要跳脫以前。要讓台灣的烘焙有國際競爭能力，我們應該往前看。有時候，想到我經歷過的苦日子，便當裡沒有菜，只有白飯；衣服都只能撿別人剩下的穿，不是太長就是太短。現在成爲世界冠軍，揚眉吐氣，我自己其實都覺得滿感動的。

一個想成就的人必須明白：
個人習慣的力量是如何強大。
好的習慣可以造就人才，
而壞的習慣可以淹沒人才。
好的習慣把人立於不敗之地，
壞的習慣則把人從成就的神壇上拉下來。

——拿破崙·希爾《邁向成功的肯定心態》

思考問題

1.一個人要超越成就阻礙，有三種壞習慣必須克服：時間的浪費、金錢的浪費、心情的壓抑。試說明之。
2.團隊組織對成員的習慣進行管理，要按照怎樣的步驟？
3.如何養成休息習慣？
4.拿破崙·希爾整合許多專家的看法，擬訂出放鬆的五項建議是什麼？
5.潛意識有哪些效能？
6.如何善用你的潛意識？

第五章

我要何去與何從？

——自我目標與實現

- 擬訂成長的目標
- 擴展你的思想領域
- 化你的目標為行動
- 成長的故事：咖啡達人吳則霖

許多人一生埋頭苦幹，卻不知所爲何來，到頭來發現往成功的階梯搭錯了方向，卻爲時已晚。因此，我們在學習成長與發展過程中，必須要能夠掌握正確方向，並擬訂目標，凝聚繼續向前的力量。因此，潛能大師安東尼．羅賓（Anthony. Robbins）說：「有什麼樣的目標，就有什麼樣的人生」，這句話值得我們深思，而這句話可以從心理學的跳蚤訓練獲得印證。

在第三章，我們討論過跳蚤訓練的案例，來證明能力與經驗的關係，而實驗的結果可以應用在人類身上。當訓練跳蚤時，把它們放在廣口瓶中，用透明的蓋子蓋上。這時跳蚤會跳起來，撞到蓋子，而且是一再地撞到蓋子。隨後，跳蚤會繼續跳，但是不再跳到足以撞到蓋子的高度。然後你拿掉蓋子，雖然跳蚤繼續在跳，但不會跳出廣口瓶以外，因爲它已經對自己跳的高度設限了。

個人的成長與發展也一樣，有什麼樣的目標就有什麼樣的人生。換言之，個人的目標導向與規範個人的成就。我們周圍有許多人都明白自己在人生中應該做些什麼事，但就是遲遲拿不出行動來，根本原因乃是他們欠缺能吸引他們的未來目標。本章將教你怎麼去計畫你的成長人生，挖掘出從未想到的潛能，進而行動以實現那些從來不敢想的美夢。

> 許多人埋頭苦幹，卻不知所為何來，
> 到頭來發現往成功的階梯搭錯了方向，卻為時已晚。
> 因此，我們必須掌握真正的目標，並擬訂目標，
> 澄清思想，凝聚繼續向前的力量。
>
> ——安東尼．羅賓《激發心中的潛能》
>
> 有什麼樣的目標，
> 就有什麼樣的人生。
>
> ——安東尼．羅賓《激發心中的潛能》

一、擬訂成長的目標

在擬訂成長目標之前，請先問自己：「我為什麼要這麼做？」、「我制訂目標的動機是什麼？」、「我的目標是否源自信念、需求與自然原則？」、「我能因此透過各種角色而達到貢獻的目的嗎？」總之，我制訂目標的動機是什麼？這個問題必須在制訂正確的目標以前，好好的思考它。

(一)擬訂符合你的目標

當你要作人生規劃時，你必須擬訂一個適合自己的目標。俗語說：「男怕入錯行，女怕嫁錯郎。」選擇錯誤目標的人，就像入錯行的男士和嫁錯丈夫的女士，白白浪費大好時光。許多人之所以在生活中走偏了路，歸根結柢是沒有弄清目標的正確含義，常常耗費心力於那些並非真正想要實現的目標上，因此才會遭受那麼多的痛苦。唯有目標和價值觀相符合，才是正確的目標，只有正確的目標才能使你的心靈得到滿足，讓你的人生更豐盛、收獲更多。

今天的社會中有那麼多的問題，最大的原因就是大家每天都迷迷糊糊，一點都不曉得生命中真正對自己有意義、有價值的東西是什麼，無怪乎他們在得到所追求的東西之後內心依然空虛；也有人一生毫無作為，或以吸毒、酗酒與無聊過日子，最後嘆息道：難道我的人生就是如此？

有位叫做瑪莉（假名）的小姐，她心中最重要的價值是關懷和照顧別人，由於看到律師的工作頗能符合心願，於是大學考上法律系，然後也當了律師。隨著工作經驗越來越豐富，她在律師界的名氣也越

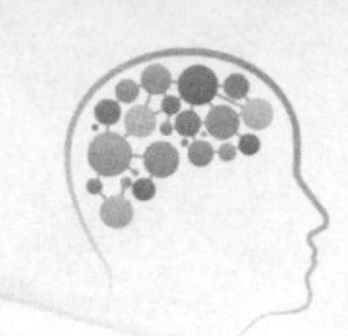

來越大，最後便自己開業。當她成為律師事務所的負責人後，工作方式也就跟著發生了變化，不能再像以往那樣把所有時間都花在訴訟案件上，而得分出一半精神留意事務所的經營及管理。

在她的努力下，業務雖然蒸蒸日上，可是心裡並不快樂，因為她不能再和客戶有更經常的接觸了。如今她的地位已不同於其他同事，必須不時主持或參加會議，這樣才能主導事務所未來的發展。就她過去的努力看來，是已實現所追求的目標，可是卻失去了生命中最渴望的目標。不知道你是否也有過相同的經歷，盲目追求的結果卻只是追到使自己成為工具價值，而非實質價值。

要想內心能得到眞正的快樂，我們一定要清醒地分辨價值觀是什麼？同時還要確知你追求的目標。那麼，你所追求的價值是什麼呢？我們不容否認，每個人都喜歡去追求能使我們快樂的事。同理，在種種價值中也一定有些受到我們更多的重視，比如說：「生活裡有哪些情緒你比較重視？」、「你喜歡冒險呢？還是安全？」。

像這些能使我們快樂的東西，我們稱其為「追求的價值」，因為它能激起我們「渴望去擁有」的情緒。請問在你人生裡最渴望去經歷的情緒是哪些？每當被問起這個問題時，大部分人多是回答：性格，因為這是人生的守護神。

有什麼樣的決定，就會造成什麼樣的命運，而主宰我們作出不同決定的關鍵因素就是個人的價值觀。一個人想要成為社會上的領導人物，他就必須清楚知道自己的價值觀，同時，確實按照這個價值觀度過自己的人生。不知道各位是否看過《為人師表》（*Stand and Deliver*）這部電影？這部電影述說一位特立獨行的數學教師是如何教育他的學生。

這位教師抱著無比的耐心和熱情，改變了那群學生的未來命運，對於他這種誨人不倦的精神，不知各位是否受到了感動？在大家的眼裡看來，他的學生都是有些笨笨的，什麼也學不好，然而艾斯克蘭提

（Jaime Escalante）卻不這麼想，他千方百計地使學生打從心底相信自己的能力，最後他們在學業上果然有優異的表現，令許多人跌破眼鏡。

這種努力不懈的教育精神，教師讓學生們認識了價值觀的驚人威力，什麼叫做信心、決心，什麼叫做磨練、合作，以及什麼叫做掌握自己的命運。他的教育方式是身教重於言教，常常親自作示範，讓學生們從異於傳統的角度去看實現目標的可能性。這種教育方式，不僅讓這群常人視之爲「笨」的學生通過了微積分檢驗考試，更讓他們學會一個道理，就是只要改變自己先前的信念，始終往更高的價值標準看齊，那麼他們的能力就會有更大的發揮，人生也會因此大大地改觀。

如果我們希望作出不凡的成就，只有一個方法，那就是按照艾斯克蘭提所採用的相同方法：先找出自己生命中最重要的價值觀是哪些，然後確實遵照這些價值觀去度過每一時、每一刻。這個方法實在不難做到，遺憾的是今天在我們這個社會裡眞正能做到的人太少了，絕大多數人根本就不清楚什麼是他人生中最重要的東西，一會兒往東、一會兒往西，如同水面上的浮萍，最終糊裡糊塗過了一生。如果我們不知道：

> 自己人生中什麼是最重要的？什麼價值是我們確實應該堅持的？那麼，怎麼知道該建立什麼樣的成功基礎？又怎能知道該作出何種有效的決定呢？

相信你一定遇過棘手的情況，而遲遲下不了決定，這其中的原因是你不清楚在這種情況下，什麼是最重要的價值。由此我們必須記住，一切的決定都植根於清楚的價值觀。當你知道了自己最重要的人生價值所在，那麼怎麼下決定就易如反掌；反之，如果你不知道什麼對你是最重要的，就會很難做出決定。有傑出成就的人，在這種狀況

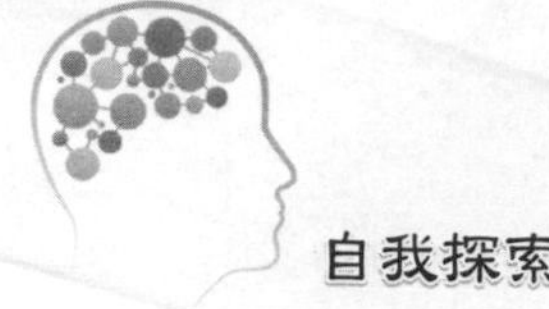

下通常能很快作出決定，那是因爲他清楚地知道自己人生最重要的價值何在。

(二)讓目標超越自我

我們會有什麼樣的成就？會成爲什麼樣的人？就在於先做什麼樣的夢。先有夢，才會有成就，才會發揮潛能。對此，安東尼・羅賓講過一個故事《喚醒心中的巨人》（*Awaken The Giant Within*）：

有個出生於舊金山貧民區，名叫奧倫索（Orenthal）的小男孩，從小因爲營養不良而患有輕微軟骨症，在六歲時雙腿變形，而小腿也有些萎縮，走起路來不大靈活。然而在他幼小心靈中一直藏著一個除了他自己知道，沒有人相信會實現的夢，這個夢就是有一天他要成爲美式橄欖球的全能球員。他是傳奇人物吉姆・布朗（Jim Brown）的球迷，每當吉姆所屬的克里夫蘭布朗隊（Cleveland Browns）和舊金山四九人隊（San Francisco 49ers）在舊金山比賽時，這個男孩便不顧雙腿的不便，一跛一跛地到球場去爲心中的偶像加油。

可惜，由於他窮得買不起票，所以只有等到比賽快結束時，從工作人員打開的大門溜進去，欣賞最後幾分鐘的賽程。十三歲時，有一次奧倫索在布朗斯隊和四九人隊比賽之後，在一家冰琪淋店裡終於有機會和他心目中的偶像面對面接觸了，那是他多年來所期望的一刻。他大大方方地走到這位大明星的跟前，說道：「布朗先生，我是你最忠實的球迷！」

吉姆・布朗和氣地向他說了聲「謝謝」。

這個小男孩接著又說道：「布朗先生，你曉得一件事嗎？」

吉姆轉過頭來問道：「小朋友，請問是什麼事呢？」

男孩一副自豪的神態說道：「我記得你所創下的每一項紀錄！」

吉姆・布朗十分開心地笑了，然後說道：「眞不簡單。」

這時小男孩挺了挺胸膛，眼睛閃爍著光芒，充滿自信地說道：「布朗先生，有一天我要打破你所創下的每一項紀錄。」

聽完小男孩的話，這位美式橄欖球明星微笑地對他說道：「好大的口氣，孩子，你叫什麼名字？」

小男孩得意地笑了，說：「奧倫索，先生，我的名字叫奧倫索·辛普森，人家都叫我O·J。」

奧倫索·辛普森（Orenthal Simpson）日後的確如他少年時所言，在美式橄欖球場上打破了吉姆·布朗所寫下的所有紀錄，同時更創下一些新的紀錄。

爲何目標能激發出令人難以置信的潛力，改寫一個人的命運？又何以目標能夠使一個行走不便的人成爲傳奇人物？

讀者朋友，要想把看不見的夢想變成看得見的事實，首先要做的便是制訂目標，這是人生中所有成功的基礎。目標會引導你的一切想法，而你的想法就決定了你的人生。設定目標有一個重要的原則，那就是它要有足夠的難度，乍看之下似乎不容易實現，可是它又要對你有足夠的吸引力，願意全心全力去完成。當我們有了令人心動的目標，若再加上必然能夠達成的信念，那麼就可以說已經成功了一半。

一切目標的制訂，除了計畫之外還需要行動，制訂的過程跟你用眼睛看東西的過程有很多相似之處。當你的目光越是接近要看的目標，就越會注意地看，不僅是目標本身，還包括周圍的其他東西。

有一個人就因爲能夠堅持自己而扭轉人生，他的故事或許可以給我們一點啓示，這個人就是已經逝世的麥可·蘭登（Michael Landon）。何以麥可·蘭登在世時，會受到那麼多人的喜愛呢？因爲他表現出了社會最崇高的價值：重視家庭、熱心公益事業、爲人正直、不畏艱難、關愛社會。

麥可的奮鬥事跡照亮了許多人的人生之路，成爲當今社會所仰慕的英雄。他生長在不正常的家庭裡，父親是一個十分排斥天主教徒的猶太人，而母親卻偏偏是一個排斥猶太人的天主教徒。小時候，母親經常鬧著要自殺，生氣時，便拿著衣架追著他毒打。就因爲生活在這樣的環境，所以他從小就有些畏縮且身體瘦弱。

由於麥可・蘭登的演戲天分，他在熱門電視劇《草原上的小屋》（*Little House on the Prairie*）中，扮演了殷格索（Ingalls）家庭的一家之主。他在劇中表現堅毅而充滿自信的性格，給廣大觀衆留下了深刻的印象。麥可的人生爲什麼會有這樣的改變呢？

在他讀高中一年級時，有一天，體育老師叫學生到操場去，教他們如何擲標槍，而這一次的經驗從此改變了麥可的人生。在此之前，不管他做什麼事都是畏畏縮縮，對自己一點自信都沒有，可是那天奇蹟出現了，他奮力一擲，只見標槍越過了其他同學的紀錄，足足多出了三十英尺。就在那一刻，麥可知道自己的前途大有可爲，在後來面對《生活》（*Life*）雜誌的採訪時，他回憶道：

> 就在那一天我才突然發現，原來我也有比其他人做得更好的地方。當時便請求體育老師借給我一支標槍，在那年整個夏天裡，我就在運動場上擲個不停。

麥可發現了使他振奮的目標，而且他也全力以赴，結果有了驚人的成績。那年暑假結束返校後，他的體格已有了很大的改變，而隨後的一年中，他特別加強重量訓練，使自己的體能更好。高三的一次比賽中，他擲出了全美高中生最好的標槍紀錄，因而他贏得南加大的體育獎學金。這個人生的轉變，套用他自己的話說：我是從一隻小老鼠，然後變成了一隻大獅子！

更加經典的故事是麥可之所以有如此神奇的臂力，還在於有部電影帶給他的影響。他相信他的頭髮跟《舊約聖經》中那位大力士參孫一樣是力量的泉源，只要頭髮留得越長，他的臂力就越強。這個想法在他念高中時還行得通，可是在五〇年代流行小平頭的南加大卻不吃這一套，有一次他硬是被其他的運動員蠻橫地剪掉了滿頭他認爲是獅子力量來源的頭髮。

雖然從此他不再成爲校園中被指指點點的人物，可是先前的力量卻隨著他對頭髮的信念而消失了。擲標槍的成績足足比以前少了三十英尺以上。爲了迎頭趕上，他訓練過度而嚴重受傷，經檢查證實必須永久退出田徑場，這使他因此也失去了體育獎學金。爲了生計，他不得不到一家工廠去擔任卸貨工人，他的夢想似乎就此完了，永遠無法成爲一位國際矚目的田徑明星了。

但幸運之神降臨，有一天他被好萊塢的星探發現，問他是否願意在一部名叫《鴻運當頭》（*Fortune in the Lead*）的電視劇中擔任配角。當時這部影片是美國電視史上所拍的第一部彩色西部片，麥可應允加入演出後，先當演員，最後成爲製片，他的人生事業就此一路展開。

一個美夢的破滅往往是另一個未來的開展，麥可原先有在田徑場上發展的目標，而這個目標引導他鍛鍊強健的體格，後來的打擊則磨練了他的性格，這兩種訓練成爲他另外一個事業所需的特長，使他有了更燦爛的人生。

二、擴展你的思想領域

我們可以肯定的說：唯有遠大的理想，才能夠造就偉大的人物。因此，一個人擁有什麼，並不重要；更重要的是，他如何獲得他想要的東西。例如，瞎子心中的世界，局限於他的觸覺；文盲的世界，局限於他的點滴知識，然而，一位偉大人物的遠見有多廣，那麼他的世界就有多大。

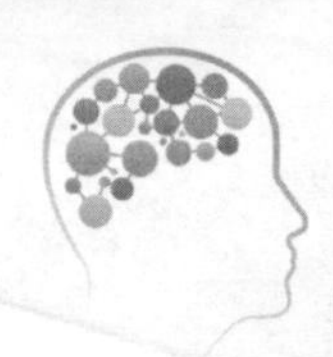
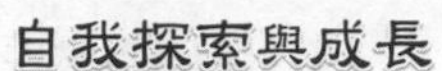

(一)規劃長遠的目標

一個人的目標不只要看現狀，還要訓練自己注意未來的發展。於是，為自己規劃一個長遠目標，是重要的課題。對於生涯規劃的未來藍圖，有一部分可以是「幻想」，但不應是不符實際的「空想」。這個生涯規劃的未來藍圖，主要包括四個基本要素：

◆明確的假定

當我們規劃長遠目標時，首先要有明確的假設。影響你事業的內、外假設，都要明確標示出來，而且要測驗它們有無合理的連貫性和實際性。現任銷售員的鴻飛原來是製圖員，後來轉業作銷售員。

記者問：「你原是製圖員，後來才決定改換工作生涯的嗎？」

鴻飛回答：「是的，但過程並不容易。在繪圖室中，我覺得自己是個沒有實際目標的人，既浪費了時間，而且對世人毫無貢獻。後來我開始觀察一切事物，我漸漸相信自己有才能，便開始對人談起我對事物的看法。我希望表達自己的想法，並想想自己相不相信自己所說的話。」

記者問：「所以你做了許多次的諮詢？」

鴻飛回答：「對，其中許多次諮詢都有很重要的意義。有一次我在咖啡店和我的醫生交談，他問我：你能不能用五個簡單句子，說明你認為重要的事物？我告訴他了，而且非常的詳細，那次交談結束後，我便知道自己已經進步了。」

◆詳細的擬訂計畫

當我們規劃長遠目標時，還要詳細的擬訂計畫。有效的「未來遠景圖」，就像建築師的模型，而不是二度空間的圖書；它們應該從粗略的草圖改進爲三度空間的模型，這也就是要證明所有實際問題至少都在模型中解決了。有效的「未來遠景圖」應該經過詳細的思考。瑪麗的訪問足以證明這一點。

記者問：「妳原來是公務員，後來決定改變，妳怎麼會有這個想法呢？」

瑪麗回答：「以前我每天早晨要搭七點五十六分的火車去上班，我知道我想要做點不同的事，而且覺得自己對有關兒童的工作很有興趣。參與一項義務工作，我認識了王博士，他是一個了不起的人。他利用第六感與聾人溝通，他已經學會擴展聾人的其他知覺，使他們更能與人溝通。我希望成爲他診所裡的學生，但我眞的需要好好考慮！要住哪兒？我能賺多少錢？失去社會地位會有什麼感受？不安定對我有什麼感覺？這是我的目標嗎？」

記者問：「妳考慮這些實際問題之後，有什麼做法嗎？」

瑪麗回答：「我寫了一篇類似學校時寫的論文，題目叫〈重新開始〉。這是我依照可能的設計，針對假如加入王博士診所後的生活描繪。兩週後，我再讀一遍，然後連同信函呈交給我服務的單位。這篇論文告訴了我自己想要的是什麼，以及它是否切實可行。」

有效的「未來遠景圖」一定要完全巨細靡遺，這是確保遠景圖沒有價值或僅僅流於形式的先決條件。不詳盡的遠景圖只是一種大冒險，因爲它給人虛幻的指引，卻沒有可作睿智決定的必要深度。所以，凡是想依靠虛幻夢想，而不將思考付諸理性分析的人，絕對是拿未來在做大賭注或冒險。

◆令人振奮的遠景

當我們規劃長遠目標時，更要有令人振奮的遠景。有用的未來遠景圖是樂觀而有激勵作用的。因爲，對前途抱著悲觀看法，無疑是一種局限。像一位工作繁重又對生活壓力無奈的護士曉莉的感嘆：

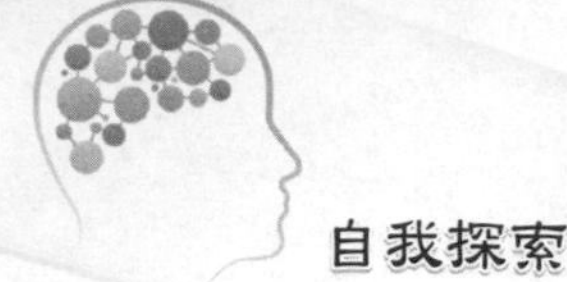
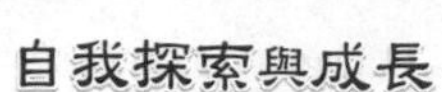

> 我很怕去想未來的事，我的一生已在十四歲時由別人爲我決定了。我出生在醫生世家，所以我很自然就走上護理之途。這個工作很緊張，我很想展翅高飛，很想暫時停一停，但這是不可能的，我負有道義責任和經濟壓力，這就是我生活的方式，眞的不應該這樣子！

包含希望和進步的「未來遠景圖」給人的好處很大，它提供途徑讓人表達充滿積極力量的情緒。傑瑞是一位有錢的企業家，便深知令人振奮的圖像的價值：

記者問：「你一向如何決定投入新的冒險呢？」

傑瑞回答：「一部分是勇氣。我先看清楚吸引我的是什麼，然後沉思，看我對這些有什麼感覺，我希望能激發奮進的心情。我們人比自己所想像的還聰明，如果事情是不錯的話，我可以感覺得出來。」

記者問：「大部分是『感覺』問題嗎？」

傑瑞回答：「起初是，但之後我曾把這些觀念交給自己的「內心」作測驗，我徹頭徹尾地評比，從各個角度推敲，我絕不潦草地作這個測驗。假如觀念能夠抵擋住這樣嚴酷的考驗，到那種程度，我才會認眞想它。」

記者問：所以這是心與智的結合。傑瑞回答：正是，但其中還有一個成分，我稱它爲「吸引力」。例如，我可能相信某事，但仍對它沒有興趣；必須我對那件事有興趣，而且被吸引去投入，這才算是走對了路。

請問讀者：針對以上案例以及他們與記者的對話，你有什麼回饋或想法？

◆實際可行的長期目標

當我們規劃長遠目標時，最後，要有實際可行的長期目標。有效的「未來遠景圖」絕對不可能是不可思議的。比如戴夫・法蘭西斯或許可以成爲一個作家、政治家或大學教授，但絕不會成爲一個拍洗髮精廣告的模特兒，因爲頭髮太少；不會成爲運動員，因爲肌肉也很少；也不會成爲調酒師，因爲嗅覺太差。

此處在邏輯上產生了困難，假如「未來遠景圖」是可能發生的，但理論上未來很難預料，什麼事都可能發生，又怎能測驗未來遠景圖實際與否呢？答案是：「不錯，但是……。」

根據英國人的一種傳說：假設你往空地上一坐，把禿頭給母牛舐一舐，而因爲一些魔幻過程，會長出新頭髮，也許可以成爲拍洗髮精廣告的男模特兒。可是，像這種事發生的可能性微乎其微，固然天底下什麼事都可能發生，但是，人類的經驗都告訴我們，有的事確實是奇蹟，而且並非人力可以達到的目標。聰明的人，是不會把他的未來放在假設會有許多奇蹟出現的基礎上。

測驗「未來遠景圖」實際與否，需要評估它的可能性。一位名叫阿爾基（Arkey）的自由作家，他形容自己這樣做的有趣過程：

記者問：「你以前是大學的生物物理學講師？」

阿爾基回答：「是的，但我渴望做不同的事，我有自信可以重新開始。」

記者問：「那麼你如何做呢？」

阿爾基回答：「我認眞思考我要什麼，思考一種適合我的生活形態，我回憶以前那些自己眞正感到滿足的時光，結果有三個行動方案吸引我。」

記者問：「是三個不同的選擇嗎？」

阿爾基回答：「是的，我可以當諮詢員、攝影師或者作家，每一種都可能。但經過一番思考後，我取消了攝影師，因爲那個行業已經太擁擠了。寫作很吸引我，而且我相信可以成爲一名技巧高明的記者，因此我決定試試看，挪出部分時間做一年看看。」

記者問：「結果呢？」

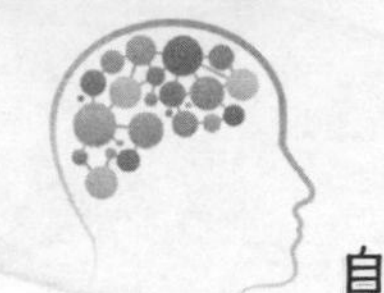

阿爾基回答：「很不錯，我的作品有人出版，我也領到了稿酬。我喜歡這個工作，並漸漸覺得自己像天鵝一般的快樂，寫作是實際可行的。」

(二)爲意外做好規劃

除了期望最佳成績，同時也要爲最糟的情況做好計畫，隨時爲意外狀況準備妥當。你無法控制別人的作爲，但是你可以預期各種不同的情況，盡你所能做好萬全準備；你也能控制你在意外發生時的反應。像世界體壇名將比爾．圖彌（Bill Toomey）在雨中練習一樣，即使陽光普照，也帶著他的雨天跑鞋。

圖彌認爲最正確的進度報告，其實是來自他的內在。他再三地自問：「我對今天的進展感覺如何？我的身體是否發出了沮喪的信號？我是否朝著目標奮力向前？我是專心一志還是漫不經心？」最後，重要的問題是：我的目標眞是爲我自己而訂的嗎？就我過去所爲和未來能做的，這目標是否實際？因此，只有你能以眞正有意義的方式問自己，而且，唯有你自己能回答。爲什麼要相信你自己內在的回答，而非來自於同事、朋友、甚至家人？

因爲別用負面模擬。所謂負面模擬，是指在心理上預演你的問題，誇大它們，或者無中生有。當你沉溺於負面模擬，你便加入了所謂奧運會十項全能金牌得主圖彌的「澡盆俱樂部」。

在競爭激烈的運動事業中，圖彌發現某些運動員有一點小傷，就花大量的時間在漩渦澡中。圖彌認爲有些人高談闊論他們的小傷痛，享受他們在治療過程中所受到的關注，並覺得興趣盎然。這就是何以跌斷了腿的人，總是叫別人來看他，或是在石膏模上簽名留念的心態。不幸的是，享受這種同情帶來的樂趣，會導致負面的影響。

圖彌雖然仔細傾聽自己身體的反應，但他有個基本原則，就是絕不高談闊論問題或傷痛。如果他必須在拉傷的肌肉冰敷或諮詢大夫，他會私下去做，只有自己知道，且努力不去在意每日的情緒起伏。

在他準備衝刺奧運會的最後階段，他甚至停止檢測運動的速度、高度與距離。圖彌不想再測量每一回的成績。他說這樣就好像農夫每天把種子挖起來，看看長得如何一樣。我們深信，不論我們喜歡與否，都會有些日子順利，有些日子困窘。能夠善用感覺順利的日子，是強韌意志的基本特質。若是傾向於負面模擬，更易使你沉淪於「澡盆俱樂部」，自憐自艾，無法躋身於勝利者的世界。

勝利者以擁有成功的果實而自豪，想像著金牌在他們脖子上的重量，想像來自觀眾的歡呼；失敗者則想著失敗的懲罰。想一想，還有比觀想頒獎典禮更需要專心注意的事情嗎？

圖彌有一種很有創造力、正面的心理調節法，可以讓他在理想的時刻達到顛鋒。他在牆上掛一個大日曆，將墨西哥奧運會錦標賽的日子畫個大圓圈。共有五項主要的競賽，當他圈起這五個日期時，他也悄悄地告訴自己的心理與身體，做好一切獲勝的準備。

這些圈起來的日子，在他的眼中自然而然成爲奧運會的五個彩環。圖彌把意料之外的事做一個「偶發事故規劃」，實際上就是：「預期最佳狀況，爲最糟的情況做計畫，隨時應付出其不意的事。」就是這個想法使圖彌奪得奧運會十項全能運動的金牌。

在這四年的準備中，圖彌總是爲意料之外的事做好萬全的計畫。當他在加州大學聖塔芭芭拉分校訓練時，那時氣溫大約在27℃度左右，他總是帶著專爲雨天準備的特製跑鞋。當然，雨天在加州是很罕見的，但圖彌爲每一種意外狀況事先做好計畫。他總是爲每一種想像得到的體能、心理和氣象的可能變化，準備妥當。

他是少數如此做好萬全準備的人之一，罕見的下雨天來了，其他的運動員幾乎全都到雨棚下避雨去了，或是轉入室內運動場，但圖彌仍在大雨中練習，以防正式比賽時也下雨。

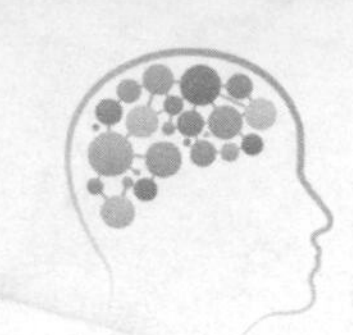

在那十月陰雨的午後，在墨西哥市運動場裡，圖彌與德國選手爭奪冠軍金牌。那德國選手看來有些焦慮，有點煩惱跑道的狀況，他試跳一個比他最佳成績還有一段差距的高度時，失敗了。圖彌卻是輕鬆、冷靜，看來像在雨中玩耍。這位奧運十項全能運動中最年長的選手，在雨中跳出了六英尺六英寸的成績，他得到金牌。後來他說：

> 至今我仍對這整個經驗驚異不已。人們總是警告我們，不要有錯誤的盼望。但是，我相信錯誤的盼望，並不會比過低的期望危險。我在1964年走出東京奧運會的觀眾席之後，立即想要在四年後的墨西哥參與競賽。雖然，我這人看來更像個鋼琴調音師或是舞蹈老師，而不太像個十項全能運動冠軍。

1990年西北太平洋友誼賽之前，圖彌和其他的前冠軍選手，向美國十項運動選手們發表演說。他們堅毅不拔的故事，是否令這些選手印象深刻？顯然是的，不久之後，美國全國十項全能運動新選手們的成績總分，是美國過去十五年來最高的一次。

三、化你的目標為行動

不論你相信「知難行易」或「知易行難」的學說，總得承認：人生偉業的建立，不在於能知，而在於能行。時時刻刻全力以赴，你會發現到處都有無窮天地。因此，有位智者如此說：雖然行動不一定能帶來令人滿意的結果，但是，不採取行動的話，是絕無滿意的結果可言的。

(一)化目標爲行動

行動是件很重要的事。因此，如果你想要做一個進取的人，必須先從行動開始。正如作家詹姆・威廉斯（James Williams）所說，一個人的行爲影響他的態度，他說：與其興之所至才擊節高歌，不如先引吭高歌帶動心情。

行動能帶來回饋和成就感，也能帶來喜悅。忙著做一件事，是建設性的行爲，在潛心工作時所得到的自我滿足和快樂，是其他方法不可取代的。如果你尋求快樂，如果你想發揮潛能，就必須積極行動，努力以赴。每天都有幾千人把自己辛苦得來的新構想取消掉，因爲他們不敢執行。過了一段時間以後，這些構想又會回來折磨他們。因此，請記住下面兩種方法：

第一，切實執行你的創意，以便發揮它的價值，不管創意有多好，除非眞正身體力行，否則永遠沒有收獲。

第二，實行時心理要平靜。天下最可悲的一句話就是，我當時眞應該那麼做卻沒有那麼做。每天都可以聽到有人說：「如果我當年就開始那筆生意，早就發財囉！」、「我早就料到了，我好後悔當時沒有做！」

一個好創意如果沒有被執行，眞的會叫人嘆息不已，永遠不能忘懷。如果眞的徹底施行，當然也會帶來無限的滿足，你現在已經想到一個好創意了嗎？如果有，現在就開始行動。

行動幫助你完成人生偉業。你可以界定你的人生目標，認眞制訂各個時期的目標。但如果你不行動，還是會一事無成。如果你不行動，你就像這樣的一個人：此人一直想到埃及旅遊，於是做了一個旅行計畫。他花了幾個月閱讀能找到的各種資料：埃及的藝術、歷史、哲學、文化。他研究了埃及各地地圖，訂了飛機票，並制訂了詳細的

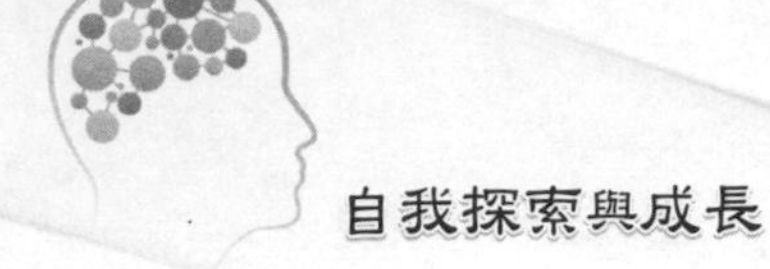

日程表。他標出要去觀光的每一個地點，每個小時要去哪裡都預定好了。

這人有個朋友知道他非常期待這次旅遊。在他預定回國的日子之後幾天，這個朋友到他家作客，問他：「埃及怎麼樣？」

這人回答：「我想，埃及是不錯的，可是我沒去。」

這位朋友大惑不解：「什麼！你花了那麼多時間作準備，爲什麼沒有去？」

「我是喜歡做旅行計畫，但我不願去飛機場，受不了。所以一直在家，沒去。」

計畫如何有所成就，不能代替身體力行的實踐。沒有行動的人只是在作白日夢。對此，安東尼．羅賓指出，行動是化目標爲現實的關鍵步驟。

行動才是我們的目標。內斯美（Nesmeth）是一位週末高爾夫球選手，他通常能打出九十幾桿，後來有七年的時間他完全沒有打高爾夫球。令人驚訝的是，當他再回到比賽場時，又打出了漂亮的七十四桿。在這七年時間裡，他沒有摸過高爾夫球，而他的身體狀況也在惡化之中。實際上，他這七年是住在一間大約四英尺半高的俘虜收容所裡，因爲他是一個越南的戰俘。

內斯美的故事說明，如果我們期望實現目標，就必須首先看到目標完成。在這七年的日子裡，內斯美一直與世隔絕，見不到任何人，沒有人跟他談話，更無法做正常的體能活動。起初幾個月他幾乎什麼事情也沒做，後來，他覺得如果要保持頭腦清醒並活下去，就得採取一些特別、積極的措施才行。最後，他選擇了他心愛的高爾夫課程，開始在他的牢房中玩起高爾夫球來了。在他自己心裡，他每天都要打完整整十八洞。

他以極精細的手法玩高爾夫球。他「看見」自己穿上高爾夫球衣，走上第一個高爾夫球開球點，心裡想像著他所玩的場地的每一種天氣狀況；他「見到」球座盒子的精確大小、青草、樹木，甚至還有鳥，他很清楚地「見到」他的手緊握高爾夫球桿的精確方式；他很小心地使自己的左手臂維持平直；他叮囑自己眼睛要好好看著球；他命令自己小心，在打切球時要慢而且輕輕地打，同時記住眼睛盯在球上；他教導自己在擊打時，要圓滑地向下揮桿，並且順利地擊出；然後他想像著高爾夫球在空中飛去，掉在發球區與果嶺之間修整過的草地中央，滾動著，直到它停在他所選定的精確位置。

他在自己心中打球，所花的時間就跟他在高爾夫球場上打球一樣長，而且對剛擊出的球仔細觀察。換言之，他決定成爲一個「有意義的特殊人物」，而不是做一個「普通的大多數人」。這樣每週七天整整持續了七年，他都在心裡玩那完美的高爾夫球。從來沒有一次揮不到球，也從來沒有一次球不進洞，這眞是完美的打法，內斯美每天用整整四小時的時間，來打心裡的高爾夫球，結果讓他的頭腦一直很清醒。

內斯美的故事說明了一點：如果你想要達到目標，在達到之前，心中就要「看見目標完成」。如果你想獲得加薪、在公司獲得較大的機會、較好的職位、你夢想中的房屋等，安東尼·羅賓建議你仔細地重讀這個故事。每天花幾分鐘遵守精確的步驟，這樣你夢想的那一天終會到來。那時候，你將不僅「看見目標完成」，而且會「達到想要的目標」。

在任何一個行業，不管我們在尋找一個較好的工作、較多的財產、永久與快樂的婚姻，我們都必須在達到想要的目標之前，先看見目標完成。當你的眼睛看著目標時，達成目標的機會就會變得無限地大。眞的，不管你見到勝利或失敗，這項原則都能適用。

在帆船時代，有一位船員第一次出海，他的船在北大西洋遇到了大風暴，這位船員受命去修整帆布。當他開始爬的時候，犯了一項錯誤，那就是向下看。波浪的翻騰使船搖晃得十分巨大。眼看這位年輕人就要失去平衡。就在那一瞬間，下面一位老船員對他喊道：「向上

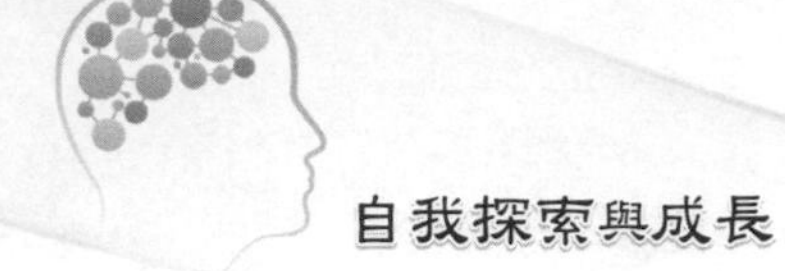

看，孩子，向上看。」

這個年輕的船員果然因爲向上看而恢復了平衡。

事情似乎不順利的時候，要先檢查一下你的方向是否錯誤。形勢看起來不利的時候，要嘗試「向上看」，應用學過的原理，你就會達到目標。把目標適當地寫在一張或多張卡片上。你要把它寫得很清楚，以便於你閱讀每一行中的每一個字。將這些卡片保存並隨時把這些目標帶在身邊，每天都要複習這些目標。但別忘了：行動才是我們的目標。

當世界上最長的火車靜止不動時，在它的八個驅動輪前面放一塊小小的木頭，就能使它永遠停在鐵軌上。而同樣的火車在以每小時一百里的時速前進時，卻能穿透五英尺厚的鋼筋混凝土牆壁。請現在就拿出行動的勇氣，衝破介於你跟目標之間的種種阻礙與難關。

(二)立即採取行動

當你化目標爲行動，就要立即採取行動。有些人不論機遇好壞都可以成功，成功的關鍵，在於能夠立即採取行動。

話說安妮有十足的理由埋怨命運對她不公平。她母親在她還是嬰兒時便去世了。她從來不知道父親是誰，也不知道什麼是家庭的溫暖。八年級時，她被迫搬到阿肯色州和親戚同住。安妮是個孤兒，超重二十磅（因此衣服都快不能穿了），更糟的是她必須離開所有的朋友。

我們常常覺得命運和自己作對，而這時候的安妮更有十足的理由相信自己受了上天的欺騙。然而，她決定採取行動，她決定先減輕體重，所以開始運動，消耗多餘的脂肪。她愈跑步愈體會出其中的樂趣，體能也逐漸增加。她繼續訓練自己，並且開始參加比賽。幾年後，安妮成爲阿肯色州立大學四年級的學生，已經贏得三項馬拉松及好幾項十公里長跑冠軍了。其中包括兩次奧爾良（Orleans）馬拉松大賽以及亞特蘭大雅芳（Atlanta Avon）十公里大賽。

安妮有充分的理由相信命運已宣布她是一個失敗者，但她並未如此想。她擬訂人生目標，並不斷行動，終於發揮潛能，獲得了成功。制訂目標或許還不算太難，可是要能貫徹到底就不是件容易的事了。你可能以前就有過這樣的經驗，剛訂好目標時，頗有躍躍欲試的熱情，可是過了三個星期後就沒勁了，更別提達成目標的自信，那早就蕩然無存了。

當你擬訂一項目標後，首要的步驟就是把它寫在紙上，這樣才能使目標具體化，遺憾的是大多數人連這麼簡單的步驟都不做。當你把目標寫下來後，隨之最重要的一步就是立即讓自己行動起來，向著實現目標的方向拿出具體的行動。一個眞正的決定必然是有行動的，並且還是立即的行動。

請記住，你先別管要行動到什麼程度，最重要的是要動起來，打一個電話或擬出一份行動方案都是可行的，只要在接下去的十天內，每天都能有持續的行動。當你能這麼做時，這十天小小的行動必然會形成習慣，最終把你帶向成功。

如果你個人成長的目標是一年之內學好爵士舞的話，那麼就「先讓手指頭動起來」，你不妨今天就去翻一翻電話簿找個訓練班，隨之註冊入學，安排出學習的時間。如果你的目標是一年之內要買輛賓士轎車的話，那麼就請賓士代理商寄一份有關汽車的各種資料給你，或者當天下午親自跑一趟賓士車行去瞭解一番。這並不是要你馬上就買，只不過當你瞭解了價錢和性能之後，會更加強你要買的決心。

如果你的工作收入目標是在一年之內賺到600K的話，那麼現在就立刻擬出必須採取的步驟。到底有哪個已經賺到這麼多錢的年輕人可以提供你建議？你是否應該去創業？你是否需要去尋找其他資源？別忘了，每天你至少得體驗一下實現目標的成功感受，當然最好是一天兩次，一早一晚。每六個月你得重新回顧先前所寫下的目標以確定它們是否還是你的目標。當你決心過積極奮發的生活後，你必然會有與以往不同的認識。很可能你會將先前的目標作某種程度的修改，那麼就好好動動腦筋吧！

最後，請別忘了養成良好的習慣。許多人找藉口不行動已經成了習慣。對於這些人，要完成一項任務的一切理由，都不足以使他們放棄這個消極的工作模式。如果你有這個毛病，你就要重新訓練自己。用好習慣來取代拖延的壞習慣。每當你發現自己又有拖延的傾向時，靜下心來想一想，確定你的行動方向，然後再問自己一個問題以及完成後續的工作：「我最快能在什麼時候完成這個任務？」，訂出一個最後期限，然後努力遵守。漸漸地，你的工作模式就會發生變化，最後，大功告成！

四、成長的故事：咖啡達人吳則霖

台灣咖啡達人吳則霖，在世界盃咖啡大師比賽（WBC）中拿下第一名，為台灣再創另一個光榮紀錄。世界盃咖啡大師比賽是由美國及歐洲咖啡協會所發起的賽事，被視為咖啡界的最高榮譽，吳則霖能擊敗各國好手拿下第一名實屬不易。

吳則霖是在讀大學時才接觸到咖啡行業，但因興趣的關係，讓他一頭栽進咖啡世界，就開始騎著攤車在公館賣咖啡，更不斷鑽研咖啡相關的技術與學問，之後創辦了Simple Kaffa咖啡館。

吳則霖從2013年開始，連續三年拿下台灣咖啡大師冠軍。從2014年開始挑戰世界盃咖啡大師比賽，曾經得到世界第七的榮銜，2016年則是更上層樓，在決賽時一舉打敗法國、日本、荷蘭、美國及加拿大的咖啡達人，直取第一名榮銜。

1.何謂工具價值與實質價值？

2.奧倫索．辛普森（Orenthal Simpson）的故事帶給我們什麼啓發？

3.生涯規劃的未來藍圖，主要包括哪四個基本要素？

4.何謂負面模擬？有什麼缺點？

5.試述「知難行易」與「知易行難」的差別。

6.每當你發現自己又有拖延的傾向時，要做什麼來避免？

成長篇

第六章

我的未來不是夢！
——爲成長規劃願景

- 屬於我自己的願景
- 成長的二部曲
- 成為生命的贏家
- 成長的故事：贏家的故事

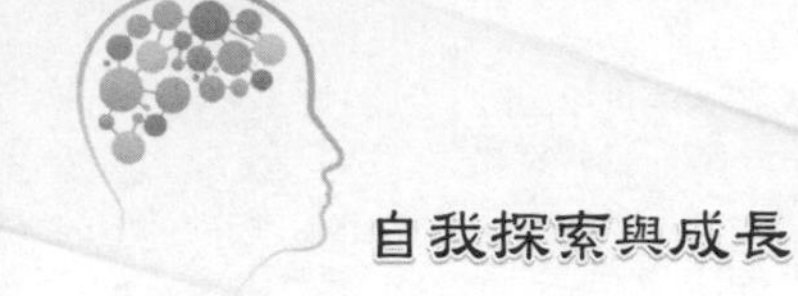

成長雖然是個人發展的必然過程，但是，由於主觀與客觀條件與環境差異，每一個人的成就發展是不一致的：有人飛黃騰達，也有人過著如意的日子，甚至有人一事無成，對自己的人生繳了白卷。因此，建議讀者們開始爲自己的成長編一首歌：一首唱出未來願景與發展夢想的歌，然後，按部就班的學習與發展，最後，爲自己的成就高歌一曲。

本章根據「我的未來不是夢！——爲成長規劃願景」的主題，討論三項議題：屬於我自己的願景、成長的二部曲以及成爲生命的贏家。關於如何編撰屬於我自己的願景之內涵，首先，要論述做生命中唯一的自我以及擁有屬於自己的天空。其次，要論述成長的二部曲，內容包括：從創新思維開始以及先做最重要的事情。最後，要論述成爲生命的贏家，內容包括：投入值得的事情以及不計代價完成它。

一、屬於我自己的願景

記得小時候（1940年代），學校的老師教我們唱一首名爲「哥哥爸爸眞偉大」的兒歌，同時，老師也經常要求學生們大聲唱，以便提高「學習精神」，甚至也是懲罰不乖學生「獨唱」的方式。按照個人或幾個學生的不乖程度，採用獨唱、合唱與輪唱的次數。歌詞是：

哥哥，爸爸眞偉大，名譽照我家；
爲國去打戰，當兵笑哈哈！
走吧，走吧，哥哥，爸爸，家事不要你牽掛；
只要我長大，只要我長大！

記得，偶爾在家裡唱這首歌的時候，卻不受長輩的歡迎，爸爸說：「別唱了，我們是農家人，又不是當兵去打戰，沒有那麼偉大！」叔叔是位水電工人，也加入責備行列，他說：「好好讀你的書，將來好當老師……，別想當那個偉大軍人！」此後，除了在學校，再也不唱這首歌了。

由於不是詩人或音樂家，我們要寫一首受大家喜歡唱的歌，難如登天，但是，爲我們自己編一首讓自己唱的詩歌，唱出個人的心聲與願景的歌，應該不困難！請讀者問自己：「我的願景是什麼？將來我的成就又如何？」美國作家富蘭克林（Benjamin Franklin）在《生活贏家》（*Life Winner*）指出：

> 贏家和輸家的區別是：贏家總拿他們的成就和自己的目標來比，然而，輸家總是拿他們的成就和其他的成就者來比。

(一)做生命中唯一的自我

每個人的一生，都是從嬰兒時期的「認識自己」開始，最後到死亡時的「自己認命」結束，不管，你是達官顯要，或是販夫走卒，絕沒有例外。奇怪的是，許多人在成長後，在漫長的人生中，總是看著別人的美好生活，羨慕別人的成就，而輕視自己的存在與價值。

人生有許多機會與挑戰，因此，也需要做許多選擇。當有一天，你被邀請去造訪一個稱爲「假使神奇王國」的地方。在這個神奇王國中，假使你喜歡，就可以擁有任何你想要的東西、做任何你想做的事情。換言之，你的日子，愛怎麼過便怎麼過，只要閉上眼，任由自己的想像力就可以獲得想要的生活。

例如，你馬上就是：橄欖球名將吉米・馬歇爾（Jimmy Marshall）、籃球健將林書豪、偶像歌星麥可・傑克森（Michael Jackson）、超級政治人物唐納・川普（Donald Trump）、半導體界巨擘張忠謀、世界金融炒家喬治・索羅斯（George Soros），任何一位自己心目中的偶像人物。

假使「神奇王國」對每一個造訪者，給予同樣的機會，提出同樣的挑戰，唯一不同的是每一個人的選擇：希望做誰？

每一個人都是自己生命中唯一的自我。可悲的是，許多人都被自己或他人期待，特別是被父母期待成為心目中的「他人」，而甚少人願意成為最可能成就的自己。英國著名劇作家蕭伯納（George Bernard Shaw）很早就意識到，即使他再活一遍，來生過得會比這一生更努力、更美好、更有成就，他仍是他自己，不會成為任何人。

一位記者在蕭伯納死前不久，曾問他：「先生，你曾拜訪過許多世界上的知名人物，你認得不少皇親貴族、著名的作家、藝術家、學者和尊貴的大人物。假使你能再活一遍，做任何你所認得的人物，你會選誰？」蕭伯納回答說：「我會選做喬治．蕭伯納，他可以做到的事情，別人絕對做不到。」

蕭伯納的這種「永遠做自己」的堅持，其實正好就是「假使神奇王國」的唯一限制，更是一項普遍被年輕人喜愛的生命陷阱。因為在這個神奇王國裡，你只能在想像中選擇當別人，但是在眞實的世界中，你永遠只能做你自己！在希望當別人的時候，你可能忽略一個非常重要的事實：你的未來發展是無限量的，因為從許多方面來說，你是「獨一無二」與「無可替代」的——你就是你，你是你生命中「唯一的自己」。

換言之，在你的生命過程中，在這個世界裡，在這個時刻，只要你活著，你就擁有：

獨一無二的個性，獨一無二的天分，
獨一無二的能力，獨一無二的機會，
獨一無二的挑戰，獨一無二的精神力量，
獨一無二的自我形象！

事實上，沒有人跟你有同樣的機會，沒有人擁有跟你一樣的能力，也沒有人的個性跟你一模一樣，更沒有人能像你一樣地看你自己。

親愛的讀者：當你在遨遊「假使神奇王國」的時候，能夠勇於拒絕當心目中的「他人」，而勇於對自己說：是，恭喜你。你的「獨一無二」將能夠獲得發揮並開花結果，使你成為這個世界上「獨一無二」的人。

你願意成為你要做的人嗎？這世界正在等待你獨一無二的貢獻，包括你的親人、愛人、朋友都會喜歡以擁有像你這樣的一位人物為傲。我們要為自己撰寫的詩歌，就從這裡開始吧！

(二)擁有屬於自己的天空

今天，我們經常講「自由」，特別青少年更是如口頭禪般把它掛在嘴上，但是，卻很少有計畫地去運用我們最寶貴的自由：可以發揮生命的最大潛力。自由是上天賜給每一個人的禮物。上天所賜予的自由禮物，就是對個人自由的選擇與運用。這種自由是任何人都可以擁有的，不論你在任何年齡、性別、種族、宗教、身分、經濟狀況或生活環境下。這個自由意志當然也包括所有的不幸者、病人、窮人、受歧視者與獄中囚犯。然而，這個最基本的自由是什麼？

那就是我們每個人都擁有的自由選擇。選擇如何去做自己與反應自己所處環境的自由。我們不能一直被控制或控制他人。我們不能選擇誕生的地方、個人身體的缺陷、個人的智商、個人有多少錢創業、別人怎麼看你、別人如何期望你……同樣重要的是，我們每個人都能控制自己：如何反應別人對我們所做的事、如何應付發生在我們身上的事、如何過生活、如何利用我們的才能、如何利用天賦給我們的資源、如何反應別人對我們的看法、如何應用我們的智慧、我們是否願意活在別人的期望中。

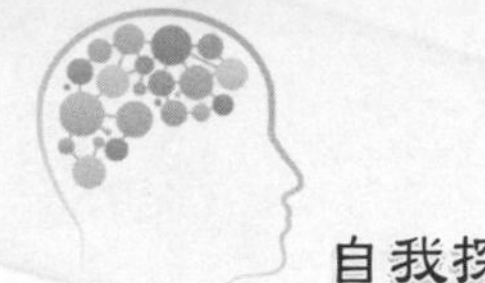

經驗告訴我們，大多數失敗者，限制他們發揮潛能的因素都是人爲的，是由環境或其他人加諸在他們身上的。這些人爲限制包括：他們的年齡太老或太年輕、口袋空空如也、歷經困難和痛苦、缺乏教育、恐懼及懷疑等等。但是，眞正剝奪他們把自己發揮到極致的自由是他們自己對這世界的看法，他們的負面態度阻止他們把自己發揮到極致。此外，這些眞正的限制包括：對生活抱持懷疑的態度，我們自找的藉口，例如浪費時間、缺乏彈性、自艾自憐、患得患失、拖延怠惰、缺乏自律等等的壞習慣。這些因素終於導致他們成爲：自己生命的輸家。

從正面的解釋來看，世界上的贏家都是能自由選擇如何來面對他們未來的處境的人。除了上面提過的蕭伯納、吉米・馬歇爾之外，還包括許許多多人，例如：

1.肯德基炸雞的創始人桑德士上校（Colonel Sanders），假使因爲他自認爲太老而不能開創事業的話，今天世界上就沒有肯德基炸雞這個公司。
2.世界上第一次成功飛航的萊特（Wright）兄弟，他們雖然知道沒人飛上天空過，他們還是願意不斷地嘗試，直到成功。
3.第一位成功泳渡英吉利海峽的人佛羅倫斯（Florence），他雖然知道許多人曾在泳渡英吉利海峽時淹死，還是願意冒險嘗試，所以有成功的機會。

希望擁有屬於自己的天空，要勇於挑戰許多人認爲不可能的事。值得注意的是：生命的贏家向來不管那些短視者的嘲笑，他們專愛挑戰「不可能」的事。

早期好萊塢名演員佛雷（Frey），當他於1933年第一次去試鏡時，米高梅公司的試鏡導演在備忘錄上如此寫著：「佛雷不會表演，有點禿頭，只會跳一點點舞。」然後，由於他的奮鬥與努力，神奇地化「不可能」爲「可能」。最後，佛雷不但在好萊塢找到一份工作，還成爲一位名演員。功成名就後的佛雷，一直把這段負面評語放在他比佛利山莊家中的壁爐上，作爲終生的警惕與自勉。

此外，更諷刺的是，有人說科學家愛因斯坦（Albert Einstein），是一位不穿襪子、忘了理頭髮、很可能是白癡的人。古希臘哲學家蘇格拉底（Socrates），和其學生柏拉圖及柏拉圖的學生亞里士多德被並稱爲希臘三賢，曾經在當代被視爲一位不講道德、專事敗壞年輕人心志的人！

其實，在二十一世紀高科技與智慧產業的今天，我們擁有太多可看、可想與可做的事情。我們的人生充滿了自由選擇，就像享用自助餐一樣，我們站在這裡，手中拿著一個盤子，盤子可以裝很多東西，但「自由」要求我們作自己的選擇。只要掌握你生命中最想要的事情，並勇敢往前邁進，相信你是可以如願以償的。否則，你會像許多可悲的人一樣，自己期待或被父母期待成爲心目中的「他人」，但是，在眞實的世界中，你只能做你自己！

你願意一生都無所事事嗎？
你願意讓環境或其他人來限定你的生活嗎？
你決心排除那些阻礙你過自己想過的生活的因素嗎？
你願意從現在開始尋求屬於自己的天空嗎？

動物不懂得繼承它們祖先的經驗，人類卻有能力將先人的智慧和知識，一代傳一代。人類可以應用這些儲存的智慧和知識來建立更好的生活。你只要花一些時間到圖書館，就可以找到哲學家的智慧、詩人的浪漫文學或科學家的知識，我們可以追溯到好幾世紀前的天才們。

你知道，我們今日的生活中有多少東西是前人所賜的嗎？同樣的，我們今日的所作所爲也影響到數世紀之後的人。我們可以將所學

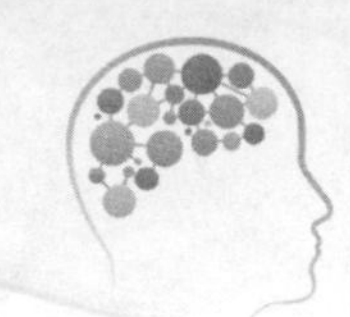

的傳給我們的子女和他們的子女。如果你要發揮你所有的潛能，你得心存感激地接受先人的遺產，累積過去到現代的智慧，留給後人一個更好的地方。請記住：我們是個人家庭以及社會接力賽的運動員，要好好的將手中棒子傳遞下去。

二、成長的二部曲

個人的成長除了需要能量之外，也需要有規律的發展步驟。以下是所謂「成長的二部曲」：從創新思維開始、先做最重要的事等課題進行討論。

(一)從創新思維開始

創造性思維（creative thinking），也稱創新思維，是一種具有開創意義的思維活動，就是開拓人類認識新領域，開創人類認識新成果的思維活動，它往往表現爲發明新技術、形成新觀念、提出新方案和決策及創建新理論。對個人而言，有助於爲未來發展出重大選擇等。這是狹義上的理解。從廣義上講，創造性思維不僅有完整的新發現和新發明的思維過程，而且還表現爲在思考的方法和技巧上，具有新奇獨到之處的思維活動。

創造性思維的結果是實現了知識即資訊的價值，或者是以新的知識（如觀點、理論、發現）來增加知識的累積，從而增加了知識的數量；或者是在方法上的突破，對已有知識進行新的分解與組合，展現了資訊的新功能，讓知識結構量增加。

創造性思維需要人們付出艱苦的腦力勞動。一項創造性思維成果的取得，往往需要經過長期的探索、刻苦的鑽研，甚至多次的挫折之後才能獲得，而創造性思維能力也要經過長期的知識累積、智慧訓練、素質磨練才能具備。創造性思維過程，包含推理、想像、聯想、直覺等思維活動，所以，從個人學習成長與發展活動的角度來看，創造性思維又是一種需要人們付出較大代價、運用高超能力的思維活動。

當今國際間的競爭，主要在科學技術方面，其中又主要是智力的競爭與創造力的競爭。在實際生活中，有人有創造性，有人缺乏創造性。上世紀興起於美國的創造學認爲，創造性不是天賦造成的，原則上每人都有創造性。人類如果沒有創造發明，就不會在生物競爭中成爲地球上乃至於部分宇宙空間的主人。對於個人來說，只靠簡單的勞動獲得個人事業的成功是極爲困難的，只有不斷運用自己的腦筋，堅持創造性勞動，才有可能在競爭中獲勝。在學習中也同樣需要有創造性，只有創造性地學習，才能把書讀好。那麼，該如何培養創造力呢？

創造學（Creatology）或許可以提供一些答案。創造學是一門綜合性和應用性的學科，它建立在研究哲學、美學、心理學、人才學、教育學、邏輯學、管理科學、體育科學、思想史、科技史、自然辯證法、大腦生理學、傳記文學等學科的基礎上。內容包括以下四點：

1.指出創造發明的規律。創造學研究創造能力的培養，探索創造發明的方法，研究創造活動的組織和創造環境的形成等等。其中心任務是開發人類的創造能力。其主要內容有：創造哲學、創造工程學、創造心理學、創造教育學、創造理學、文學藝術領域的創造問題、創造美學、創造管理學、其他領域的創造問題等。
2.創造學是研究創造發明和創新的心理、方法和規律的學科，主要包括創造心理學和創造工程學。
3.創造學就是發現新問題，解決新問題，再發現新問題的智慧學。
4.它是研究主體的創造能力、創造發明過程及其發展規律的科學。

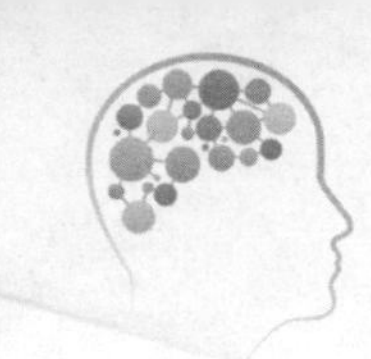

從實際應用在個人的學習成長與發展來說，創造性思維可以從以下六個方向進行：

◆創造靈感

富有創造力的靈感只賦予那些勤於鑽研的人，靈感的出現是在解決問題而又百思不得其解時，由於受到某種因素的啓發，出現「頓悟」，使問題忽然迎刃而解。靈感有突如其來、不由自主的特點，有人把它看成「天賜」，其實，天才在於勤奮，靈感是對勤奮勞動的獎賞。靈感是創造力的一個要素，而靈感的出現需要有深厚的知識作為基礎。知識一旦形成，便保留於人們的頭腦中或見諸文字語言上。人們運用這些知識時，其中潛伏著的智力便表現出來，可以解決更為廣泛性的問題。當人們反覆運用知識時，可以發生形態的轉化。知識一旦轉化為能力，便將知識轉化能適應更大的範圍，而且這種適應是瞬間完成的。譬如，一塊大石頭擋住去路，有的人馬上想到用鐵棍把大石頭移走。在另一種場合，若是汽車陷入泥土裡，同樣想到了鐵棍，甚至由此發明了新式的起重機，這說明槓桿原理的知識促成了人們的解決問題能力。

◆創新欲望

創造力來自努力不懈地追求創新的欲望。沒有很強的創造欲望，創造活動便不能進行，遇到困難也容易停滯。美國的電話發明家貝爾，少年時代智力表現平平，而且貪玩，但後來受到祖父的影響，喚起了強烈的求知慾，並對發明創造產生濃厚的興趣，從而在少年時代便設計了一種比較輕快的水磨磨穀機，被譽為少年發明家。這可以說明創新的欲望與對創造的不斷懈追求是創造成功的重要條件。

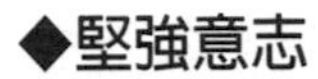

◆堅強意志

堅強的意志是發揮創造力最寶貴的品格。在任何領域裡，要想獲得成功，沒有堅強的意志與拚命精神是不可能的。誠如貝多芬所說，卓越者的一大優點是：在不利與艱難的遭遇裡百折不撓。歌德也說過：「沒有勇氣，一切都完了！」堅強的意志不僅表現爲堅持到底的頑強毅力，還表現在辨明方向、看清利弊之後的當機立斷，能排除各種干擾，面對挫折不氣餒。

◆虛心好學

虛心好學使你的創造力更豐盈。虛心好學，不斷充實自己，才能超越自我的淺薄。你可以根據自己設定的目標，準確地確定學習內容，能從所學的內容中推演出新觀念，並在與別人交談或日常生活中獲得靈感和啓發。要善於累積自己學習所得，並能在創造過程中加以活用，而且學習過程本身實際上就是創造性的思維過程。

◆避免頑固

創新是不拘泥於傳統的觀念，敢於標新立異。創造力活動本身就是一種異常行爲，是對原來框架的突破與發展，否則便不能稱爲創造。對大多數人來說，由於傳統文化觀念的束縛，很容易產生一種思想惰性，對他人超乎常規的想法和做法又往往多加指責。要想做出成績，重要的是要有創立標新立異的思想品格。

◆實踐力量

創新是將學到的知識轉化爲實踐的力量。培養創造能力，要和自己的學習、工作結合起來，在學習、工作過程中鍛鍊自己的創造能力。例如，你可參加有興趣的課外活動，也可常把課堂學到的知識，用於解決所遇到的實際問題，勤於實踐，一定會有收獲的。

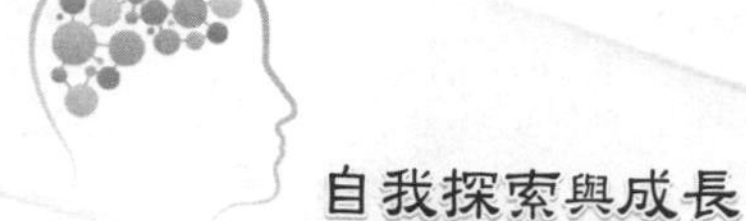

創新的作用

1926年，十七歲的蘭德（Edwin Land）是哈佛大學一年級的學生。一天晚上，他走在繁華的百老匯大街上，從他面前駛過的汽車車燈刺得他眼睛都睜不開。他突然靈機一動：有沒有辦法可以讓車燈照亮前面的路，又不刺激行人的眼睛呢？他覺得這是很有實用價值的課題。蘭德立即著手去做，第二天便去學校辦休學，專心研究偏光車燈的創造發明。

1928年，蘭德的第一塊偏光片終於製成了。他匆匆趕去申請專利，不料已有四個人申請此項專利。他辛辛苦苦做出的第一項成果就這樣白費了。三年後，經過改良的偏光片研發成功，專利局終於在1934年把新偏光片的專利權給了蘭德，這是他獲得的第一項專利。

1937年，蘭德成立了拍立得公司（Polaroid）。有人把他介紹給華爾街的一些大老闆，他們對蘭德的才能和工作效率十分賞識，向他提供了37.5萬美元的信貸資金，希望他把偏光片應用到美國所有汽車的大燈上，以減少車禍，保障駕駛與行人的安全。

1939年，拍立得公司在紐約的世界博覽會上推出的立體電影更是轟動一時。觀眾必須戴上該公司生產的眼鏡才能入場，這又為拍立得公司賺了一大筆錢。

有一次，蘭德替他的女兒照相。小姑娘不耐煩地問：「爸爸，我什麼時候才能看到照片？」這句話觸動了蘭德，經過多年時間的研究，他終於發明了瞬時顯像照相機，取名為「拍立得」相機。這種相機能在六十秒鐘洗出照片，所以又稱六十秒相機。

拍立得公司1937年剛成立時，銷售額為14.2萬美元，1941年就達到100萬美元，1947年則達到150萬美元，為十年前的十倍。「拍立得」相機投入市場後，公司銷售額從1948年的150萬美元大幅增至1958年的6,750萬美元，十年裡增長了四十倍。

然而蘭德並不就此停下研發的腳步，後來他又製造出一種價格便宜，能立即拍出彩色照片的新相機。蘭德說：「企業不僅要不斷地推出新產品，改善人們的生活，給人們帶來方便，還要考慮下一步該怎麼辦。這樣企業就會永遠充滿活力，蓬勃發展。」

當人們問他成功的奧秘時，他只是笑笑說：「我相信人的創造力。它的潛力是無窮的，我們只要把它開發出來，就無事不成。」

焦點：創造力是上天賜予我們的最珍貴的禮物，它能給我們帶來許多意想不到的驚喜。但是怎樣發掘你的創造力呢？蘭德的經驗告訴我們：創造並非遙不可及；只要你處處留心，你會發現在日常生活中處處充滿創造的靈感，創造就在我們身邊。

(二)先做最重要的事

在執行創新思維的行動中，需要面對時間有限的問題。傳統的時間管理，總是只要求在最短時間內做很多事，卻忽略了依照自己對事情的重視程度來安排時間順序，因此，要學會認清急迫性與事情的重要程度，遵循心中的輕重緩急，做自己生活的主宰。

一位老祖母說，她的女兒安娜最近剛生了老三，有一次她們在聊天，她說：「媽，我好煩，妳知道我很愛這個小孩，但是她幾乎占去了我所有的時間。我什麼事都沒法做，偏偏有些事又非做不可。」老祖母可以理解女兒的挫折感。安娜既聰明又能幹，生活非常充實，手中總有忙不完的事。

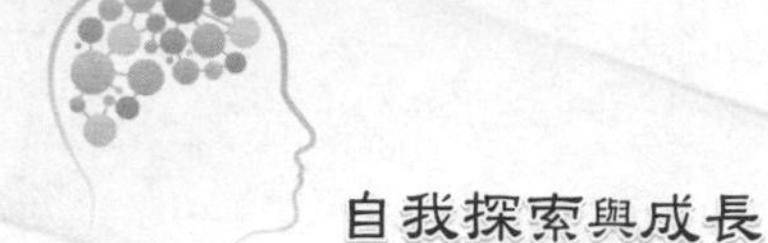

談到最後，他們得出一個結論，她的挫折感是源於期望過高。事實上，現在她最重要的事只有一件：好好享受生兒育女的喜悅。於是老祖母建議她：「儘管放鬆心情，享受與小孩的共處，同時要讓她感受到妳爲人母的喜悅，因爲全世界只有妳能爲她付出最深的愛與心力。而與這種天倫之樂相比較，任何事都顯得微不足道了。」

安娜也瞭解，在短期內自己的生活一定會失衡，而她是不應該有怨言的。俗語說：「萬物皆有發展的時序。」何必以人力勉強扭轉事情的本來順序？安娜也知道等小孩長大一些，她就能夠去追求自己的目標，貢獻心力。最後老祖母對女兒說：「把心裡的時間表忘掉，計劃未來：如果會讓妳覺得有罪惡感，那就不要制訂任何計畫。目前，小孩是妳生命中最重要的事，儘管去享受爲人母的樂趣，沒什麼好煩惱的。記住，妳應該遵循的是心裡的盤算，而不是掛在牆上的時鐘。」

記取「欲速則不達」的教訓。有時我們並不是依照自己對事情的重視程度來安排時間順序，我們總想在最短時間內做最多的事，結果不但無補於事，反而造成所謂「欲速則不達」的困境。

人總是無時無刻要面對「時間運用」的問題，無論是面對重大的人生轉折或芝麻大的生活瑣事，難免要作一番抉擇，而且必須自己承擔抉擇的後果。當然，結局不一定都是甜美的，尤其是在時間的安排無法符合內心的盤算時。你的生活非常緊張，開會、電話、看文件、見客戶，整天忙個不停。你把精力發揮到極限，回到家筋疲力盡，倒頭就睡，隔天一大早就起來，然後又開始忙碌的一天。你的效率驚人，每天都可以做一大堆事。但有時候心裡不免自問：「這樣忙碌的意義究竟何在？」家庭對你而言很重要，但工作也不能忽視。費盡心力想要兩頭兼顧，心裡總是矛盾得不得了。人，眞的能做到家庭與事業兩全嗎？

時間根本不夠用。例如，一位公司負責人所感受到的壓力：公司股價節節下跌，董事會和股東像一群蜜蜂一樣叮得你滿頭包。同事們爭權奪利，你總是擔任和事佬的角色。另一方面，負責公司的品質提升計畫，也讓你倍感壓力。偏偏屬下士氣低落，你又因爲沒有時間傾聽他們的心聲而感到愧疚。更糟糕的是，家人總是看不到你的人，幾乎要登尋人啓事了。

你根本無法掌控自己的生活。當你擬訂目標，逐步完成自認爲重要的事時，你的老闆、同事、老婆卻不斷地打擾與中斷，結果是你的計畫總是受制於別人的要求。別人的價值觀反客爲主，你的價值觀反而被淹沒了。雖然，人人都說你很成功。你辛辛苦苦地工作、犧牲個人生活，才有今天的地位，但你並不快樂，內心深處總有一股空虛感。

多半時候你根本無法享受人生：每做一件事情，你都會想到另外還有十件事沒做，因而愧疚不已。每天面對衆多事情，你必須很快決定做哪一件，這對你幾乎構成一種長期的壓力。你如何知道哪件事最重要？知道後，又應如何著手去做，如何進而追求快樂工作的境界？其實，你必須對人生有些規劃。把確實重要的事情寫下來，並制訂目標以逐步實現。但在理想與現實之間，目標卻漸漸模糊。究竟要如何才能使理想落實？「把最重要的事視爲當務之急」是人生一大課題。每個人幾乎都會被理想、責任、別人的期望弄得痛苦不堪。每一天每一刻，我們都必須面對「如何善用時間」的挑戰。

如果時間的運用是只要在「好」「壞」之間選擇其一，問題當然很簡單。我們很容易辨別某些事情是浪費生命、麻醉心靈，甚至自甘墮落。然而，時間的運用往往不是在好壞之間取捨，而是好與最好的抉擇。「最好」的敵人，常常是滿足於「好」的心態。

某人受聘擔任某大學商學院院長。他一上任先研究商學院的大概情形，發現當前最迫切需要的是資金。他知道自己募款能力很強，於是很明確地將募款列爲首要任務。這時問題便產生了，過去的院長都是以院內的日常事務爲工作重心，而這個新院長卻總是看不到人，因爲他正在全國巡迴募款，以充實院內的研究費、獎學金等。在日常事

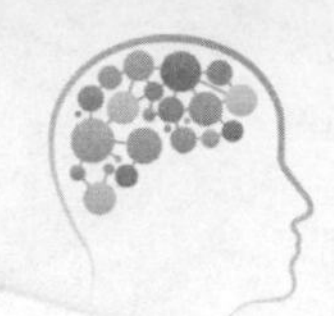

務方面，他便不如前任院長那麼事必躬親。教授們有事找他，必須透過他的行政助理，這樣一來不免覺得沒有時效。

教授們對他愈來愈不滿，終於派代表去見校長，要求院長徹底改變領導方式，或是更換院長。但校長明白新院長的作爲，便說：「別把事情看得太嚴重。院長不是有個很不錯的行政助理嗎？再給他一些時間吧！」沒多久，外界的捐款開始源源不斷湧進來，教授們才瞭解院長的遠見。之後，他們每次看到院長都會說：「你去忙你的吧！待在這裡做什麼？儘管去募款吧！你的行政助理很能幹。」

這位院長後來說，他的確犯了幾項錯誤，例如沒有好好凝聚團隊精神，在募款之前沒有好好地對同仁解釋和宣導。如果重來一次，他一定可以做得更好。但他的做法有一個很大的啓示，就是我們必須不斷地自問：「目前最迫切要做的是什麼？我最大的本領和才華在什麼地方？」

如果這位院長一心只想迎大家最迫切的期望，反而比較容易，而且必然能夠擁有錦繡前程。但如果他對當前的情勢看得不夠遠，不瞭解自己的專長，而無法制訂有遠見的目標，最後的結果對他自己、教授們、商學院而言，便不可能是「最好」的。請問自己：

我的「最佳選擇」是什麼？
我爲什麼沒有傾注更多的時間與精力在「最佳選擇」上？
是因爲時間、精力都花在其他「不錯」的選擇上了嗎？

於是，很多人正因如此，而常覺得沒有把最重要的事情視爲當務之急，自然難免煩躁不安。

三、成為生命的贏家

人類歷史上每一個重要的發明、創作或改革，至少都曾經有無數人試過，但只有少數人成功。爲什麼？有兩個重要原因：(1)許多有潛能的創作者不曾做夢；(2)許多夢想者卻沒有能力把夢實現！然而，這少數人成功，也有兩個重要原因：(1)夢想，讓你有高瞻遠矚的目標，給你希望，鼓舞你嘗試做不可能的事，鼓勵你變得比原來更好；(2)務實，讓你的夢成眞，讓你的希望變得明確，把你的理想變得有用，把你的抱負化爲行動，把你的理想加入一些更實際的內容，並不計代價將其實現。

每天都有許多可能呈現在我們面前。機會陳列在我們眼前，就像夜空中閃亮的星星。我們四周的人都在把握機會抓住它們，而你呢？贏家不僅是幸運者，更是一位努力者。你的夢想可以實現，只要你肯付出代價來使它實現。許多人不願付出代價來使自己成功，他們渴望一個可以休息的地方，一個安全的地方，一個不必付出而舒服享受的地方。但「安樂窩」像個洞穴；洞中黑暗，四周的牆把我們封閉住，使我們難以伸直身子。也許你已厭倦當一個輸家，也許你已經是一個小贏家，但你要做個大贏家。

你一生成功或失敗與你的環境並無太大關係，而是與你的態度有密切關係。最常聽到的抱怨是：「我想開始創業，或做一些有益社會的事，但是我沒錢開始。」針對這個問題，成功學家拿破崙．希爾的回答是：「空空的口袋並不能阻止你做什麼事……，只有空空的腦袋才是最大的難題。」

你看看，輸家責怪他們的環境，贏家能突破環境。輸家只看到限制他們的那面牆，贏家卻能找到一條出路，跳過它、繞過它或鑽過

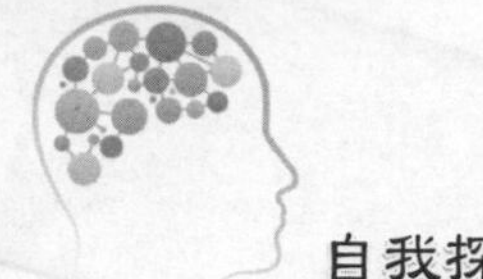

去。你可能做一個贏家，只要你能控制輸入你生命電腦的積極「思想」，正確的輸入它，你的思想會開始控制你的感情，以成爲生命中的贏家。

親愛的朋友：你對現在的生活滿意嗎？認爲你會繼續成長嗎？認爲你擁有發展的潛力與空間嗎？如果你關心這些問題，你也許該認清你不是一個輸家，而是一位贏家。

發展成爲贏家有兩個基本步驟：投入值得的事情，以及不計代價完成它。參考拿破崙·希爾的看法，這兩個基本步驟說來簡單明白，但是在實行上，則因人而異。

(一)投入值得的事情

拿破崙·希爾發展成爲贏家的第一個步驟是：將生命和才智投資在值得全力以赴的事！如果一件事值得做，它就值得你全力以赴，如果它不值得你做，也就不值得花上甚至一分鐘、一秒鐘。如果此事不值得你盡全力去追求，將無法激發你克服一切障礙而去完成它的意志。

我們來分享一些歷史上很有名的贏家的故事。但要記住沒有任何人能教另一個人成爲贏家，只有自己能讓自己成爲贏家。只有當你全心投入一個目標後，你才會克服別人對你的誤解、沮喪和挫敗。我們來看看，那被美國人喻爲「最有成就的總統」的亞伯拉罕·林肯（Abraham Lincoln），他一生的崎嶇道路。林肯出身窮苦家庭，沒有機會上學，曾經當過小工、店員，後來憑著個人的努力，通過資格考試而成爲律師。

林肯1860年當選美國第十六任總統之前，他從1832年開始的二十八年生活中，經歷了十二次的重大失敗與挫折。他的苦難經歷如下：

1832年失業，生活陷入非常困境。

1832年在失業後，依然按照承諾競選州議員，結果失敗。

1833年從商，但是生意失敗。

1835年失去他最親愛的人。

1836年曾因生活緊張而幾乎精神崩潰。

1838年競選議會主席失敗（1834年當選州議員）。

1843年競選國會議員失敗（1846年當選國會議員）。

1848年提名國會議員失敗。

1849年申請擔任國有土地管理局官員，但被拒絕。

1854年競選參議員失敗。

1856年提名副總統失敗。

1858年競選參議員，再度失敗。

1860年當選總統。

由於林肯深信上帝賦予他神聖的使命，才使他屢敗屢戰，換作是其他人，早已「知難而退」了。這樣的動機在今日一切以「自我爲優先」的時代裡，也許看來很可笑，但是，它包括了使人成爲贏家的最重要因素。

另外一位生命贏家是被喻爲「非洲之光」的史懷哲（Albert Schweitzer）醫生，也許是這種內在的力量，使得史懷哲不論遭遇任何困難，甚至生命遭受威脅，仍不退卻，終其一生在非洲行醫。他曾經說過：「我們知道，只因爲我們經驗到。唯有不怕喪失生命的人，才會找到生命。」

參照林肯總統與史懷哲醫師的經驗，如果你要成爲一個贏家，第一步是誓言要將生命和才能，只投資在值得你全力以赴的事情。

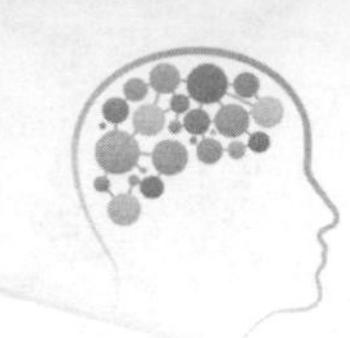
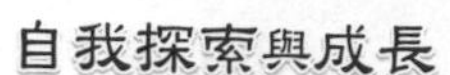

(二)不計代價完成它

拿破崙・希爾發展成為贏家的第二個步驟是：不計一切代價去達到你的目標！當別人問起拿破崙・希爾成功的秘訣時，他會斷然回答說：「我這一生，不管做什麼，都盡力而為。」

這是贏家和輸家不同之處。輸家只做別人要求他們做的事，或比別人要求的還少，但贏家總是做得比別人要求的還多，因為他們以熱心來做。輸家總想找捷徑，但贏家以達成目標為己志，全力來努力迎接挑戰。輸家認為他在做一件工作，贏家則認為自己是人類的一份子，而工作是他們對美好世界的貢獻。

英國偉大的戲劇家蕭伯納，他一直秉持這個原則，他說：

> 我相信我的生命屬於全人類，去做任何我能做的事是我的特權，我工作得愈辛苦，活得愈有勁。我為生命歡呼。生命對我而言，不是一根短暫的蠟燭，它是一支壯觀的火炬，我可以拿著，我要在交給下一代之前，讓它大放光明。

這是贏家擁有的生活態度，你能想像擁有這種精神的人，生活將會變得無聊嗎？工作將會沉悶嗎？贏家視困難為機會，對他們而言，每件事都是一個機會。

十八世紀英國著名政治家及作家愛德蒙（Edmond）曾經說過：

> 生活的戰鬥在大多數情況下，都像攻占山頭一樣，如果不費吹灰之力便贏得，它便像打了一場沒有光榮的仗！沒有困難，就沒有成功，沒有奮鬥，就沒有成就。困難也許會嚇阻懦弱的人，但對有決心和勇氣的人而言，它是一種刺激。那些阻擋人類進步的障礙，終會被堅定的善行、誠實、積

極、堅忍以及克服困難的決心和勇敢所克服。

有一種更危險的逃避方式正在我們之間流行擴散，那就是「無所事事」，例如，學生不讀書，整天玩電動遊戲，上網路聊天室；擔負家庭生計的人，不工作、遊手好閒等等。對很多人而言，這是一種難以抗拒的引誘。它是一種怕人的習慣，它會摧毀自己生命中的自重與自敬意識，難怪一位著名的精神病醫生說，這是人類最大的危機之一。

然而，對一個正常人而言，如果他早上醒來，發現無事可做，無處可去，不被需要，生活就成了一場惡夢。因此人們必須保持清醒，否則會瘋狂。也許你有最高尚的目標、最偉大的理想、最美麗的夢想，但是，請記住：除非你去做，否則什麼也不會實現。贏家總是能夠不計一切代價去達到個人的目標。下面有三個典型的個案提供參考：

1.福特汽車創始人亨利・福特，他在成功之前，曾經破產過五次。
2.英國前首相邱吉爾直到六十二歲，才成爲英國首相，那時他已經歷過無數次失敗和挫折了。他最偉大的貢獻是在他成爲「年長公民」（老年人）之後才完成的。
3.名著《天地一沙鷗》（*Jonathan Livingston Seagull*）作者理查・巴哈（Richard Bach）歷經十八位出版家的否決，最後才由麥克米蘭出版公司（Macmillan Publishing Company）於1970年印行，五年後的1975年，光在美國一地便賣出七百萬本。

在贏家的生活公式中，堅毅是無可取代的，而天才則不然，我們時常會發現許多失敗的人都有特殊天份。也有許多人擁有大好的機會，只因爲太快放棄而未能成功。總有人會批評和懷疑你，那些自己不願嘗試的人，老愛諷刺那些不顧惡劣環境而奮發向上的人。林肯總統曾被人稱爲「猩猩」和「丑角」，也被同黨人視爲「共和黨之恥」。那些持否定態度的人，總會找到可以批評的事，於是羅斯福總

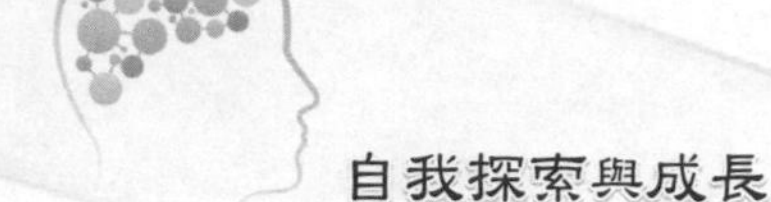

統指出：

> 值得重視的不是批評，不是那些指出強壯的人是如何跌倒，或指出實踐家在哪一方面應加強，才會做得更好；而是那些眞正置身競技場中的人。他們奮鬥不已，他們的錯誤越來越少，因爲沒有一件事不是由錯誤和缺點中完成的。

那些眞正嘗試的人，才知道什麼叫熱心和熱衷，才知道最後的勝利。即使他們失敗了，至少他們勇於嘗試。他們要比那些既無歡樂、無痛苦的人來得偉大，後者生活在昏暗中，既不知道勝利，也不瞭解失敗。如果你要發展贏家的態度，你得不計代價地去達成你的目的。如果你是在做一件有價値的事，你要堅持到底。

在贏家的背後有一道推力：需要去愛和需要被愛的能力。我們需要跟其他人聯絡、溝通與交往，這種期望在我們一出生就有，直到離開人世。在人類所有的能力中，愛是最高貴和最能使人尊貴的能力，也是宇宙間最大的力量。愛促使人去創造、去想、去表現。恨或許也是一種強大的力量，是一種以自我爲中心的自大和恐懼。然而只有愛能使人達到至善的境界，只有愛使你的成功有價値，也只有愛能發揮你最大的潛能。

就我們所知，人類是世界上唯一有精緻感情結構的動物，有哭和笑的能力。要發揮我們最大的潛能，我們需要這兩種能力。哭泣也是人類經驗的一部分，失去所愛的人、失敗的驚駭、嚴重的失望，我們一生中有許多悲哀的事，學會如何處理悲傷，是使感情健康的秘訣。歡笑是一個禮物，可以跟所有的人分享，但眼淚最好是獨自忍受，或是跟一個願意分擔我們悲傷的朋友去分擔。

由誰來掌管你的生命，這是無法磋商或妥協的問題。假使不能由你自己掌控生命，那麼就只能任由自己受環境的驅使。在這裡，馬與騎士的故事可以提供我們的參考。西部牛仔經常這麼說：「沒有不能被馴服的馬，也沒有永遠不墜馬的騎士。」請讀者記住：

你可以駕馭生命，也可以任由生命駕馭你。你的心態會決定誰當「騎士」，誰當「馬」。

四、成長的故事：贏家的故事

理查・派迪（Richard Petty）是運動史上贏得獎金最多的賽車選手。他年輕時第一次參加賽車後，向他的母親報告賽車的結果：

他衝進家門說：「媽！有五輛車參加比賽，我跑第二！」

他母親回答道：「你輸了！」

他抗議說：「但是，媽！妳不認爲我第一次就跑第二是很好的事嗎？」

母親嚴厲地說：「理查！你是你自己，用不著跟在任何人後面跑！」

理查・派迪在接下來約三十年中，稱霸賽車界。他的許多項紀錄到今天還保持著，沒被打破。他從未忘記他母親的訓斥挑戰。

贏家和輸家的區別是：贏家總拿他們的成就和他們的目標來比，然而輸家總是拿他們的成就和其他人的成就比。

贏家永遠說：「我能，我來做！」

輸家永遠說：「我不能，這不是我的事！」

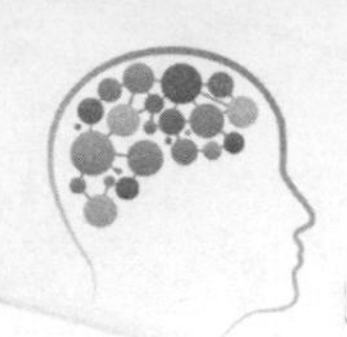

思考問題

1.蕭伯納的「永遠做自己」的堅持，給我們什麼啓示？

2.自由是上天賜給每一個人的禮物，這個最基本的自由是什麼？

3.何謂創造性思維？

4.創造性思維可以從哪六個方向進行？

5.爲什麼要先做最重要的事？

6.贏家和輸家不同之處是什麼？

第七章

我要學習的基本功課
——爲成長打好基礎

- 從相信自己開始
- 建立堅強自信的人格
- 發展肯定的自我
- 成長的故事：王建民復出了！

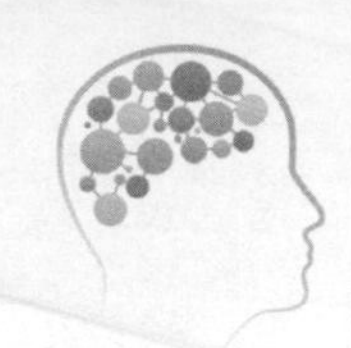

建築師是一種被人羨慕的高收入職業，但是，並不保證每一位是成功的建築師，池田大作告訴我們，每人是自己生命的建築師，而只要肯用心，人人都是成功的建築師！成功屬於凡事努力、用功，又肯付出的人。要成功並快樂地享受你的成功，你一定要相信自己、喜歡自己。你堅信你是可愛的，你是被愛的，但請不要忘記：你還要付出，去愛別人、父母親、家庭、學校，以及你生活中發生的事件，都深深地影響到你對自己的看法。不過，任何事件和環境的結合，都無法完全決定你對自己的印象。

在本章「我要學習的基本功課——爲成長打好基礎」中，我們要談的三項議題是：從相信自己開始、建立堅強自信的人格，以及發展肯定的自我。關於「從相信自己開始」，討論的內容包括：肯定自己的價值、伸出友誼的雙手、確立價值觀念。關於討論「建立堅強自信的人格」，內容包括：運動家與千里馬、奮鬥的力量、自我充實。關於「發展肯定的自我」，內容包括：個人的限制與長處、把重心放在最大長處上、從錯誤中記取教訓。

幸福絕不是別人賜予的，
而是一點一滴在自己生命中築造起來的。
人生既有狂風暴雨，也有漫天大雪。
只要在你的天空，經常有一輪希望的太陽，
幸福之光便會永遠照耀你。

——（日）池田大作《青春寄語》

一、從相信自己開始

爲自己成長打好基礎，要從相信自己的肯定態度開始。肯定自我的方法很簡單：只要你喜歡自己，相信自己，信任自己的經驗過程，你可以既成功又快樂。你可以勇往直前，做你要做的人，當然，也要做你認爲該做的事。針對「相信自己」這個議題，成功學家拿破崙·希爾提供下列三個實踐步驟：肯定自己的價值、伸出友誼的雙手以及確立價值觀念。

(一)肯定自己的價值

一個相信自己的人，他必須先從自我肯定開始，也就是說要確信天生我才必有用，瞭解自己，然後改進自己的缺點。這是一條爲自己的生命打好基礎的必要途徑。在人的一生中，有許多事情由他人主導，或者由他人決定，可是，老天給我們每人都留了一些空白，我們自己如何去填補這個空白，則是我們的選擇。

十八世紀法國哲學家兼數學家巴斯葛（Blaise Pascal），在終其一生的經驗累積之後，他結論說：

> 老天給我們每人都留了空白，如何去填補這個空白，則是我們的選擇。但我注意到兩件重要的事：一是那些尋求以興奮、成就和名聲來滿足內心深切渴望的人，似乎是把生活當成了要去征服的敵人。二是那些敬天畏祖的人，他們似乎找到了快樂、希望及和平的思想，這些思想使他們愉快地過活、視生活爲受歡迎的朋友。

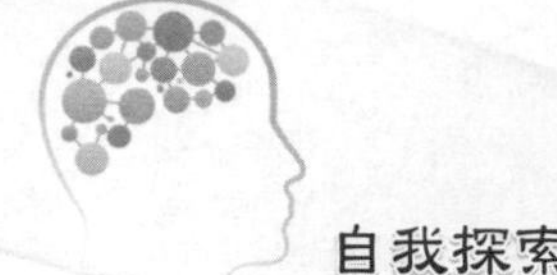

換句話說，你若強烈意識到你是被老天眷顧的，你的自尊會建立在一個很穩固的基礎上。然後，我們必須要瞭解做人的價值。成功與快樂的人，都懂得珍惜自己，並與他人以及環境和平共處。非常可惜的是，許多終日勞碌、尋找能使他們快樂的東西的人，卻永遠找不到快樂。

十九世紀英國散文作家約翰・羅斯金（John Ruskin）也是一名藝術贊助家、製圖師、水彩畫家、傑出的社會思想家及慈善家，他說過一句很有趣的話：「一個在生活中有進步的人心腸將越變越軟、血液將越流越熱、腦子反應更快、他的精神正進入生活的和平中。」同樣的，當我們爲自己刻畫出未來的自我形象，而且認定我們只有在成爲這個形象才會成功快樂時，那麼，我們對擋在路上的任何東西會感到備受威脅和焦慮，會努力去克服它。世上成功的人，就是這樣走過來的。

如果你要維持一個肯定的自我印象，請記住：只有你和你所愛的人是最重要的。你的目標和行動只是表示你的價值和方法，你一生所累積的東西只是生活中多餘出來的。請多給自己一些肯定的想法和評估，給自己一些恭維，這是增長自尊的方法。不要養成妄自菲薄的習慣，要習慣於稱讚自己，你會發現你會比較喜歡你自己。

然後，我們必須接受自己與改進自己。除了相信自己的能力，你還要無條件地接受自己，包括自己的優點和缺點。你若不喜歡自己的話，而去責怪父母與社會，獲抱怨自己的體力和精力有所限制，或怪罪其他影響你不喜歡自己的因素是無濟於事的。所以，要時常練習如何自我接受。如果你眞想得到成功和快樂，你應做下列四點練習：

1.至少舉出十項自己的優點。以慷慨和誠實的態度來列舉你喜歡自己的優點。當你的清單列好後，寫一篇短文來感謝上天，並謝謝那些幫助過你的人和你自己，因爲你看到自己有這麼多優點。

2.列出你不喜歡自己的缺點，同樣要以誠實的態度列舉。在你認為可以改變的地方加上記號，並寫下兩段話：一段是針對你不喜歡，又無法改變的缺點，你要去接受它；另一段則是誓言改變所有你能改變的缺點。

3.把你的個性仔細描述出來。這包括對自己所有的優點與缺點，都加以註明，以便經常注意及反省。

4.寫一篇簡短的演講，把「自己」當成一個禮物來送給自己，同時，你自己也坦然並樂意地接受它。

最後，當你完成練習後，你可以進行下一個項目：改進必須改善的地方。沒有人是完美無缺的，因此有必要改進你必須改進的地方。想想看，你前面做過記號的，那些你不喜歡而能改進的地方，並著手去改進它們。

你要連根拔除所有的小器和報復心理。這種心靈花園中的野草，你用不著研究它們從何而來或是如何生長，只要把它們連根拔除。經常判斷一件事是否值得斤斤計較。這正像美國總統林肯的哲學一樣坦然，他說：「我絕不讓任何人把我的靈魂拉低到仇恨的階層中！」怨恨像腫瘤，它們會長大甚至最後吞噬你。請讀者注意以下兩件事情：

第一，你要跟不誠實宣戰。自尊心較低的人喜歡用謊言來增強信心，但謊言會有相反的效果，它們會更加降低自尊心。說謊會剝奪我們的自尊自重，它沒有任何好處。相反的，誠實孕育高的自尊心，它會使你贏得許多朋友。

第二，使習慣為你所用而不是成為阻撓你的力量。習慣是一種自動反應的動作。經常做某事，它就會成為習慣。我們可以選擇自己的習慣，就像我們選擇食物一樣。

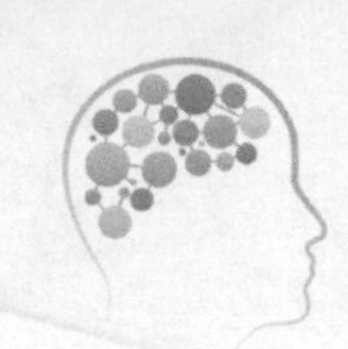

(二)伸出友誼的雙手

當我們肯定自己的時候，絕對不能忘記同時也要肯定他人，並要伸出友誼的雙手。因爲，一方面，我們不能以排斥他人來成就自己，把自己的快樂建立在別人的痛苦上。另一方面，當我們獲得快樂時，也唯有能夠與他人分享，才顯得可貴而深具意義。伸出友誼的雙手，是一種肯定的行動，我們必須首先以肯定的態度與他人交往，學習接受他人與尊敬他人。

世界上有兩種人，一種是肯定與樂觀的人，另一種是否定與悲觀的人。肯定與樂觀的人早上從床上起來會說：「早啊！美好的一天開始了！」悲觀與否定的人則會把被子拉到頭上，呻吟道：「天哪！又到早上了！」

同樣的道理，面對著半杯飲料，悲觀者說：「可惜，只有半杯！」樂觀者則會說：「很好，有半杯！」你是哪種人？發展肯定態度的方法就是行動果決，並跟有肯定態度的人做朋友。

「近朱者赤，近墨者黑」，每個人多少都會受到別人的影響。事實上，在生活中有不少人給予我們一些否定的看法。新聞報導中，壞事總是多過好事。我們總是聽到飛機失事的消息，卻不聞成千上萬的飛機安全抵達的消息。當你跟成功的人在一起，與持肯定人生觀的人在一起，他們會增強你對生活的肯定態度。那些尊敬自己的人，會有助於你對自己產生好感。

人力資源管理家指出，有85%的人之所以被開除解職，是因爲他們無法與人相處。你是否與人相處融洽，這要看你接受別人的程度而定。一個人或一個團體跟另一個人或團體起衝突的最大原因，是一方想將自己的價值觀和期望加諸在另一方身上。因此，作家海倫・凱勒（Helen Adams Keller）說過：「容忍是溝通的第一原則，也因爲有這種精神，才能保有人類思想的精華。」

原諒別人的過錯，欣賞別人的成功以及能聽取別人的意見，這是一個眞正成熟者的表現。不論任何行業，其成功的秘訣是：瞭解別人需要什麼，並慷慨地幫助他們得到。如果你幫助別人成功實現夢想，你就等於實現了自己的夢想。如果你想成爲一個失敗而不幸的人，你只需去討那些你喜歡的人的歡心。請接受每個人都有優點和缺點這個事實，他們跟你一樣。就如《聖經》所說的：「你願意別人怎樣待你，你就應怎樣待人。」這永遠是建立良好人際關係的金科玉律。

自尊心強的人是懂得如何使自己站起來的人。他們願意放棄一時的歡樂，選擇一條有前途的路。我們都渴望自由，保有自由最好的方法是自立，只有在自立的情況下，才能維持我們的自尊和開放的心態。愛默生（Ralph Waldo Emerson）說：「每個人有朝一日都會知道羨慕是無知，模仿是自殺。儘管宇宙中充滿了好東西，但老天不會降下恩物來，除非一個人汗滴下土。一個人什麼都不會知道，除非他著手去做。」

同樣的，肯定自我的人才會去眞正助人。那些對自己有好感的人，會去幫助別人。他們愈幫助別人，他們對自己愈有好感。那些沒安全感、害怕、自尊心低的人才會說：「人不爲己，天誅地滅。」

(三)確立價值觀念

價值觀是指個人對客觀事物（包括人、事、物）及對自己的行爲結果的意義、作用、效果和重要性的總體評價，是對什麼是好的、是應該的總看法，是推動並指引一個人採取決定和行動的原則、標準，是個性心理結構的核心因素之一。它使人的行爲帶有穩定的傾向性。價值觀是人用於區別好壞、分辨是非及其重要性的心理傾向體系。價值觀決定、調節、制約個性傾向中低層次的需要、動機、願望等，它

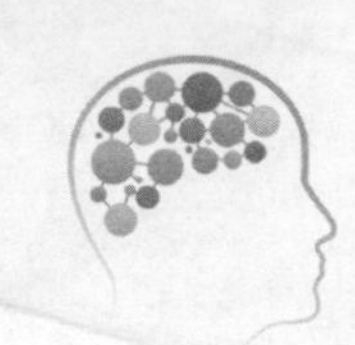

是人的動機和行爲模式的主導動力。

價值觀是一種內心尺度。它凌駕於整個人性當中，支配著人的行爲、態度、觀察、信念、理解等，支配著認識世界、明白事物對自己的意義和自我瞭解、自我定向、自我設計等，也爲人自認爲正當的行爲提供充足的理由。

人們的生活和教育經歷互不相同，因此價值觀也不一樣。行爲科學家格雷夫斯（Graves）把錯綜複雜的個人價值觀進行歸類，曾對企業組織內各式人物做了大量調查，就他們的價值觀和生活作風進行分析，最後概括出以下七個等級：

1.第一級「反應型」：這種類型的人並不意識自己和周圍的人類是作爲人類而存在的。他們是照著自己基本的生理需要做出反應，而不顧其他任何條件。這種人非常少見，實際上約略等於嬰兒。

2.第二級「部落型」：這種類型的人依賴成性，服從於傳統習慣和權勢。

3.第三級「自我中心型」：這種類型的人信仰冷酷的個人主義，自私、愛挑釁，主要服從於權力。

4.第四級「堅持己見型」：這種類型的人對模棱兩可的意見不能容忍，難以接受不同的價值觀，希望別人接受他們的價值觀。

5.第五級「玩弄權術型」：這種類型的人透過擺弄別人、篡改事實，以達到個人目的，非常現實，積極爭取地位和影響力。

6.第六級「社交中心型」：這種類型的人把被人喜愛和與人和諧相處看作重於自己的發展，受現實主義、權力主義和堅持己見者的排斥。

7.第七級「存在主義型」：這種類型的人能高度容忍模糊不清的意見和不同的觀點，對制度和方針的僵化、冗員、權力的強制使用，敢於直言。

一些管理學家在1974年就美國企業的現狀進行了對照研究。他們認爲，一般企業人員的價值觀分布於第二級和第七級之間。就管理人員來說，過去大多屬於第四級和第五級，現在情況在變化，這兩個等級的人漸被第六、七級的人取代。

價值觀對人們自身行爲的定向和調節有非常重要的作用。價值觀決定人的自我認識，它直接影響和決定一個人的理想、信念、生活目標和追求方向的性質。價值觀的作用大致表現在以下兩個方面：

第一，價值觀對動機有導向的作用，人們行爲的動機受價值觀的支配和制約，價值觀對動機模式有重要影響，在同樣的客觀條件下，具有不同價值觀的人，其動機模式不同，產生的行爲也不相同。動機的目的方向受價值觀的支配，只要那些經過價值判斷被認爲是可取的，才能轉換爲行爲的動機，並以此爲目標來引導人們的行爲。

第二，價值觀反映人們的認知和需求狀況，價值觀是人們對客觀世界及行爲結果的評價和看法，因而，它從某個方面反映了人們的人生觀和價值觀，反映了人的主觀認知世界。

價值觀是一種基本信念，它帶有判斷的色彩，代表了一個人對於什麼是好、什麼是對，以及什麼會令人喜愛的意見。每一個求職者由於其所受教育的不同和所處的環境的差異，在職業取向上的目標和要求也是不相同的。在許多場合，我們往往要作出選擇，而左右我們選擇的，往往就是我們的職業價值觀。例如，要工作舒適輕鬆，還是要高薪資待遇；要成就一番事業，還是要安穩太平；當兩者有矛盾衝突時，最終影響我們決策是存在於內心的職業價值觀，而我們自己有時對自己的價值觀並不是很清楚。

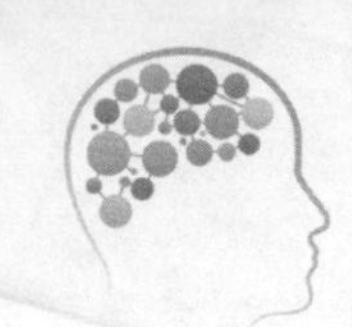

二、建立堅強自信的人格

爲自己成長打好基礎的功課，要從相信自己開始，然後要以建立堅強自信的人格來支持這個信念。心理學家發現人格通常包括兩個面向，一是別人影響你的方式，另一面是你對別人的影響。

談到別人對個人的影響。但是，你知道你的成功也會建築在你對別人的影響上面嗎？除非其他人要他成功，否則，一個人是難以成功的！這是一句明智的經驗談。當我們說某人「有影響力」，這句話通常是指：這人能讓其他人做某些事。例如，一個有影響力的推銷員，可以使別人買他的東西。一個有影響力的牧師或神父可以使人經由人神之間的關係而找到生活的意義。一個有影響力的主管可以使下屬完成上級設定的目標。

人的影響力大過於命令，它甚至可以讓人去做他們不喜歡做的事。你有能力推銷你自己，包括你的觀點、你的目標，以至於讓別人樂於幫助你去完成。但你如何能影響別人？

首先，你要相信自己。然後，你更要相信自己的能力，有三點提供參考：運動家與千里馬、奮鬥的力量、自我充實。

(一)運動家與千里馬

美國運動員貝比．魯斯（Babe Ruth）被四十位著名教練票選爲美國運動史上最偉大的運動員。至於他爲何會這麼偉大，大家一致認爲那是因爲他自信十足。

有一次，在世界冠軍賽爭奪戰中，大家就等著貝比擊出一支全壘打而獲得冠軍。後來，他在投手投出兩個球而未揮棒後，第三球終於擊出了一支全壘打，全場觀衆爲之瘋狂。事後，在休息室中，有位隊友問這位全壘打王說，萬一他第三球失誤的話怎麼辦？他坦然回答道：「哦……我從未想到這點！」這就是自信，一個成功運動家的自信。他相信他能完成他的目標。有自信的人會說：「我能做到，我可以跟環境配合。不只如此，我還能贏得這場生活遊戲。」

相反的，自信不是吹噓你的能力和成就，或者貶低別人的能力和成就。也不是誇大你的能力或行爲，叫別人讓路給你。眞正的自信是態度平和、言語溫和的人。世上擁有非凡成就的人，不論在哪一時代，在哪一領域，大都是很溫和的人，但他們也是最有自信的人。有自信的人重視目標的完成與否，而非以力量證明給別人看他們是偉大的。

一位自信者的表現通常具有下列特徵：

1.將他的力量用在有用的目標上。
2.讓其他的人談他的能力和行爲。
3.集中精神在目標，而非活動上。
4.坦然表達對別人的崇敬和感激。

有自信的人知道目標的價值，深信自己能達到這些目標，因此他們以行動表示，而非以言語表示。有人說我們內心有兩股力量，一股力量使我們覺得自己天生是來做偉人的，另一股力量卻時時提醒我們：「你辦不到！」著名的義大利男高音歌唱家卡羅素（Enrico Caruso）有一次在歌劇院的廂房等著上場，劇院中座無虛席。這位偉大的歌唱家突然大聲道：「別擋住我的路！走開！走開！」後台人員都手足無措，因爲並沒有人靠近他。事後，這位偉大的歌唱家解釋說：「我覺得我內心有個大我，他要我唱，而且知道我能唱。但另外有個小我，他會害怕，而且說我不能。我只是命令那個小我離開我。」

如此說來，我們都有兩個敵人：懷疑自己和害怕失敗。這兩個敵人經常在扯我們的後腿，不讓我們去嘗試。它們榨取我們的資源，使得

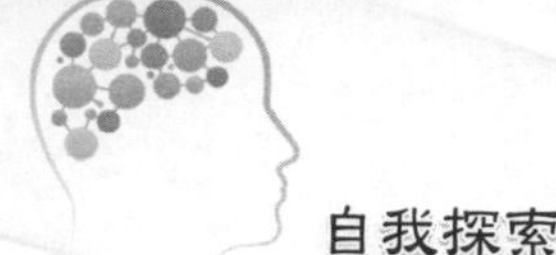

我們只能發揮能力的一小部分，甚至耗盡一生的能量，而毫無收穫。

(二)奮鬥的力量

奮鬥的力量是建立堅強自信人格的第二項重要途徑。有一則童話故事：一個小女孩，看見一隻蛾正在奮力破繭而出，她為了幫它的忙，便拿出小刀來，小心地把繭劃破，讓蛾出來。蛾出來後，一直在鼓著翅膀，但始終飛不起來。最後，翅膀終於垂下去，那隻蛾死了。媽媽對她說：「奮鬥可使蛾的翅膀增加力氣，但妳把繭劃破後，剝奪了它練習的機會，才使它無法飛起來。」

當然，沒人喜歡面對困難和不幸，但是，聰明人把它當作成長的挑戰與機會。有自信的人歡迎或不懼怕困難和不幸，因為他們知道，這是發展性格最好的方法。他們瞭解這些困難有助於建立勇氣和寬宏的氣度。如果我們不經過這種練習，我們的身體絕不會強壯有力。生命給予你的苦果只是個檸檬，別抱怨，把它榨成檸檬汁，賣給因為不停抱怨而感到口渴的人吧！

瓦利・艾瑪斯（Wally Amos），高美餅乾食品工業集團（Gourmet Cookie Industry）的創始人，在他一生中曾無數次地將檸檬化為檸檬汁，因此在他的公開肖像中，一手執水罐而另一手則拿著一杯檸檬水。艾瑪斯始終樂觀地認為阻礙是成功路途上的踏腳石。在他數十年的工作生涯中，他曾好幾次將事業推至頂峰，也曾失敗而變得一無所有，一切得重新開始，但他並未喪失希望。他說過：「你必須擁有信心，讓失敗就此過去，而不再苦惱。不要浪費時間去擔憂，憂愁對事情毫無助益。分析當下的情況並尋求解決的辦法，任何事都是有答案的。」

生活像置身「玫瑰床」中，我們會成了永遠長不大的小孩。自信要與毅力結合。肯・海瑟（Ken Heather）是個優秀的音樂家，他很有效地利用他的天分和芝加哥東南區的監獄囚犯溝通。他常跟那些犯人說他小時候的故事：「我小時候，在聖誕節得到一個禮物——小木琴，另外還有一本手冊。我是在那本手冊不見後，才會彈木琴的。」幾個月後的一天，禮物不見了。海瑟和他父母找遍家裡、院子和車子裡，都找不到手冊後，他坐下來開始哭。他嗚咽說：「媽！音樂不見了！」他母親回答說：「兒子，只是手冊不見了……音樂在你心中……仔細聽，你會彈的。」

在監獄，他經常對那些囚犯說：「也許你覺得你跟外界都隔絕了，像生活到了一個盡頭，音樂似乎從你的生活中不見了。但音樂在你心中，如果你注意聽，你會彈的！」不論你在哪，不論你的環境爲何，不論你的遭遇有多不幸，你生活中的音樂並未消失。它在你心裡面，只要你肯注意聽，你就會彈。

針對這一點，我們的結論是：「思想淺薄的人會因不幸而變得膽小和畏怯，思想偉大的人則會因此而振作起來。」

(三)自我充實

自我充實能力強的人，具有較強的自信心和獨立性，必要時能維護自己的正當權益，只要認爲自己是正確的，不計較別人的評價。自我充實能力差的人，則表現出過分依賴別人，獨立性差，需要得到別人的讚揚才覺得愉快，缺乏自信，不能維護自己的正當權益，不能有效地表達自己的觀點和情感，時時感到無聊、寂寞、空虛，久而久之就影響到人的心理健康和辦事效率。

作爲年輕人，我們應該積極向上，富有創新精神。有人指出：「青年是早晨八九點鐘的太陽。」那麼，我們何必在如此大好的光陰中浪費青春呢？自我充實，生活也就變得多姿多彩，生命因此而有價值。在生活中，我們該如何充實自我呢？

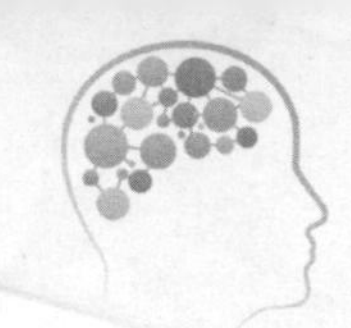
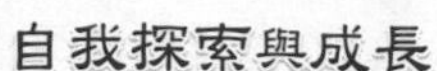

◆學會事情自己做

對學習成長與發展中的年輕人來說，自我充實首先要學會自己的事情自己做。有一個故事：一對夫婦晚年得子，把兒子視爲寶貝，非常保護與疼愛，什麼事都不讓他做，兒子長大以後，連基本的生活也不能自理。一天，夫婦倆要出遠門，他們怕兒子餓死，於是想了一個辦法，準備了幾張大餅套在兒子頸上，告訴他餓了就吃。但是，等他們回到家裡時，發現兒子已經餓死了。原來他只知道吃頸前的餅，而不知道把後面的餅轉過來吃。這個故事似乎超乎想像。

記得在七〇年代，鄉下老家有個富家子弟計畫出國留學。當時受到包括筆者在內的許多年輕人羨慕的眼光。但是，他一想到出國後沒人替他洗衣服，沒人照顧他的生活起居，就感到害怕，最後，只好放棄出國深造的機會。這是自己依附感太強的緣故。要破除這種依附感，還得靠你自己，克服依賴，培養自立精神，學會自己的事情自己做，而不能賴給親人、朋友、師長的照顧，滿足於他們爲你提供的優越生活和學習環境。

◆讓多彩的生活充實你

其次，自我充實要學會讓多彩的生活充實你。曾聽不少同學表示，他們不愁吃不愁穿，但都不快樂，感到生活沒意思。當一個人心靈空虛時，會像飢餓一樣十分難耐。由於一向聽慣了別人的安排，所以什麼事都要別人替自己作主，哪怕是在生活上的一點小事也如此，這樣，內心缺乏「自主性」，怎麼會不空虛呢？

求學階段是人一生最美好的時期，求知慾最旺盛的時期，除了課堂、運動以及上網之外，可以去圖書館遨遊浩翰的書海，使你的生活充實起來。各式各樣的書籍，潛心去讀，你會感到無知與空虛被一一塡補，愉快和充實感油然而生。你還可在空閒之時多參加課外活動，這樣你就不用體驗空虛的感覺了。總之，你要充實你的生活，使自己的生命充滿朝氣。

◆建立自信，消除自卑

再者，自我充實要學會建立自信，消除自卑。不能自我充實的人，常常是一個自卑、被動的人。一個自卑、被動的人，在沒有從他人處得到建議之前，對日常事物常不能作出決策，一旦脫離別人，就變得膽怯、退縮，即使做很簡單的工作也覺得力不從心。其實，自信、獨立的能力是透過生活實踐中不斷地學習獲得的。個人在一切都很順利時，比較容易保持自信心；當遇到較大挫折或外界對自己的評價較差時，要保持自信心就較困難。當遇到這種不順心的情況時，尤要保持自信心，不管自己成功與否，不管他人對自己怎樣評價，都要始終抱有堅定的信心，相信自己的能力，相信自己能夠克服困難，走出逆境。你不妨先從日常生活小事做起，例如自己去看電影、自己去上學、自己去買東西，你會發現這些事你都能做，而且做得很好，慢慢你就有了自信心。

◆敢於突破與冒險

然後，自我充實要學會敢於突破傳統，勇敢冒險。亞理士多德被稱讚爲「最博學的人物」，他的亞理士多德定理被世界承認了一千七百年，結果被二十五歲的伽利略在比薩斜塔的一場展示中推翻了，當時的名人學者都痛斥伽利略太狂妄了，但結果證明伽利略定律才是眞理。伽利略正是有著這種不屈服習俗的思維，才有了今天令世人信奉的眞理。

世界也因爲有了人才變得那樣神奇，因爲有了冒險者的探索而使人能創造出許許多多偉大的奇觀，若在科學研究時，抱殘守缺，因循苟且，能有人類今天創造的一切嗎？你不妨做一些冒險性的事情，每週或者每月做一項。例如，獨自一人到附近的風景點做短途旅行，獨

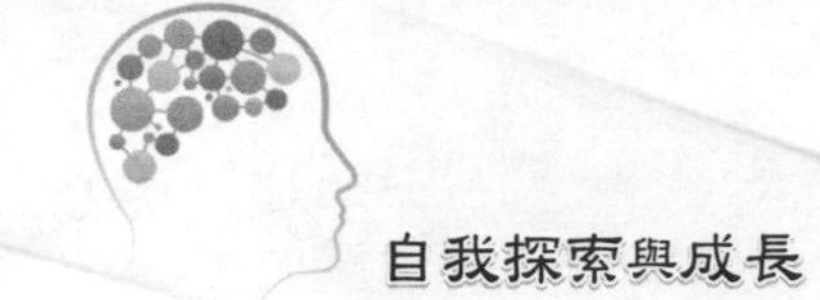

自一人去參加一項娛樂活動，或一週規定一天「自主日」，這一日無論什麼事情，絕不依賴他人，透過做這些事情，可以增加你的勇氣，改變事事依賴他人的弱點。當然，你在冒險時，務必把安全放在第一位。有關人身安全問題的冒險，你還是不應該去做的。

◆肯定自己，戰勝軟弱

最後，自我充實要學會肯定自己，戰勝軟弱。不會自我充實的人，往往比較軟弱，有了困難和矛盾總是自責、內疚，非常介意他人對自己的態度，總唯恐自己的言行舉止會傷害對方，對人過度容忍，爲了討好他人往往去做自己不願做的事情。你若有這些心理弱點，就應該戰勝它，否則你永遠不可能做眞實的自己，而只能成爲別人的跟班，就像是攀爬在大樹上的藤蔓，自身永遠成不了大樹。你應該充分利用大自然賜予你的天賦，戰勝軟弱，充分發揮自己的長處。面對他人的挑戰，不要看輕自己，而應該信心十足。就像賽馬那樣，以自己的優勢戰勝對手，爭取脫穎而出。

第一，你一定要認爲自己是有價値的人。「天生我才必有用」，你得喜歡你自己！

第二，你一定要向別人推銷你自己！要推銷自己，先要相信自己的能力，即是對自己有自信。

三、發展肯定的自我

爲自己成長打好基礎發展的第三項，也是最重要的功課是「發展肯定的自我」。我們時常看到一些新聞報導，說有人在危急之中發揮了一些奇蹟似的超人力量。爲什麼？値得我們探討。

有一個十六歲的男孩，他父親在一輛重達一千三百多公斤的卡車下工作，突然千斤頂歪了，卡車落下來。男孩眼看父親快被壓死，立刻抓住擋泥板，把車子拉住，讓他父親從車下爬出來。第二天，這個小孩根本移動不了這輛卡車。很少人有過這麼戲劇化的經驗，但大多數人都有過出乎自己意料之外的表現。如果我們在任何時候都能把能力發揮到極至，這不是一件很好的事嗎？也許這是過分要求，因爲科學家告訴我們，最偉大的天才也不過發揮其潛能十分之一而已。不過有件事可以確定：如果我們有很強的自信的話，我們就能表現得比平常好。

以下是拿破崙・希爾提供建立自信的三個步驟：認識個人的限制與長處、把重心放在最大長處上、從錯誤中記取教訓。不論你現有的自信度如何，只要循此步驟去做，你會增加自信心去面對生活中的每項挑戰。

(一)認識個人的限制與長處

認識個人的限制與長處是建立自信的第一步。上天允許我接受我不能改變的事，給我勇氣去改變我能改變的事，並給我智慧去區分它們的不同。上述這話有助於我們分別出自己該在何處使力，該在何處適可而止。

個人是眞的有一些限制。身體殘障的尼爾・奧斯汀（Neil Austin）是美國圖書館界的領導者，同時也是一位非常受歡迎的作家，他寫過幾本自傳和傳記。尼爾有一雙天生變形的手。他父親在他很小的時候便對他說：「兒子，你是絕對沒辦法靠你的雙手維生的，所以你最好盡力發展你的腦子。」尼爾接受他父親的忠告。他接受自己的限制，把精力用在發展他的頭腦上。

那些跟天生限制過不去的人，經常會變得尖酸刻薄和挫折感。他們懷有對自己不眞實的理想，經常會變成頑固的人。他們把一生的時

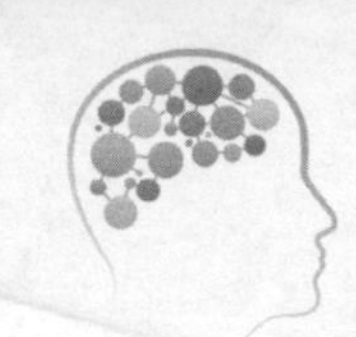
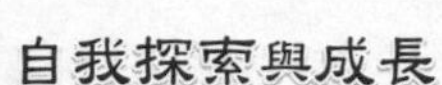

間都花在無力改善或只能改善很少的事情。經常失敗會把他們打垮，使他們失去自信。這種人把所有的精力都投注在「不可能的夢想」上。當然，「不可能的夢想」是偉大和令人振奮的，但如果窮一生之歲月來追求一個不可能的夢想則是下下策。最好以「實際的夢想」代替「不可能的夢想」。

早年在美國有一位名叫萊特的主教（Bishop Wright），每年造訪一所小型的天主教學院。有一次，主教跟校長一起吃晚飯。席間，主教認爲耶穌很快會再度降臨，原因是所有跡象都顯示出來，而所有可能的發明都已經發明出來。校長不同意，他認爲在未來五十年內肯定會有許多意想不到的發明：「人類會飛。」萊特主教說：「胡說八道！只有天使可以飛。」這位主教有兩個兒子，就是日後有名的萊特兄弟。

其他人的意見或懷疑自己，經常會削減你對自己能力的信心。這有時不過是一種感覺，如果你以肯定的態度去反應這種感覺，久而久之它自然會變成一種實在的行動。請記住這點：你心裡的「大的自我」永遠處於優勢，它知道你能做什麼、你不能做什麼。當你以肯定的態度反應它時，你的自信自然會增長起來。

(二)把重心放在最大長處上

發展肯定的自我要把重心放在最大長處上。有成就的人都知道要把精力放在自己最擅長的地方。贏家像河流一樣，他們找到一個管道，就循著這個管道前進。站在大河旁邊，想想看河流的力量有多大？它能發電，灌溉田地，產生很大的財富。爲什麼？因爲河水永遠集中所有的動力，向一個方向前進！

失敗者像沼澤，他們到處游移，他們什麼事都做一點，結果一事無成。站在沼澤旁，你會發現它只會把人拖下去。沼澤是蚊子孕育的溫床，是傳播疾病的地方，也是鱷魚和毒蛇等會傷害人的爬蟲類的窩。當你集中精神在你能表現最好的事情上時，你會覺得自信心增強。運動觀察家一致認爲拳王阿里（Muhammad Ali）之所以能屢次擊敗他的對手，主要是因爲他的自我崇拜，他認爲自己是最偉大的鬥士，以致對手也認爲他是最偉大的。

大多數人都有一個問題，那就是我們每個人都可以把太多事做好。林肯可以成爲一個一流律師，但他選擇做政治家。他認爲他能在歷史上寫下新的一章，因此，決心以畢生的精力來完成這個使命。總之，贏家是知道如何選擇的人。

(三)從錯誤中記取教訓

發展肯定的自我的人更要學會從錯誤中記取教訓。許多人以爲避免犯錯的方法，就是什麼事都不做，有些錯誤確實會造成最嚴重的影響，所謂「一失足成千古恨，再回頭已是百年身」。然而，「失敗爲成功之母」，沒有失敗，沒有挫折，就無法成就偉大的事。聰明的人會從失敗中學到教訓；失敗者是一再失敗，卻不能從其中獲得任何教訓。

一位員工對老闆抱怨他沒有升級：「我在這裡已做了二十年，我比你提拔的那個人多了十五年的經驗。你忘記了嗎？」老闆回答：「不對，查理，你只有二十次的一年的經驗，因你從你犯的錯誤中，沒學到任何教訓，你仍在犯你第一年剛做時的錯誤！」老闆的回答讓查理啞口無言。

這是一個好悲哀的故事！即使是一些小小的錯誤，你都應從中學到些什麼。一位年經的助手對發名家愛迪生說：「我們浪費了太多的時間。我們已經試兩萬次了，仍然沒找到可以做白熱絲的物質！」他回答：「啊！但我已知兩萬種不能當白熱絲的東西。」這種精神使得愛迪生終於找到了鎢絲，發明了電燈，改變了人類的歷史。

雖然，錯誤很少會致命。錯誤會造成嚴重的結果，往往不在錯誤

本身，而在於犯錯者的態度。能從失敗中獲得教訓的人，就能建立更強的自信心。學習接受建設性批評，不要在意瑣碎的批評。下面是值得我們深思的父女對話。

一個小女孩對她父親抱怨說：「我的老師不喜歡我！」爸爸問：「妳為何這麼想？」女兒回答：「她給我這個報告成績打丙。」爸爸說：「妳看看這上面改的地方。我想她一定很喜歡妳！她知道妳可以寫得更好，她甚至細心地告訴妳如何去改進。」

沒人喜歡被批評。即使我們沒盡力，但當我們聽到愛我們的人說他們知道我們可以做得更好時，我們仍會很難過。真正的朋友是不會讓我們得過且過的朋友，他們會婉轉告訴我們他們期望我們會有更好的表現。

學習以開放的心態來接受有建設性的批評，不僅可以改善我們的表現，而且能幫助我們建立自信。但是，我們不必去理會一些嫉妒、沒有安全感的人說的話。你愈成功，這一類的話愈多，像這種批評，你最好不去理會。

經常談論自己的成就和能力是一種缺乏安全感、沒有自信心的象徵。培根（Francis Bacon）說：「愈少談及自己偉大的人，我們愈會想到他的偉大。」

年輕人學會面對新挑戰是重要的，但是，應是我們自己選擇的挑戰，而不是為了維持已建立的形象而硬加之於我們的挑戰。坦白承認錯誤也是一種真正的謙虛，唯有自信的人能坦承錯誤。

希望擁有強烈生命力的人生，你需要不斷擴大視野，才能持續地發展。美國當代的企業家喬治．布恩斯（George Burns），他在各方面都是非常成功的人。他做過幾種不同的事業，樣樣都出人頭地。儘管已進入垂老之年，他仍不肯放棄新的計畫。換言之，他拒絕活在過去，絕不因年事已高而停頓下來。他寫書，發表鼓舞人心的演講，熱心地給人忠告。他的自信不斷增長，因為他一直持續不斷地努力工作。只活在過去光榮事跡的人無法增長自信。他們反而會失去以前對自己能力的信心。慢慢地，他們會越來越愛提當年勇，越來越不肯正視擺在眼前的大好歲月。

當你盡了最大的努力，把工作做得盡善盡美後，給自己一番慶祝不算是自大，反而能建立更多的自信。給自己一些犒賞和鼓勵並不為過，一個老闆適時地給員工獎勵也是非常好的事。一位員工說他的老闆很大方，給她假期，定期加薪和分紅，並提供舒適的工作環境。她說：「我知道老闆之所以這樣待我，並不是施惠，而是因為我做得很好。」對自己的努力和成就，也要給予獎賞。不是嗎？！

四、成長的故事：王建民復出了！

新聞報導指出；王建民復出了！他重返大聯盟的故事是絕不屈服於命運的典型。王建民在歷經過去七年所承受的身心折磨之後，能夠重新站起來，值得慶賀。

從2008年不幸受傷後，王建民就再也無法回到他連兩年十九勝的顛峰，他投球威力盡失，宛如折翼的蒼鷹，連最弱小的燕雀都能對他嘲笑愚弄。試想，一個人從世界最具象徵性球隊的王牌，一落而成滿場觀衆噓爆的過街之鼠，那樣的不堪與痛苦，有多少人能承受？加上復健期間他又爆出婚外緋聞，遭到網路酸民最無情的揶揄與叫罵，很多人都不免認為「王建民完了」，連那些原本衷心期待他重返榮耀的人，都不免信心動搖，徒然僅能為其掬一把同情的淚水了。

易地而處，我們大可想像王建民在過去七年所承受的身心折磨的痛苦際遇。大多數人在遭遇這般低潮時，大概都已放棄原有的理想；但王建民卻令人驚奇地持續固守他的山谷，持續推著在旁人看來徒勞無功的巨石上山，他的意志愈來愈強壯，強到終於克服了既有命運的

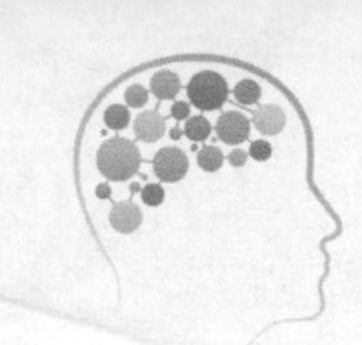

磨難，重新站上大聯盟的投手。

有什麼比這樣更能激勵人心的故事？沒有人可以保證王建民從此便能一帆風順，甚至再創他過去在大聯盟的風光偉業，但是，那又如何？光就一個人可以忍受從雲端到谷底，無盡的嘲笑、挖苦、謾罵與質疑，最後自泥沼中重新站起來看，便已能夠睥睨一切預藏在潘朵拉盒子中的邪惡質素，啓迪人們領略生命的光輝與應有的堅持了，不是嗎？

（本文取材自「想想論壇」，作者：許又方）

1.如果你眞想得到成功和快樂，請寫出自己要做的四點練習。
2.肯定與樂觀的人與否定與悲觀的人，在各方面有什麼不同？
3.價值觀是什麼？
4.行爲科學家格雷夫斯將價值觀和生活作風進行分析，最後概括出哪七個等級？
5.一位自信者的表現通常具有哪些特徵？
6.我們該如何充實自我？
7.試說明如何學習以開放的心態來接受有建設性的批評。

第八章

我要加強的個人優勢

——爲成長添上色彩

- 快樂從悅納自己開始
- 美好人生的催化劑
- 打開心靈之窗
- 成長加油站：馬戲團

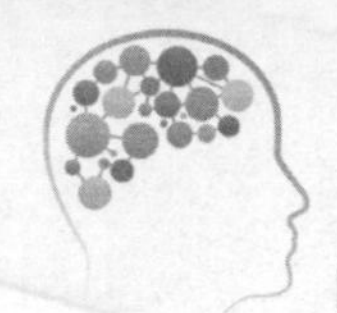

老天給我們每個人的生命都留了空白，
如何去填補這個空白，
則是我們的選擇。

——巴斯葛

這是法國哲學家兼數學家巴斯葛留下的名言，對學習成長中的人而言，具有重要的啓示。因爲，爲自己的生命添上色彩，是我們每一個人的特權，同時，也是我們不能逃避的責任。

當小朋友上幼兒園的時候，老師通常要他們按照自己喜歡的樣子爲圖畫塗上顏色。現在，讓我們再次當幼兒園學生，爲我們喜歡的生活添上色彩，建造樂觀的未來生活以及將來的個人成就與發展。

一、快樂從悅納自己開始

我們可以從許多方面獲取快樂，但是，心理學家建議我們，快樂的生活最好從悅納自己開始，包括自己的優點與缺點，然後，再接納別人，好讓我們的生活充滿喜樂的色彩。

(一)保持樂觀態度

許多人都知道大發明家愛迪生的故事，前面我們也有提到：當他在尋找適合做燈絲材料的試驗過程中，他做了非常多次的試驗，也失敗了同樣的次數，總是找不到一種能耐高溫又耐用的好材料。這時，別人對他說：「你已經失敗了那麼多次了，還要試驗下去嗎？」

不知這句話是關切、還是嘲諷。然而，愛迪生卻回答說：「不，我並沒有失敗，我已經發現那麼多種不適合做燈絲的材料。」

愛迪生的回答在幽默中蘊藏著樂觀的態度與堅強的意志，擁有百折不撓，永遠進取的精神。愛迪生就是以樂觀的態度，從失敗中看到發現，在挫折中找到鼓舞。這就是發明家理性光芒的寫照，一種思想的通達，也正是愛迪生本人百折不撓，擁有衆多發明的訣竅。

我們也從中看到了這位發明家珍愛自己的勞動成果，對自己難能可貴的信心。任何時刻都充滿信心，抱著樂觀的態度，這是成功的一大要素。積極、樂觀、向上的人生，是我們每個人所嚮往和追求的，這其中，珍愛自己、悅納他人是一個重要的方向。

快樂者化煩惱爲樂趣。俗語說得好：「聰明的人，能夠化煩惱爲樂趣；愚笨的人，則庸人自擾。」快樂者化煩惱爲樂趣，悅納自己與悅納他人是心理健康的一個重要標誌和表現。珍愛自己、與人爲善，在當今這個追求物慾、競爭激烈的社會顯得尤爲重要。

人生在世，煩惱諸多，不如意事十之八九。記得以前看過一個小故事，說一人到朋友家作客。他向朋友訴說生活中的煩惱與壓力，看到在一旁玩耍的孩子，不禁羨慕，說要是自己是一個孩子，那該有多好。孩子的家長卻說，別看孩子年齡這麼小，他們的煩惱也不比大人輕鬆多少，學習的壓力、小朋友間的爭吵糾紛，以及和家長、老師之間的關係等等。確實，人世間不存在無憂無慮的極樂世界。如何去面對這些煩惱？積極地應付，或是淡然處之，化腐朽爲神奇，化煩惱爲樂趣，達到超脫的境界。

(二)掌握快樂來源

從根本上說，需要得到滿足是生活快樂的眞正泉源。笑是一種洗刷痛苦和煩惱的高效清潔劑：哭是一種緩和矛盾、協調關係的潤滑劑，也是使您在紛繁複雜的社會中如魚得水的不二法門。就像俗語所

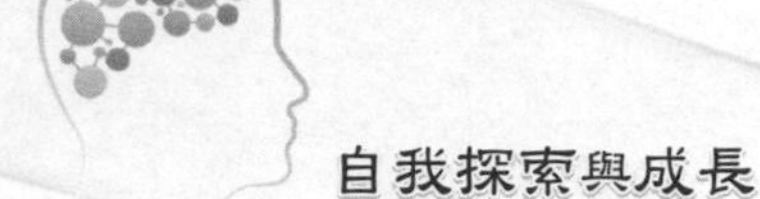

說的「哭笑人生」。嬰兒初生時，哭是自然的生理反應，笑則是被父母親逗出來的。長大之後，哭笑的選擇雖然由個人來決定，然而，許多時候卻讓人「哭笑不得」，不是嗎？

人類是唯一會笑的動物，儘管和人類親緣關係最近的靈長類動物大猩猩，也能做出類似於笑的表情，但是，很難證明它們具有歡愉的內心體驗，而人類的嬰兒出生後一週，就會對他親近喜愛的人報以會心的微笑。嬰兒到了第三週，這種可辨認的微笑反應就十分明顯並且更多。研究指出，嬰兒出生二到十二小時內，臉部就出現了類似微笑的動作，它不規律的發生在睡眠和困倦時，這種反應被確定爲自發的與內部狀態相聯繫的反射性釋放。也就是說，人類的快樂是天生的。

五週以後的嬰兒對視覺刺激，特別是人的臉孔發生微笑反應，從此以後，最有效的引起微笑的單一刺激就是人的臉孔。嬰兒這種社會性的微笑在二到五個月之間可由不同的成人臉孔所引起。四個月以後，嬰兒對熟悉的臉孔（例如母親）比對別人發出的微笑更頻繁。

這些現象顯示，愉快的情緒對嬰兒的一般發展、身體活動效應、知覺、記憶、觀察或理解有啓發作用。嬰兒的微笑行爲對健康發育有重要意義，它給母親和周圍的人帶來歡樂，增加了嬰兒生存的機會。快樂對於兒童的生活也同樣有著很大的意義，它不僅是一種自我滿足，得到歡愉的生理體驗，而且快樂的笑容是最有效、最普遍的社會性刺激，它是人際交往的潤滑劑。

快樂是一種鬆緩狀態，它在神經刺激得到釋放時產生。在疼痛、飢餓及其他負面情緒（例如發怒）下降後，愉快就可能隨之而來。快樂使人願意承擔義務去做事，或致力於降低痛苦的事情。快樂的這種社會功能，幫助兒童成爲心理功能完備的人。例如，兒童從成人那裡得到歡樂，使他相信成人，建立起基本的信任感，這對健康的個性成長極爲重要。此外，快樂和成就感有直接關聯。快樂使人試圖占有期望的、喜愛的物體和對象，快樂包含著力量、魄力和信心的體驗，因此，快樂是一種動機力量，有利於個人生長。

循循善誘

達爾文的父親是英國有名的醫學博士，母親蘇珊娜是一位有見識、有教養的婦女，她承擔了教育子女的職責。從達爾文一歲起，蘇珊娜就開始對孩子進行啓蒙教育，教他唱兒歌，講故事給他聽，帶他去花園散步。達爾文家的花園，一向是孩子們的樂園。在花園裡，達爾文看母親嫁接果樹和培植花草，同時幫忙搬移花盆。母親一點一滴地教他認識和觀察花草，告訴他怎樣根據花蕊來識別花草，怎樣記住各種花草和樹木的名稱。有時，小達爾文會跟著父親坐馬車去郊外採集花草。在這樣的環境薰陶和教育下，達爾文從小就喜歡大自然，知識領域也不斷擴大。

蘇珊娜很懂得珍惜兒童的好奇心，每逢孩子們提出稀奇古怪的問題時，她總是耐心地進行解答，對他們提出的傻問題都耐心回答。有一次，蘇珊娜給樹苗培土，達爾文問：「媽媽，妳為什麼要給樹苗培土？」在得到滿意回答後，他又提出一連串的問題：「泥土為什麼長不出小貓和小狗呢？」「最早的媽媽是誰？……上帝是誰創造的？」蘇珊娜對孩子能提出這麼多的問題而高興，她對達爾文說：「世界上有很多事情，對於我、你父親，以及對於所有的人來說，都還是一個謎，我希望你長大了自己去找答案，做一個有出息、有學問的人。」並鼓勵他：「你從現在開始努力學習，將來一定會像爸爸和爺爺那樣，成為一個有學問、有作為的人。」

焦點：家長循循善誘的教誨，可以啓迪孩子幼小的心靈，激發他探求未知世界的欲望。達爾文最終成爲舉世聞名的科學家，這和母親的教導有方相當有關聯。

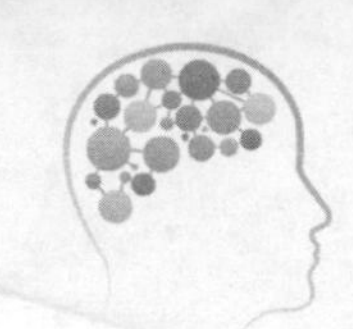

又如，兒童總是在完成了某些事而得到快樂和信心，這種信心像是一種自我肯定，並蘊含著力量和魄力。遊戲和學習中所獲得的成就和喜悅是兒童繼續學習和做事的眞正動力。快樂的兒童被一種自我滿意所伴隨，快樂使兒童感到輕鬆自如，有益於身體健康。兒童經常在成功中得到快樂，有助於形成樂觀的個性，而那些由於某些原因限制其自我滿意、壓抑了其創造性，以及過度受到控制的兒童，總是體驗到較多的苦惱。

當今的兒童，在享受到充裕的物質文化生活的同時，過早地承受了各種競爭的壓力，生活空間越來越小，快樂的天性受到壓抑，「還給孩子一片自由快樂的天空」的訴求，一度成爲許多有識之士的呼聲。在學習成長中的年輕人，雖然比較兒童時期有更大的自主空間，但是，個人給自己的壓力，或許更沉重。

二、美好人生的催化劑

心理測驗的「自我描述問卷」（Self-Description Questionnaire, SDQ）通常能幫助一個人更清楚認識自己，以便營造快樂的生活。在這裡，我們嘗試從個人心理的角度探索快樂。情緒高昂的人總是給自己和他人帶來快樂，而那些嚴肅古板、鬱鬱寡歡者常常難以得到他人的接受與喜歡。快樂能夠增進人際間的社會性聯結。

(一)美好人生從童年開始

在生物建立社會性聯結的基礎過程中，母親和嬰兒雙方都享受著快樂。但是，母親和嬰兒建立依戀性感情聯結的內涵卻有不同，這依賴於嬰兒先天「情緒度」的高低和母親的敏感性，母親方面的情緒敏感性，除了決定於與嬰兒一樣的先天局限外，還有社會和心理的因素參與其中。一般而言，嬰兒與成人之間的社會性聯結是母嬰情緒互相感應的結果，母親和嬰兒快樂的臉孔是最有效的建立社會性感情聯絡的啓動象徵。

快樂情緒和社會聯結關係的建立，是互爲利用和彼此影響的。一個生性快樂的人總是能夠感染周圍的人，有著良好的人際聯繫，反過來良好的社會交往也會增進人的快樂感受。難怪有人說：天下最不幸的人是那些沒有朋友的孤獨者。在成人社會，人們的快樂臉孔也是人際間建立良好關係的最普遍、最實用的社會性刺激。

一個人的微笑有利於增進社會性反應，因此有助於建立友誼，增進人際互助、諒解和互相信任的機會。它還促使人們勇於承擔社會義務。總之，快樂有利於使成長中的人受到薰陶，並擁有充分的心理功能。

經常處於快樂狀態的兒童最善於與他人相處，結交更多的朋友，表現出更多的同情心，也最善於探索、冒險和進取。因此，創造人際間良好關係的環境，可以爲兒童與青少年的社會交往、個性和智力的充分發展提供有利的條件。「兒童有權利擁有快樂的童年」，這不僅是爲了讓他們得到快樂，而是他們在優良的心理環境下成長，將爲日後良好個性的形成打下基礎。

在成人社會，快樂的社會交往已經遠遠超過生理想要的滿足，並包含更多的心理和社會的內容。如果和諧及互相寬容的人際關係所導致的良好感情狀態感染和充滿了整個社會，給人提供的心理環境將是人們力量的無盡泉源。人們在物質富足的同時，得到了高品質的精神享受和情感體驗，這也是一個高度文明發達社會的標誌。如果社會所造就的人只知道追名逐利，爾虞我詐，損人利己將充斥整個社會，這樣的社會無論創造多麼輝煌的財富也是很可悲。

精心培養人的精神世界，有助於使人快樂而達觀，從而更能夠同

情和寬容他人，並更能克服困難，進取奉獻。倘若忽視這一點，「精神危機」的產生將是不可避免的。快樂還能激勵並增強人的力量、魄力和自信。快樂是一種力量，能使人精神開朗和樂觀。建立這些自信的個人品質要經過兩種途徑：

第一，快樂的激勵使人在完成任何任務和學習時能堅持不懈。因爲快樂狀態能夠使人勇於承受生活的負擔和壓力，並且提高經歷挫折與克服困難的能力。

第二，快樂的激勵使人心胸開闊，對未來充滿信心，因爲快樂能夠給人確立遠大目標的勇氣以及堅定的理想和信念，從而使人的意志易於實現。個人透過這兩個途徑的的堅持並達到目的後，就意味著通向了一條寬廣的道路。

經常不快樂的人缺乏自信，進而失去勇氣，鬱鬱寡歡，愁眉苦臉，生活對他們來說彷彿成了難以承受的重擔。他們容易氣餒，在困難面前易於退卻，也難以耐得住挫折，並且缺乏應付痛苦境遇的能力。不快樂的人不會、也不願意去同情別人，不向別人施以愛，因此也不容易得到別人的關心和愛，極度自私的人常常是不快樂的。他們的情感反應淡漠，行爲孤癖，如果這些發生在成長過程中，最終將導致適應不良個性的形成，日後也較難以改善和矯正。

(二)讓我們擁抱歡樂

快樂的體驗是從自我滿足中得來的，唯有體驗過快樂的人，才能夠擁抱歡樂。而人類社會中的歡笑已經演變出了許許多多不同的內容和不同層次的形式：對奉獻得到快樂的品味，體現智者的快樂，豪邁的快樂，勝利者的喜悅以及超然灑脫的快樂。

對於笑與快樂，我們每個人都有自己切身的體驗，心理學家經過研究，將快樂的體驗意識歸納爲四項內容：

1.快樂是一種有信心和有意義的意識狀態，這狀態使人能夠自覺地處理問題和享受生活的樂趣。

2.快樂伴隨著滿足感，這使人更容易理解周圍世界中，讓人緊張和不滿意的各種問題，在對待處理這些問題時也就更容易些。

3.人在快樂中容易體驗到自身與各界的人或事之間鮮明的聯繫，並產生一種親切感。快樂狀態使人對外界事物更欣賞，使個人與外界更接近而不是隔離，從而與外界和他人處於更和諧的關係。

4.快樂體驗中的超越感和自由感，具有這種體驗的人覺得在現實生活中的存在是輕快的、活躍的和主動的，似乎自身正處在擺脫束縛的狀態中。

大多數學者在從事快樂的研究時，都同意人們不能企圖以自我努力去直接得到快樂。換句話說，快樂不是一種憑主觀意願就能夠加以捕捉或追求的體驗，不是說想快樂就能快樂起來，成人也無法教會小孩子去直接地得到快樂。

人們取得成功或成就並不必然導致快樂。我們說人達到目的或獲得成功時能夠產生快樂，並非指達到目的本身就是快樂。達到目的本身並不等於快樂，如果一個人致力於追求快樂本身，即使達到目的，快樂也不一定產生，這是因爲無論是事業上或社交上的成功和成就，唯有從社會和他人那裡得到肯定，增長了信心時，才會產生快樂。

如何才能得到快樂呢？社會心理學家舒茲（Alfred Schutz）在《社會變革集體行動》（*Collective Action for Social Change: An Introduction to Community Organizing*）曾提出，開朗和誠實是實現自我滿足的潛能和體驗快樂的重要因素。

誠實是指實事求是地、坦白眞實地對待自己、自己的事業、自己的行爲以及對自己的評價，這樣才能得到自我滿足。開朗是指爲自

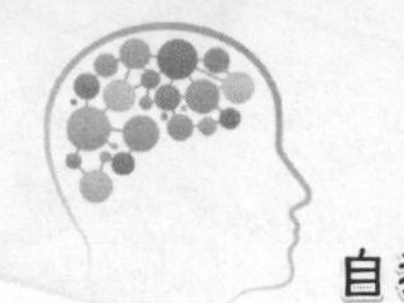

己或他人開放自己心靈的窗戶，勇於讓他人瞭解自己，也勇於自我認識，勇於從他人那裡得到有關於自己的回饋。建立了自知，才能夠自信、自強。一個人如果能夠打開長期封關閉的內心世界，那麼他會使鬱悶被自我努力的創造性和快樂的潛能所代替。所以，身障作家海倫凱勒說：「打開心靈的窗子，你將迎來一個嶄新的天空。」

快樂是從成功和成就的實踐中，得到心理上的自信和滿足，情緒是一種心理的力量。快樂推動人們把自己展現於外，參與人群和事業，從而得到進一步的成就。這樣的良性循環使人們的事業充滿生機、為人們的生活帶來無窮的樂趣和意義。成長中的人在這樣的環境中生活，將形成較為全面發展的、聰穎的、樂觀和進取的個性。

記得，海明威在《老人與海》說過一句對在奮鬥中的人特別鼓勵的話：

> 勇敢的人可以被摧毀，但是，不能被打敗。

三、打開心靈之窗

在「我要加強的個人優勢——為成長添上色彩」的課題中，除了「快樂從悅納自己開始」以及「美好人生的催化劑」之外，「打開心靈之窗」是一項關鍵的後續工作，因為它需要我們付出長時間與耐心為代價：不論任何時候，任何情況，永遠敞開我們「心靈之窗」迎接外面的挑戰。法國啓蒙時代思想家。被稱為「法蘭西思想之父」的伏爾泰（Voltaire）提出忠告說：

> 最長的莫過於時間，因為它永無窮盡；最短的也莫過於時間，因為我們的計畫都來不及完成。

時間與空間一樣，是上天賜予人類生命中最珍貴的禮物，因爲它們留給個人最大的發揮餘地——也就是你能夠最有效的掌握你的時間，或者終生無所事事的浪費你的時間。時間是無法挽留的，只可逝去，不可挽回，當一天結束時，時間不會留給明天。如果你想獲得成功，就必須學會有效地安排時間，有效地利用時間。

(一)爲時間定價格

許多人都認爲：時間與生命一樣是「無價」的，因爲我們很難替時間訂出價格。雖然如此，不管別人的看法如何，你還是最好爲個人的時間訂下你的「價碼」，以便更有效運用你的時間。這時間除了你的現在與將來之外，還包括過去。有些年輕人，由於背負過去童年的「不愉快」或者「不幸」經驗的包袱，難以放下，耿耿於懷。請記取《聖經》的話說：「忘記背後的事情，努力向著標竿前進」，也就是西方諺語所說的：Let the past be the past（讓過去成爲過去）。

◆讓過去成為過去

過去的已經過去，過去發生的一切絕不再來，你絕不可能回到過去。如果你因過去的事情耗費現在的時光，那麼拋棄過去的第一步便是放棄這樣的態度。例如，你的愛人剛剛離世，自然，你會短暫地感到悲傷，這會給你帶來無法用語言表達的痛苦，你將明白生與死截然不同，甚至感覺你的心靈已遭毀滅。

但是，如果你無限地陷於此悲痛之中，不讓自己擺脫悲痛，回到現實中來，那麼你正在使自己永遠處於過去之中，或者說是一種強制性的自我毀滅。悲傷並不能讓人復活。另一方面，如果你認識到自己在某一場合舉止不端、粗心或不必要地傷及他人，你可以衷心地道歉，表示自己對不當舉止的內疚。要是你無休止地陷入對過去的內疚

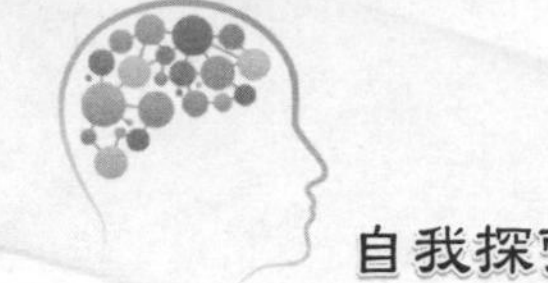

和不安之中，不能自拔，那你就是在毫無意義地生活著，內疚不會使你的生活有半點的改善。你可以從錯誤中獲得益處，可以發誓不再故態復萌，然後致力於現在的生活。

人的心態常常處在無休止的矛盾之中。自己擁有的東西，無論別人多麼羨慕，總覺得平淡無奇；自己沒有的卻以爲很重要；而擁有的一旦失去，才想起當初應當珍惜。

◆為你的今天喝彩

「今天」是最容易得到的，就像空氣和陽光一樣，因而，沒有多少人給予它特別的關注。人們往往寧願沉浸在對昨天的追憶，或是對明天的憧憬之中而漠視「今天」的存在。「今天」是最容易失去的，好比青春和美麗。人們對其價值的眞正理解總是在它悄悄流逝之後。在多數情況下，經過幾番折騰，你就會大徹大悟，懂得甘苦與艱辛，明白珍惜與留戀。因而，失去的愛情可以追回，荒廢的事業可以重振，創傷的心靈可以撫平……唯有時光不曾倒流，過去的會永遠成爲過去，今天的會不斷地淪爲昨天。

俗話說：「比起昨天和明天，今天才是眞正重要的，因爲這是你最能夠掌握的時間。」昨天的輝煌並不能證明今天的價值，明天的燦爛也無法減輕今天的痛苦。一味沉浸在昨天影子中的人，未來必定不會屬於他們；而把全部幸福和希望都寄託在明天的人，明天將永遠只能是明天。

我們需要永遠地抓住今天，把全部的熱情與心血都貫注到現在。無論是陽光燦爛還是陰雨連綿，無論是瑞雪紛飛，還是狂風呼嘯，該享受時則盡情地享受，該努力時則奮力地做，該犧牲時則無畏地犧牲。這樣，你方能無愧於昨天，也無愧於明天。

◆你只能把握現在

有句話說得好：「昨天是一張已註銷的支票，明天是一張期票，今天是手上的現金。因此要認清今天是我們唯一能利用的時間，去善加利用吧！」過去的已經過去，不要再去管它；將來則還沒來到，也不要去管它；重要的是現在，現在正在一分一秒地走過。只要你把握住了現在，那麼所有的時間都將被充分地利用，一點都沒有浪費掉。由無數個充實的「現在」組成的歷史，是你通往成功的必經之路。

◆發揮潛能

發揮潛能的秘訣就是：「抓住現在，不要沉湎於過去。」拿破崙・希爾對年輕朋友發表演講時，總要對這些明天的領袖指出：

> 所謂「美好的時光」就是今天，因爲這才是我們生活的日子，也是我們在歷史上唯一生存的一段時間，這是屬於我們的時代。我不會向你們描繪美好的一面，也不會向你們訴說悲慘的一面。我不會向你們灌輸過度的樂觀思想，只是要告訴你們，生活中的變化是無法避免的。那麼如何抓住今天呢？我們要心存這樣的信念：
>
> 就在今天，我要開始工作；
> 就在今天，我要擬訂目標和計畫；
> 就在今天，我要鍛鍊好身體；
> 就在今天，我要健全心理；
> 就在今天，我要讓心休息；
> 就在今天，我要克服恐懼憂慮；
> 就在今天，我要讓人喜歡；
> 就在今天，我要讓所愛的人幸福；
> 就在今天，我要走向成功卓越。

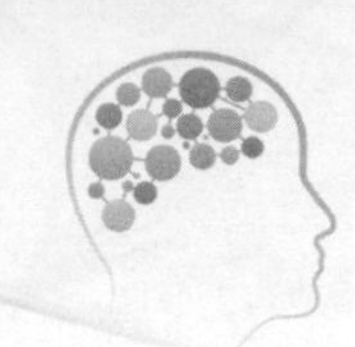

◆即時的生活

生命必須從「現在」開始，這個「現在」就是「即時」或「馬上」。我們的生命非常脆弱，不管是不是我們有意選擇，我們隨時都可能突然消失，甚至連一秒的預兆都沒有。每年有成千上萬的人死於車禍與心臟病。你的朋友或親戚可能突然臥床不起，死於心臟病，或者患了絕症，「被宣告」只剩下了六個月的生命。有些人看起來應該洪福齊天，卻出乎意料地很年輕就走了，令人心酸。

如果生命眞向我們提供了什麼，使我們珍視即時生活，或許是由於生命的脆弱，賦予了人類生存的本能。正如結果所顯示的，成功發揮人類的生存本能的人，在生命遭到威脅時，能夠完全地生活於現在。

特倫斯・德普雷（Terrence Des Pres）在《倖存者：死亡營中的生活剖析》（*The Survivor: An Anatomy of Life in the Death Camps*）一書中，記敘了人類所受的駭人聽聞的遭遇：「第二次世界大戰中猶太人在滅絕人性的納粹集中營的境況。」當然，我們日常所遇到的問題比較幸運，通常不必遭受生理折磨或心理蹂躪，迫使我們放棄一切希望。進入這樣的集中營，幾乎誰也難保性命，但在這樣的環境下，還是有人活了下來，從這些勇敢的人當中，我們的確能夠學到活在當下的要素。

德普雷在書中總結了少數人是怎樣活下來的：「只有勇敢地回復到最根本的生活，才能使他們在黑暗的地獄中繼續生存，一分又一分、一天又一天、一月又一月、一年又一年。時間停滯了，地點的意義失去了，心理的自我防禦也封閉了。」

當你面臨生存的考驗時，你就會本能地、自發地把每一天、每一分、每一秒的時間都用在相同處境的比較上，過去和將來都不存在，存在是你生存的唯一基礎。德普雷生動地描述了此災難的倖存者，他們像牲口被趕往屠宰場似地長年忍受屈辱。倖存者之所以倖存，是因爲他掌握了某種生存能力，他把自己看作是毫無條理的原生動物，奮力地掙脫大海。他忍受了一切。當他從根本上回復到生命的生物起點時，他發覺生命是美好的。他在必須的奮鬥中度過了生命的每一分每一秒，他把心神全部傾注於眼前呈現的每一個細節之中：

> 一隻攙扶跌倒者的手、一件從穿著兩件外衣的人身上脫下的外衣、一隻魚頭、一碗豆湯、清晨點名時在野草葉片上閃爍的陽光斑點、一次大便、一個菸蒂頭、在路邊的小憩。這些不是什麼神奇的安慰劑，也不是什麼生存者的禪理，而是長期瘋狂中的即刻智慧，漫漫黑夜裡的點滴光明。

看來有些人之所以在生機依然存在時，卻不能倖免，是因爲他們不能回復到完全的即時狀態，沒能發現生命的美好，也沒能繼續選擇生命。

(二)置身於時間裡

即時生活的最後階段便是：付諸實施。法國存在主義用「engager」（英文engage）一詞來表示，其含義是自己越是深入地投身於這件事情，對這種事的追求就越有積極主動性，自己做事所運用的內在資源也越多，自己也就更加投入生活。

在你每天投入主要的活動中，「即時生活」通常是你激發潛能的關鍵，這種活動就是你的工作、事業、職業。換句話說，如果你找不到一種途徑使自己滿足於自己的職業，那麼，你就會厭煩、挫折和消沉。下班時間的休閒活動，例如業餘愛好、自願的兼職工作，雖然與你的職業不同，但你從中得到了樂趣或滿足，找到了志向和意義，並置身於自己的角色之中，這可以說你有一種途徑「彌補」八小時工作的乏味。二十世紀偉大的詩人羅伯特・弗羅斯特（Robert Frost）表達

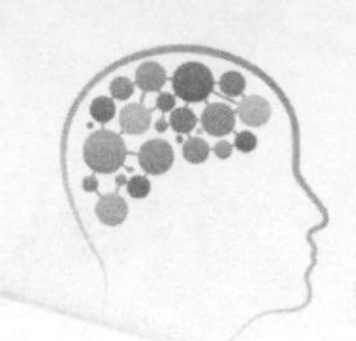
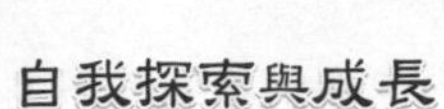

了把愛好與職業融爲一體的思想，這種內容的作品，其中有這樣一篇：

> 我的生活目標乃是融合我的愛好與職業，猶如我的雙目齊舉並視。將愛好與需要合一，工作將如娛樂激奮人心，創造每一項業績，奉獻給上帝和未來。

顯然，目前並不是每個人都有幸能找到稱心如意的工作。你可能喜歡幫助人而希望成爲社會工作者，但是目前所有的社工機構沒有欠缺人手。這時，你至少得暫時「安身」於別的工作上。難道你就因此無所事事地抱怨自己找不到差事，並期望有朝一日獲得眞正想要的工作嗎？當然不！可喜的是，愛好與職業的結合以及置身於工作所產生的成就，不僅取決於你有多大的能力，同時也取決於你有多大的能力做你所喜愛的事情。如果你充分地培養了即時生活的藝術，那麼你就能從工作中找到意義、魅力和滿足。

一位清潔工態度粗暴地敲打垃圾桶，水溝裡的垃圾根本沒有清掃，而另一位則總是顯得輕鬆愉快、乾淨俐落，並且跟你說：「人們所扔的東西令人著迷，過了一千年，考古學家挖掘到這些垃圾時，一定會興趣盎然地猜測這些廢物到底都是些什麼東西。」或者說：「你看，與這裡相隔幾條街又有一個瓶罐回收處理中心開工使用。」

爲什麼兩位清潔工會有如此的不同？對他們而言，垃圾、垃圾車、工資、工頭並沒有差別，所以我想請你解釋一下，爲什麼一個高興、積極，而另一個卻沮喪和消極。 對大多數人來說，職業是投入生活的關鍵，並且使得許多人超越了年齡的界限，創造出最偉大的藝術作品，成就偉大的科學發現，成爲傑出的人道主義者。能發揮潛能的人則能夠完全置身於自己所做的一切事情之中，不論事情大小。

你可曾注意到，在做不樂意做的事情時，是如何的疲倦？而精神百倍地致力於令人振奮的工作時，又是如何地忘掉了勞累？你能夠通宵達旦地布置房間、撰寫重要論文、學習駕駛飛機或遊覽優美的風景，而很少產生倦意。但是，當你面對一項令你厭煩的任務時，卻會顯得疲憊不堪。爲什麼呢？

事實上，答案非常簡單：當積極主動地投身於生活時，你就根本沒有時間生病或勞累。同樣的道理，如果你精神百倍地度過你現在的時光，時間將一閃而過，顯然不會有沮喪或憂慮的時刻。以下三項相關議題提供參考：

◆時鐘與羅盤

首先，面對時鐘與羅盤。時鐘與羅盤是船舶工作的兩個重要的指引工具，兩者的對立正可說明如何把最重要的事情視爲當務之急。

時鐘代表的是我們的承諾、時間表和目標，也就是我們所採取的做事方法與時間管理。羅盤則代表遠見、價值、原則、信念、良知和方向等，也就是我們的價值觀與生活方式。當我們感受到時鐘與羅盤之間存在衝突時，這表示我們沒有對生命中最重要的事付出應有的心力。

對某些人而言，這種衝突是很痛苦的。那是一種無力感。彷彿老是被其他人或事所局限和控制，因而只能被動地應付突發狀況。一個永遠爲瑣事所困的人，只能擔任救火隊員，絕對沒有辦法有大作爲。這種人的生命是爲別人而活。對多數人而言，這種衝突造成的是模糊與不安。在理想、現實與責任之間永遠找不到平衡點，只能在其中進退兩難，對於未完成的事愧疚難安，對正在著手的事卻又無法全力以赴。

有些人不免會產生空虛感。人們向來認爲發揮潛能的定義就是功成名就，然而成功卻未能帶給我們預期的滿足感。我們辛辛苦苦向上晉升（學歷、加班、升遷是墊腳石），沒想到爬到最頂端才發現付出的代價是破碎的人際關係，錯失了生命中最美好豐富的經驗。因爲在職務的競賽中，我們根本無暇停下來想一想生命中最重要的是什麼。

有些人則是渾渾噩噩的，渾然不知生活的意義何在。人生只是機械化地一個動作接一個動作，只是偶爾不禁懷疑自己所做的到底有什

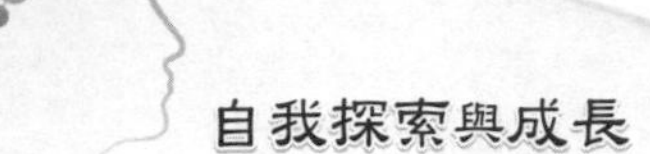

麼意義。有些人知道自己的生活已經失衡，但對選擇其他的生活方式又沒有把握，或是認爲改變的代價太高，或根本沒有改變的勇氣。

◆提高警覺性

其次，提高警覺性。我們可能會在一場巨變之後，才會警覺問題的存在。例如說摯愛的人突然去世，我們才發現過去自己忙於尋找成功的階梯，對於一份深摯的情感竟疏於呵護與珍惜。

例如，我們突然想起正在養老院中的老爸，於是腦海裡浮起一幅幅情境：過去幾年來原本可以花更多時間與父親共處，共享天倫樂，只因爲我們忙於工作、忙於營造人際關係，甚至忙於看電視或上網……而錯失一切。又或者當公司要裁員，你的職位岌岌可危：或醫生告訴你只剩幾個月的生命：甚至婚姻面臨破碎邊緣。往往在某種危機出現時，我們才警覺到，自己對時間的安排與眞正的價值觀多麼不搭配。

醫院社工的雅莉就對此講述了自己的親身經歷：「幾年前我在醫院看到一個年輕的婦人，她只有二十三歲，家裡有兩個年幼的小孩。那時她剛得知自己得了癌症。我記得我握著她的手，心想怎麼安慰她才好，她哭著說：『只要我有機會回家幫小孩換尿布，我什麼都肯做。』」

雅莉繼續說：「我回味她的話，又想到自己帶小孩的經驗，想到有多少次我幫小孩換尿布時，都只是匆匆忙地在盡一份責任而已，甚至會因爲忙碌而覺得不耐煩，卻不懂得珍惜生命中的片刻情感，這片刻一旦消逝，誰知道還能不能再擁有？」

在關鍵時刻還未來臨前，多數人跟那年輕的婦人一樣根本沒有意識到生命的危機。因此，我們不懂得找尋長期的病根，一有疼痛就用OK繃帶或阿斯匹林，只求短暫的止痛，接著又爲了各種「不錯」的構想忙得昏頭轉向，卻永遠無法停下腳步來問自己，生命中最重要的是什麼？

◆做好該做的事

最後，在時間內把該做的事做好。我們的生活，其實就是各種片段時間與各種角色的串連，我們可能在工作、家庭或社區等各方面扮演很重要的角色，角色代表的是責任、人際關係以及貢獻心力。

人生的痛苦，經常是因爲我們自知雖然成功地扮演某一角色，卻犧牲了另一個可能更重要的角色。比如你可能是某家公司的副總裁，而且做得有聲有色，但卻不是一個好爸爸或好丈夫。你可能善於滿足客戶的需求，卻常無法滿足個人發展與成長的需求。

如果你對各個角色間的關係有清楚的認識，生活自然能維持秩序與均衡，而清楚的信念可自然衍生各個角色的定位。要在不同角色間取得均衡，並不是指花在每個角色的時間要均等，而是指這些不同的角色能共同促進個人信念的實現。

(三)選擇自己的角色

俗語說：「人生如戲」，戲劇的表演需要劇本、演員與舞台，缺一不可。那麼，我們又會在劇本扮演什麼角色？現在，我們只要你以最自然的方式，列出你所想到的各種角色。第一次不必太急於把每個角色都說對，可能要幾週以後，你才會覺得眞正抓住生活中的每個層面。角色的定義並不是一成不變的，即使兩個人做完全一樣的事，所定義出來的角色也可能不一樣。

此外，角色也會隨著年齡而有所不同，你可能會換工作、加入某個社團、結婚、生子、當祖父母等等。比如說，你可能將你在家庭中的角色簡單定義爲「家庭成員」。但你也可能身兼二職，如「丈夫兼父親」、「妻子兼母親」、「女兒兼姐妹」等。工作上的角色也可能是多重的，例如涵蓋行政、行銷、人事、長期規劃等。此外，你也可能定義一個與個人發展有關的角色。

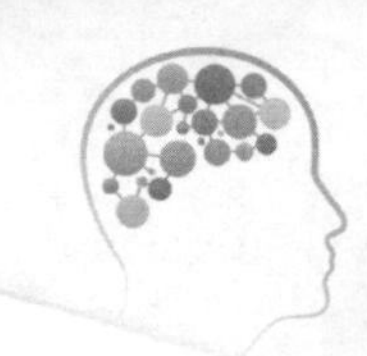

一個產品研發主管可能會做如下的角色定義：

1.角色一：丈夫——父親。
2.角色二：經理——新產品。
3.角色三：經理——研究。
4.角色四：經理——員工培訓者。
5.角色五：經理——行政。
6.角色六：經理——社團主持人。

一個兼職的房地產銷售員則可能列出下面幾種角色：

1.角色一：家庭管理。
2.角色二：母親。
3.角色三：家長會會長。
4.角色四：銷售——開發客戶。
5.角色五：銷售——財務、行政。
6.角色六：銷售——房地產。

根據研究顯示，人腦一次至多只能處理七類事物，超過七類以上則效率較差。因此，我們建議你把類似的合併在一起，例如行政與財務、人事與團隊精神的建立，如此有助於凝聚注意力於同一範圍。但這並不表示你一定要想出七種角色，五個、六個都無妨，七只是代表人腦輕鬆運作的上限。

角色的定義能讓我們對人生的圓滿有整體感，我們會知道生命中，不只是工作或家庭或某種情感，而是全部的綜合。此外，角色的定義也可標示出我們所忽略的「重要但不急迫」的範圍。

◆找出生命目標

參考上述的角色論點，你明白了自己所扮演的不同角色，請思索下面這個問題：

這一週內當你扮演每一種角色時，有哪件最重要的事產生最大的效果？思索這個問題時，你應該同時聽從理性和感性的聲音。什麼事情對你所扮演的角色有重大影響？比如說什麼事會影響你扮演妻子、朋友、父母、員工的角色？你應該利用羅盤來幫助你尋找答案，而不是時鐘，仔細傾聽你的良知，答案的關鍵是重要性而非緊迫性。

比如說，你的某個角色與個人發展有關，你的目標很可能包括安排個人的內省時間、明白信念或收集補習班的訊息等。假如你的角色是為人父母，你的目標可能是安排時間與孩子單獨相處。如果你已結婚，你的目標可能是安排與配偶約會。至於工作上的目標則包括做長期規劃、訓練部屬、拜訪客戶或增進與老闆的共識等。

在不同領域，物質目標可能是定期運動與適當的飲食；精神方面可選擇冥想、祈禱或研讀有啓發性的書籍；心理方面不妨制訂目標去上課或自修：至於社會性發展方面，可在「與人相處」的原則上下功夫，比如培養用心傾聽的習慣、誠實、無條件接受人的能力等。

總之，關鍵在於持續加強這幾方面的修養，使自己更有能力去愛、生活、學習與發揮影響力。每天只要花一些功夫，你就能擁有內在的成就，從而充實外在的成就。你可能認為在每個角色中都有好幾個目標要完成，不過你最好把範圍限定在一或二個最重要的目標中。

◆發揮誠信原則

時時發揮誠信原則。當你將重要的生命目標都安排好後，接下來每天要做的就是面對不可預測的機會和挑戰，同時把握住「急所當急」的原則。所謂發揮誠信原則，主要是以自信和穩穩當當的心態，將你的信念貫注於每一刻。具體的方法可能因人而異，比如說你可能偏重計畫的實踐，或依據良知去改變生活。到目前為止，我們所建議的每個步驟都是為了提升你的個性、能力和判斷力，使你在面臨抉擇

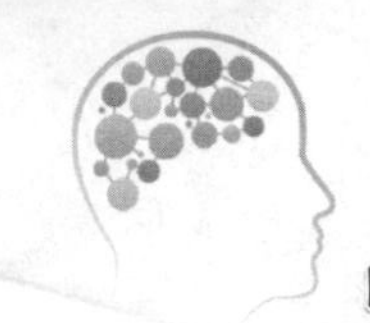

時更能夠審視內在的羅盤。

這與傳統時間管理的「一日規則」大不相同。這是要你在一天開始時，花點時間檢討行程，看清楚方向，審視內在羅盤，調整心態以應付未知的機會和挑戰。有些人喜歡在行事曆上多留白來做這個動作。

◆安排先後順序

安排事情的先後順序。首先，你應該認清所要做的事情的輕重緩急，這樣才能確保不重要的事情不會被僞裝的姿態溜進時間表，同時也能幫助你從時間的品質或羅盤的觀點來看待一日行程，並且強化「重要性」的原則，讓你更明白自己在做什麼。

如果你需要進一步分辨事情的輕重緩急，可將每項活動做記號。例如：依重要性記上甲、乙、丙的記號，然後把重心放在標記爲「甲」的事情上，而有的人則喜歡詳細分類後以數字標記。不管你用哪一種標記方式，我們都非常希望你能把最重要的事項特別標出來。如果你在這一天中安排了兩項重要的活動，便須在二者間選擇一項。如此，即使你當天別的事都沒做成，知道自己完成了最重要的事，也就值得安慰了。

個人的生命是短暫的，生命中的時間更爲有限，因此請爲自己的生命增加績效——掌握有效的時間，去做有意義的努力。人的個性不是一朝一夕養成的，一個「壞人」很難說要改，就立刻改頭換面，變成一個正直、勇敢和富有同情心的人。體能也一樣，如果你多年來都是吃馬鈴薯片、巧克力，又從來不運動，總不能今天在健身房運動一個晚上，就希望明天可以參加馬拉松比賽。

婚姻也是一樣。主宰婚姻的究竟是彼此的「承諾」還是婚禮的公開「誓言」，要看你希望愛情能夠維持多久。很多人結了婚以後完全不想改變自己的生活方式，這種人可稱之爲已婚的單身漢。他們不想花時間培養共同的想法和對彼此無私的關愛，等到婚姻出問題時卻又無法置信。他們可能想採用社會體系的惡補方法來挽救婚姻，但這是不可能的，因爲婚姻是需要經營與呵護的。

親子關係何嘗不是如此。有些人可能會想走捷徑，畢竟我們比小孩子聰明、成熟，又有權威。無論是靠說理、威脅或強迫，我們都能占優勢。而且我們可以把教養小孩的責任推給學校、教會或托兒所。但這樣的方法能教養出聰明、負責和有愛心的人嗎？將來小孩能成爲一個快樂的人嗎？更重要的是，我們能擁有親密的親子關係，甚至與孩子成爲最好的朋友嗎？

安東尼・羅賓指出：

> 短期間內我們也許能夠靠走捷徑得到表面的成功。儘管，我們可以讓人印象深刻，甚至討人喜歡；我們可以學會察言觀色，八面玲瓏，知道說什麼話會得到什麼效果，但是，收獲是無法僞造的。唯有找出個人的生命目標，你的努力與收獲才會成正比。

四、成長加油站：馬戲團

這是一則感人的故事，作者Dan・Clarke回憶小時候與父親兩人經歷的故事，與讀者分享：

在我還是個少年的時候，父親曾帶著我排隊買票看馬戲團。排了老半天，終於在我們和售票口之間只隔著一個家庭。這個家庭讓我印象深刻：他們有八個在十二歲之下的小孩。他們穿著便宜的衣服，看來雖然沒有什麼錢，但全身乾乾淨淨的，舉止很乖巧。他們兩個兩個成一排，手牽手跟在父母的身後。

他們很興奮的談論著小丑、大象及其他動物，今晚一定是這些孩

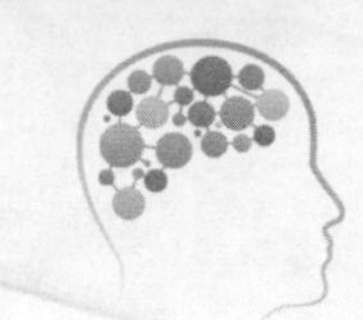

子們生活中最快樂的時刻了。他們的父母站在一排人的最前端。這個母親挽著父親的手，看著她的丈夫，好像在說：「你眞像個佩著光榮勳章的騎士。」而他也微笑著，凝視著他的妻子，好像在回答：「沒錯，我就是你說的那個樣子。」

售票員問父親，要多少張票？他神氣的回答：「請給我八張小孩兩張大人，我帶了全家看馬戲團。」售票員說了價格。這人的妻子別過頭，把臉垂得低低的。這父親的嘴唇顫抖了，他傾身向前，問：「妳剛剛說是多少錢？」售票員又報了一次價格。這人的錢顯然不夠。但是，他怎能轉身告訴那八個興致勃勃的小孩，他沒有足夠的錢帶他們看馬戲？

我的父親目睹了一切。他悄悄的把手伸進口袋，把身上唯一的一張20元的鈔票拉出來，讓它掉在地上。他又蹲下來，撿起鈔票，拍拍那人的肩膀，說：「對不起，先生，這是你口袋裡掉出來的！」這人當然知道原因。他並沒有乞求任何人伸出援手，但是，深深的感激有人在他絕望、心碎與困窘的時刻伸出援手。他直視著我父親的眼睛，用雙手握住我父親的手，把那張20元的鈔票緊緊壓在中間，他的嘴唇發抖著，淚水忽然滑落他的臉頰，說：「謝謝，謝謝您，先生。這對我和我的家庭意義重大。」

父親和我開著我們的車回家。那晚我並沒有進去看馬戲，但是，我們並沒有徒勞而返。

1.快樂是什麼？

2.建立自信的個人品質要經過哪兩種途徑？

3.心理學家經過研究，將快樂的體驗意識歸納爲哪四項內容？

4.爲何開朗和誠實是實現自我滿足的潛能和體驗快樂的重要因素？

5.什麼情況下要讓過去成爲過去？爲什麼這麼重要？

6.試以時鐘與羅盤來說明如何把最重要的事情視爲當務之急。

7.請問如何找出生命目標？

第九章

我要掌握可能的機會

——爲成長開發潛力

- 進取心與敬業精神
- 在工作中成長
- 總要朝著上面往前走
- 成長加油站：成功者的雅量

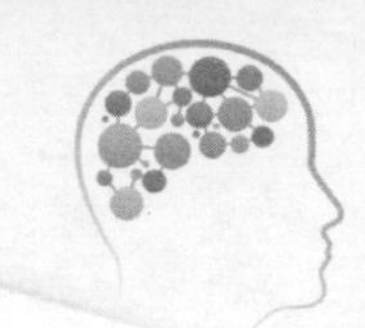

許多人羨慕出生於富貴人家的人，這或許是一件最糟糕的事。因爲個人的特權背景，會剝奪這世間最珍貴的禮物。那就是：憑自己的能力和自身的價值，開發個人潛力，以便獲得成就的機會。拿破崙．希爾在《成功之路》指出：

> **假使你的生命要從最高點起步，那麼你唯一能移動的方向，就是向下退了。**

假使你生長於普通家庭，別憎恨或忌妒那些含著金湯匙並且占盡優勢而長大的人。事實上，你才是占優勢的一方，因爲，只有憑實力，從基層面對未來挑戰往上邁進，才能發展自信。隨著你的進展，你會獲得成功所必備的力量和知識的潛力。至於你所欠缺的東西，都能靠自己努力獲取。

本章根據「我要掌握可能的機會——爲成長開發潛力」的主題，討論三項議題：進取心與敬業精神、在工作中成長、總要朝著上面往前走。首先，關於「進取心與敬業精神」，討論內容包括：四種態度的人、先做好眼前的事、不爲報酬而工作；其次，「在工作中成長」，討論內容包括：找出喜歡的工作、工作超越報酬、得失與取捨；最後，關於「總要朝著上面往前走」，討論內容包括：卡內基的故事、不回頭才爬得高、康能先生與狗。

一、進取心與敬業精神

擁有進取心者，才能成爲一名傑出人物。進取心是成功的重要要素之一，同時，還要配合工作上的敬業精神，方能持續獲得成就。拿破崙．希爾告訴年輕人，進取心是一種極爲難得的美德，它能驅使一個人在不被要求應該去做什麼事之前，就能主動地去做應該做的事。這項工作美德需要個人的主動意志與長期磨練而獲得。

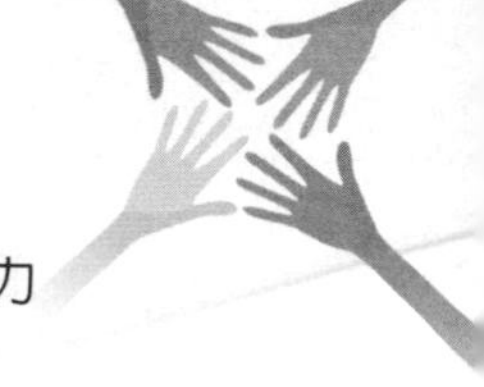

(一)四種態度的人

根據人力資源管理專家研究分析，個人的努力情形以及所獲得的成就，可以分爲下列四種人：

第一種人，是擁有「進取心」者。不需要有人告訴他，他就會主動去做應該做的事情。在這個世界上，這種人是應該獲取最大獎賞，包括一生傑出的財富與榮譽。

第二種人，當有人告訴他該怎麼做時，他會立刻去做。這種人也能夠獲取成就的小獎賞，可以過著平凡與平淡的生活。

第三種人，當有人從後面踢他、鞭策他的時候，他才會去做他應該做的事。這種人大半輩子都在心不甘情不願的狀況下辛苦工作，經常抱怨運氣不佳。

第四種人，是最糟糕的一種人。這種人根本不會去做他應該做的事。即使有人跑過來向他示範怎樣做，並留下來陪著他做，他也不會努力做，他大部分時間都在失業中。因此，易遭人輕視，除非他有位有錢的老爸，但是，即使如此，命運之神也會拿著一根大木棍躲在街頭轉彎處，耐心地等待著要處罰他。

你是屬於上面的哪一種人呢？

假使你想成爲一個具備進取心的人，你必須先克服拖延的習慣。這種把你應該在上星期、去年或甚至十幾年前就要做的事情拖到明天去做的習慣，正在啃噬你意志中的重要部分，除非你革除了這個壞習慣，否則你的一生將難以取得任何成就。

爲了克服拖延的習慣，你可以嘗試使用下列三種方法：

1.每天從事一件明確的工作，而且不必等待別人的指示就主動去完成。
2.每天至少要找出一件對其他人有價值的事情來做，換言之，當義工，而且不期望獲得報酬。

3.每天要把養成這種主動工作習慣的價值告訴別人，至少告訴一個人。

沙子會變成珍珠

有一個年輕人自以為博學多聞，在應聘面試中屢次碰壁，一直找不到理想的工作。他覺得自己懷才不遇，對社會感到非常失望。痛苦絕望之下，他來到大海邊，打算就此結束自己的生命。

在他正要跳入大海的時候，正好智者從旁邊走過，一把拉住了他。智者問他為何要走絕路，他說自己不能得到別人的承認，沒人欣賞和重用他……。

智者從沙灘上撿起一粒沙子，讓年輕人看了看，然後隨便扔在地上，對年輕人說：「小夥子，請你把我剛才扔在地上的那粒沙子撿起來。」

「我想這根本不可能！也沒有這個必要。」年輕人回答。

智者沒有說話。接著從自己的口袋裡掏出一顆閃亮的珍珠，也是隨便扔在地上，然後對年輕人說：「你能不能把我扔掉的珍珠撿起來呢？」

「這當然可以！」年輕人回答。

「那你就應該明白原因了吧？在你自己還不是一顆珍珠的時候，不能苛求別人立即認可你。如果要別人肯定你，那你就要從普通的沙子變成一顆珍貴的珍珠才行。」

焦點：別人對你的態度取決於你的實力和你對別人的態度。自以爲是、自大的人是不會受到別人的承認和尊重。

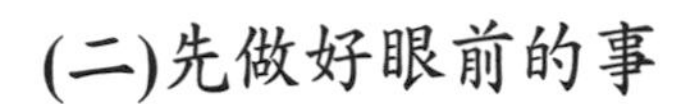

(二)先做好眼前的事

要做大事業之前，要先徹底解決眼前的問題。有時徹底解決了一個問題，可以得到意外的結果。發明電話的貝爾先生（Alexander Graham Bell）是每個青少年都會羨慕的人物，但是，他最初是否開始就決定以發明電話為目標呢？不是。他假使這麼想，恐怕他將永遠都不會成功。他之所以發明電話，是因為他努力專注於另外一個目標。貝爾先生起初在一個啓聰學校裡當教員，在那裡和他的一個學生結婚。幾年之後，他經過許多試驗，想發明一種用電的工具，使他的妻子能夠聽見聲音。在他的種種試驗之中，偶然之間他發明了電話。

這是一種偶然的事嗎？其實是因為他對於目前的問題能夠做徹底研究的緣故。他並不是呆坐著夢想成為一個大發明家的人。他專心工作，對於眼前的問題一定要解決，不解決絕不肯罷休。假使對於目標幻想得太過度，而忘卻了現實，就會有一種錯覺，以為自己離目標很近。這容易造成自滿，而忘卻眼前的工作。

波士頓大學商科的教務長羅爾德教授（Prof. Roald）曾經對畢業生告誡：

> 大學生每每容易有一種危險，那就是分心於其他的問題，而把目前的問題疏忽了。年輕人經常失敗，就是把目前的職務看得太容易簡單，以為不值得用他全副的精力去努力。

一個目標不可掩蓋目前的需要。固然，一個人要曉得往何處去是重要的，曉得自己與那目標的距離也是重要的，但卻需要有確實的計畫，依著計畫執行以達到目的地。至於前進的速度，並不是像一般年輕人所想像的那樣重要，重要的問題是：我現在做的事，是否幫助我達到最後目的。許多大人物從一種工作換到別種工作，他們之所以換

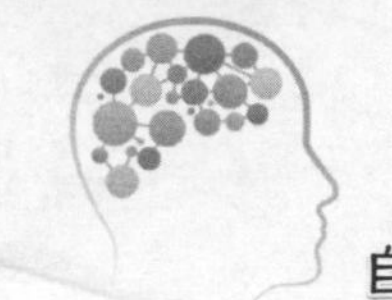

工作，是因爲他覺得已走不通了。大人物的眼光能看到情況發展的可能性，同時也能看到閉塞的情況。

美國鋼鐵大王卡內基假使不是看到了另一種較大的發展，恐怕他一生還是在鐵路局做事。他因爲想實行自己獨立的計畫，於是堅決辭謝了賓夕法尼亞鐵路管理局升他爲副總管理的機會。這並不是隨意的見異思遷，他是想擁有更大的發展，而他覺得在賓夕法尼亞鐵路局做事不能達到他人生的目的。

恐怕你要試走幾條路，然後才能到達你眞正想要達到的地方。可能你難免要變換幾種工作，或者回頭看看，但是你這種改變必須是根據已往的經驗及經過聰明的考慮才行。你的改變不可以是因爲喜好變動，或是因爲對目前工作的畏難。

人類的願望，啓始於不滿足，是表示你需要較好的東西。你要注意這個現象，因爲它可以催促你向好的方面進行。你不可怨天尤人，把自己的不幸歸咎於別人或外界的環境，因此而發洩你的不滿。你應當讓不滿激發你，志向並不是一種天賦的秘密，你應當想像到將來種種的發展，繼而發展出自己的志向。也不可做一個空泛的夢想者，要曉得如何確實前進，從你現在的地位，向著你想要達到的目標前進。你要眞實地認清自己，問問自己：「我將來想做什麼人？同時，我想做什麼樣的人，要看看我現在是什麼人。」

目標要能刺激你把現在的工作做好。要把眼前的問題解決，才能夠向著目標前進。把目標當作你的嚮導。當一個志願成功時，應當刺激你進行下一個志願。

(三)不爲報酬而工作

做工作應該獲得報酬，用以維持個人與家庭的生活，但是，報酬並不是工作的唯一條件，或者是最終目標。因爲社會上，有許多需要別人爲他工作的人，例如失去親人的孤兒與老人，付不起工資請人照顧；更有許多工作，例如需要冒生命危險與見義勇爲去愛人、救人的工作，例如安寧病房的愛心志工，是難以計算報酬或代價的。

拿破崙・希爾曾經聘用了一位年輕的小姐當助手，替他拆閱、分類及回覆大部分私人信件。當時，她的工作是聽拿破崙・希爾口述，記錄回信的內容。她的薪水和其他從事相類似工作的人大約相同。有一天，拿破崙・希爾口述了下面這句格言，並要求她用打字機把它打下來：「記住，你唯一的限制就是你自己腦海中所設立的限制。」當她把打好的紙張交還給拿破崙・希爾時，她說：「希爾先生，你的格言讓我有一個想法——把工作做好，對你、我都很有價値。」

這件事並未在拿破崙・希爾腦中留下特別深刻的印象，但是，從那天起，拿破崙・希爾可以看得出來，這件事在她腦中留下了極爲深刻的印象。她開始在用完晚餐後，再回到辦公室來，並且從事不是她份內而且也沒有報酬的工作。她開始把寫好的回信送到拿破崙・希爾的辦公桌來。她已經研究過拿破崙・希爾的風格，因此，這些信回覆得跟拿破崙・希爾自己所寫的一樣好，有時甚至更好。她一直保持著這個習慣，直到拿破崙・希爾的機要秘書離職爲止。

當拿破崙・希爾開始找人來替補這位男性機要秘書的空缺時，他很自然地想到這位小姐。事實上，在拿破崙・希爾還未正式給她這項職位之前，她已經主動地接收了這項職位。由於她在下班之後，沒有支領加班費的情況下，對自己加以訓練，終於使自己有資格出任拿破崙・希爾屬下中最好的職位。

尙不只如此而已，這位年輕小姐的辦事效率太高了，因此，引起其他機構主管的注意，開始提供更好的職位請她擔任。拿破崙・希爾已經多次提高她的薪水，她的薪水現在已是她當初來這兒當一名普通速記員時薪水的四倍。拿破崙・希爾對此實在是束手無策，因爲她使自己變得對拿破崙，希爾極有價値，因此，拿破崙・希爾不能失去這

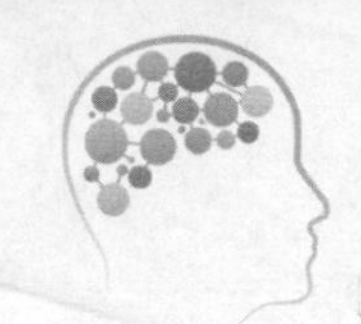

位好幫手。

這就是工作優勢的進取心（enterprising）。另外，值得注意的是，這位年輕小姐的進取心除了使她的薪水大爲增加外，還爲她帶來一個莫大的好處。在她身上，已經伴隨發展出來一種愉快的精神，爲她帶來其他速記員永遠無法領會的幸福與成就感。她的工作已經不是工作了，而是一個極爲有趣又有意義、任由她玩的「生命遊戲」。這促使她比一般速記員提早來到辦公室，而且在下班後，她還留在辦公室內，但是，感覺上，她的工作時間反而比其他工作人員爲短。對於喜歡份內工作的人來說，辛勤工作的時間並不會比較長。

不管你目前是從事哪一種工作，每一天你一定要使自己獲得一個機會，使你能在平常的工作範圍之外，從事一些對其他人有價值的服務。在你自動提供這些服務時，你當然明白，你這樣做的目的並不是爲了獲得金錢上的報酬。你之所以提供這種服務，因爲它是你練習、發展及培養更強烈進取心的一種方法。你必須先擁有這種精神，然後才能在你所選擇的終身事業中，成爲一名傑出的人物。

二、在工作中成長

學習「我要掌握可能的機會」的功課，在建立進取心與敬業精神後，在工作中成長是另一項考驗。討論的議題包括：找出喜歡的工作、工作超越報酬，以及得失與取捨。

(一)找出喜歡的工作

人生三分之一的時間是在工作，而「任勞任怨、不計酬勞」是敬業精神的最高表現。有許多目標、動機及人物可以激發一個人喜愛工作的天性。有些工作是我們所不喜歡的，有些工作則是我們稍微感興趣的，在某種情況下，可能有某種工作是我們眞正喜愛的。

當一個人從事他所喜愛的工作或是爲他所喜愛的人工作時，這個人將發揮最大的效率，而且也將更爲迅速、更爲容易獲得成功。不管什麼時候，只要愛的情緒進入一個人所從事的工作，這項工作的品質將立即得到改善，數量將大爲增加，而工作所引起的疲勞也相對地大量減少。

一群社會學家，在美國路易斯安那州組織了一個「殖民地」，他們買下幾百畝農地，開始爲實現一個理想而工作。他們擬訂了一套制度，讓每個人去從事他最喜愛的工作，或是從事他擁有最佳裝備的工作。他們擁有自己的牧場、製磚工廠、牛和家禽等等。他們還有一個印刷廠，出版了一份報紙。

一位來自明尼蘇達州的瑞典移民也加入了這個殖民地，根據他自己提出的請求，他被分配到印刷廠工作。過沒多久，他卻抱怨不喜歡這項工作，於是他被調到農場工作，負責駕駛一架曳引機。但他對這項工作只忍耐了兩天，就覺得再也受不了。於是他又申請調職，而被指派到牛奶廠工作。偏偏他和那些乳牛處不來，他就這樣子一一嘗試過「殖民地」中的每一樣工作，但沒有任何一樣工作是他所喜歡的。正當他要退出這個殖民地之際，有人突然想到，有一項製磚工廠的工作是他尙未嘗試過的。

他的工作是把製好的磚頭用獨輪手推車從窖裡運到磚場上，堆成一堆。一個星期過去了，並沒有人聽到他提出任何抱怨。有人問他是否喜歡這項工作？他很高興地回答說：「這正是我所喜歡的工作！」竟然有人會喜歡推送磚頭的工作。不過，這項工作倒是很適合這位瑞典人的天性。他獨自一個人工作，而且這個工作都不需要任何思考，對他也沒有任何責任的束縛，這正是他所希望的。他一直擔任這項工作，直到所有的磚頭都被運出並擺好爲止，然後，他就離開了「殖民地」。

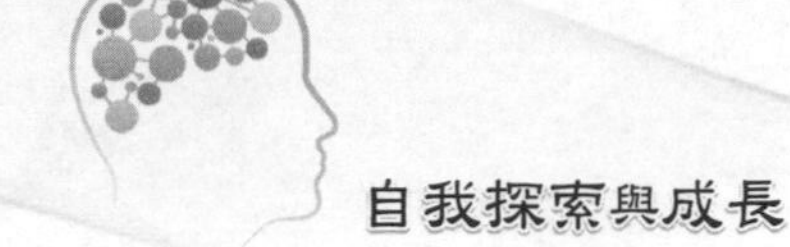

當一個人從事他所喜愛的工作時，他很容易就能做出好成績。爲了這個原因，每個人都有責任去找他自己最喜愛的工作，而這個工作，在別人看來不是個好工作，也無所謂的。這就是俗語所說：行行出狀元。

(二)工作超越報酬

一般而言，工作與報酬是相對應的，這是典型的爲獲得報酬而工作。假使社會上的每一個人，都是爲了獲得對等的報酬而工作，那麼肯定不會有偉大的科學家、發明家、探險家，更不會有保衛環境的綠色和平組織志工人員。

假使你只是做份內的工作，那麼你將無法爭取到更有利的評價。但是，當你願意從事超過你報酬價值的工作時，你的行動將會促使和你的工作有關的所有人對你做出良好的評價，並將增加人們對你的需求。

卡洛・道尼斯（Carlo Doris）最初替汽車製造商杜蘭特（Durant）先生工作時，只是擔任很低階的職務。但是，他現在已是杜蘭特先生的左右手，而且也是杜蘭特集團下一家汽車經銷公司的總裁。他之所以能夠升到這個好職位，是因爲他提供了比他所獲得的報酬更多及更好的服務。拿破崙・希爾前去訪問道尼斯先生時，詢問他是如何迅速地獲得晉升，他簡短地道出了整個過程。

當他剛去替杜蘭特先生工作時，他注意到，每天下班後，所有的人都回家了，但是，杜蘭特先生仍然留在辦公室內，而且一直待到很晚，於是他也決定在下班後留在辦公室內。沒有人請他留下來，但他認爲，應該留下來，必要時可對杜蘭特先生提供任何協助。因爲杜蘭特先生經常需要別人替他把公文拿來，或是替他做其他的服務，而杜蘭特先生發現道尼斯正在那兒等待替他提供服務，杜蘭特先生後來就養成了呼叫他的習慣。這就是整個事情的經過。

杜蘭特先生爲什麼會養成呼叫道尼斯先生的習慣？因爲道尼斯自動地留在辦公室，使杜蘭特先生隨時可以看到他，可以隨時爲杜蘭特先生提供服務。他這樣做，獲得了報酬嗎？是的，他所獲得的報酬是獲得一個很好的機會，使他自己獲得了老闆的注意。爲什麼應該養成「任勞任怨，不計酬勞」的習慣，儘管事實上很少有人這樣做。其中有兩個最主要的原因：

第一，你在建立了「任勞任怨，不計酬勞」的好名聲之後，將獲得好處。因爲和你四周那些未提供這種服務的人比較起來，你們之間的差別將十分明顯，因此，不管你所從事的是什麼行業，將有很多人指名要接受你的服務。

第二，就像要鍛鍊手臂力量的方式，只能多讓手臂做更多的運動，這是你爲什麼應該任勞任怨、不計酬勞的最重要原因。若你不去使用手臂，而寄望自己擁有強壯的手臂，那不就是緣木求魚嗎？

身處困境，唯有與之奮鬥以產生力量，這是大自然永恆不變的一項法則。假使你做的工作比你所獲得的報酬更多、更好，那麼，你不僅表現了樂於提供服務的美德，也因此發展出很好的技巧與能力，你將對你的工作勝任愉快，最後將產生足夠的力量，使自己擺脫任何不利的生活環境。

(三)得失與取捨

人生的「得失」與「取捨」很難找到大家都能夠接受的標準化原則。對於牽涉到價值觀念的東西，每一個人心中都有一把尺。

馬歇爾・菲爾德（Marshall Fields）可能是他那時代最傑出的商人，他設於美國芝加哥的菲爾德百貨公司（Fields Department Store）目前仍然聳立於大街上，象徵了他人生卓越的成就。

有位女顧客在菲爾德百貨公司購買了一件昂貴的絲質胸衣，但並

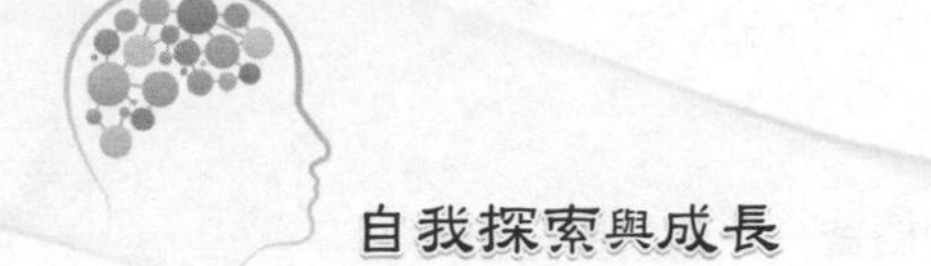

未穿用。兩年後，她把這件胸衣送給她的侄女作為結婚禮物。這位侄女把胸衣退還給菲爾德百貨公司，用來交換另一件商品，雖然，這件胸衣是在兩年前賣出的，而且式樣已經落伍，但菲爾德百貨公司仍然准許交換其他商品。當然，百貨公司本身沒有義務、道義或法律上的責任來接受退貨，但也正因為如此，才使得這件事更具有意義。

這件胸衣原來的價錢為50美元，在兩年後收回，卻只能放到廉價品專櫃中，能賣多少算多少。但是，深懂人性心理的菲爾德公司不僅不會在這件胸衣上有任何損失，相反的，它還將因此而獲得無法以金錢衡量的好處。退回胸衣的婦女把這件事當作她的談話主題，而且一連談了好幾天，也有位記者把這個小故事刊登出來，使得菲爾德百貨公司從這件事中獲得了最佳的廣告效果。菲爾德公司假使想要花錢作廣告，可能要花上比這件胸衣千百倍價錢的費用，才能獲得這種效果。

正如愛默生所說：「因和果，手段與目的，種子與果實，是不能分割的。因為『果』早就醞釀在『因』中，目的存在於手段之前，果實則包含在種子中。」

三、總要朝著上面往前走

人生好像爬山一樣，你必須有到達山頂的雄心壯志，否則永遠無法爬到山頂，但假使只是埋頭往上爬，不管橫阻在前的岩石，有時是徒勞無功的。雄心壯志，還需要加上小心與謹慎才是成功的首要條件。假使你對目前的成就感覺不滿意，請環顧前後左右，必能看出許多可能發展的事物來。這些可能性起初似乎只是一些模糊的臆想。因此，如果你想發展你的志向，便必須善用你的想像能力。

如果你的夢想，即使不一定能夠實現，也還是有其價值的，因為此種夢想可使你看到許多可能的機會，是別人所沒看到的。

(一)卡內基的故事

鋼鐵大王卡內基十五歲的時候，便對他九歲的小弟弟湯姆（Tom）談論他的種種希望和志向。他說：「當我們長大時，我要組織一個卡內基兄弟公司，賺很多的錢，以便能夠替父母買一輛馬車。」

他們天天玩著這種遊戲，自然而然地他們內心便保持著許多夢想。這種「假如」的遊戲，總是催促他努力工作，等到機會真的來臨，他便把握機會，最後將理想變爲現實。

「你以爲我當了司機便滿足了嗎？我的心願是擔任鐵路公司的總經理。」說這句話的青年在當時還未當司機，他在鐵路公司做了兩年事之後，還只是一個在一輛三等火車上加煤炭的工人，月薪40美元。他說上面的那句話，是因爲一位鐵路上的資深員工爲了刺激他而說的。老手對他說：「你現在做了添加煤炭的工人，就以爲自己發財了嗎？但是我老實告訴你吧！你現在這個位置要再做四、五年，才會升爲月薪大約100元的司機。如果你幸運地不被開除的話，就可以一生安然地做司機。」

說這話的青年，便是後來成爲大都會電車公司總經理。他聽說自己假如工作不犯錯的話，可以得到一個安穩的工作，並不以此爲滿足。他所說的話，後來真的做到了。他一步一步地努力，後來做到大都會電車公司的總經理，因爲他不滿於一份安全穩定的工作。

偉大的志願是由於不滿現況而來的。有不滿意，便有夢想，接著是勇敢的努力，就能把現狀和夢想中間的鴻溝連結起來。偉大的人物並不是空洞的夢想者，他們的志向根植於現實。他們憑藉著不滿使夢想產生，不滿也刺激他們加倍地努力奮鬥求取成功。

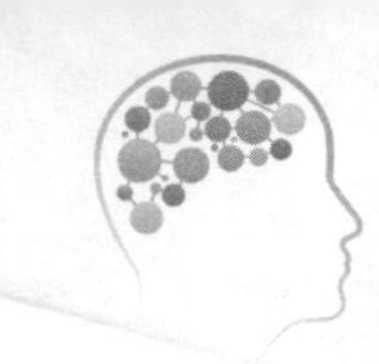

(二)不回頭才爬得高

為大廈清理窗戶的工人，經常說一句值得我們深思的話：「要爬最高的梯子，就不要回頭看。」美國五大湖區上的運輸大王考爾比（Cowby），在最初進入社會做事時，也說過類似的一句話：「我從樓梯的最低一級盡力往上看，看看自己能夠看到多高。」

考爾比當時一無所有，而他的希望卻是那樣高遠。他是根據什麼來實現自己的希望呢？他非常窮困，年輕時從紐約花幾個月的時間，一步一步走到克里夫蘭，後來在一間鐵路公司總經理之下，當一名書記。但是他工作一段時間之後，便覺得他這份工作過於簡單，不能滿足他遠大的志願。他覺得這個工作除了忠實和機械性地工作之外，沒有什麼發展，也沒有什麼前途。他對自己說：「坐在矮梯子上，並不一定就安穩。反而是，坐在一個矮梯子的頂上，更容易跌倒。不如爬一個看見頂的梯子，一心只想朝上爬。」於是，考爾比辭了這份工作，另在赫約翰大使的手下找到一份工作。赫約翰後來成為國務卿兼美國駐英國大使。考爾比的想像力已經看到，假使與前者在一起，不會有什麼發展，與後者在一起，則會有很大的機會。

一個人要有眼光才有進步，但是眼光也必須時時改進。考爾比說得好：「我最初走到克里夫蘭來，原是想做一個普通水手，這是一種兒童追求冒險和浪漫的思想。但結果我沒有當水手，而每天與美國最完全的理想人物相接觸，就是赫約翰大使。這也是我的好運氣。他是我各方面學習歷練的理想模範。」考爾比能夠覺悟到假如他與一個小人物相處，絕不會有很大的發展。於是，他選定了一個大人物，然後以這個人為自己心目中的學習榜樣，所以他選定了赫約翰，也為自己樹立了一個理想目標。

如果你曉得將來想做一個什麼樣的人，但你對現在的自己並不覺得沒什麼不好，你便不會想改進你的現狀，也就不會有光明的理想。理想的用處，就是它能以現在的事實，襯托出將來的可能性。假使你自滿於現在的成就，那就是你進步的障礙。甜蜜的理想，一定有想改革現狀的動力相伴隨。理想可以作爲一種刺激，因爲理想可以把你的現在和將來的大區別擺在眼前。理想之於人，應當是一種挑戰，催促他改進現有的狀況。假使你只是空想成爲一個大人物，或是以爲自己已經是一個大人物，那麼，你便永遠也無法進步。

聰明的人，一定先規劃出路線來，照著路線從現在的地位達到他想得到的位置，並且在中間豎立許多小目標。對於最近的目標積極去進行，因爲這可以在較短的時間內實現。當他達到這個小目標的時候，覺得有進步，便感到很高興，然後休息一會，繼續向著新目標前進。

人生好像爬山一樣，你首先必須有想要達到山頂的強烈欲念。但是假使你只是想，只知不滿於你現在是站在山谷中，你還是不會到達山頂的。你只是悠閒地望著山頂，或是想像著你已經到了那裡，那你也絕不能達到山頂的。你必須鼓起勁來，努力往上爬。假使你只知道一股作氣往上爬，不管眼前的岩石，那麼，你也永遠無法達到山頂。當心你眼前的腳步也是很重要的。你的目的地是山頂，在山下往山頂看時，有時清楚，有時模糊，有時完全看不見，但是不管看得見或看不見，最後的目標總是在那裡。你所要時時注意的是努力的步驟：如何越過石頭，如何渡過溪流，如何繞過山腳，如何避免從峭壁跌下去。

最後的目標使你不會迷路，就好像指南針一樣；不過如何爬山卻要你自己努力進行。一個人遭受別人戲弄，也許正是他接受考驗的時刻。假使你能夠把別人對你的嘲笑視爲勉勵，並養成謙虛與勤學的習慣，你是成功在望的。

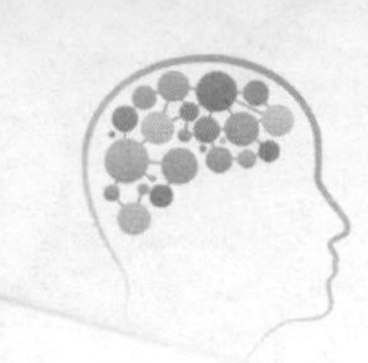

(三)康能先生與狗

美國流傳一則康能先生與狗的故事，故事中的主角是二十世紀初期準國會衆議員康能（Connon）先生。來自伊利諾州農村。第一次在美國衆議院演講的時候，被言詞犀利的新澤西州的代表這樣譏諷：「這位從伊利諾州來的先生，恐怕口袋裡裝的是燕麥吧！」全院的人聽了便哄堂大笑，假如被譏諷的是一個臉皮薄的人，恐怕就會不知所措了，但是，康能先生外表雖然粗獷，內心卻明白這句話是事實——他代表農業地區。康能先生回答說：「我不僅口袋裡有燕麥，而且頭髮裡藏著種子。我們西部人大都是這麼鄉土味，不過我們的種子是好的，能夠長出好苗來。」

他事後解釋，當時他曉得從批評聲中逃走是不好的。因爲，批評者就好像一隻狗一樣，狗看見你怕它，便愈加追趕你。假使某種批評把你嚇住了，你便日夜都痛苦不安。但是，假使你回轉頭來對著狗，狗就不再吠叫了，反而搖著尾巴，讓你來撫摸。康能因這次的反駁，以致聞名全國，而大衆都稱他爲「伊利諾州的種子議員」。他的「狗故事」也因此流傳下來。他能夠使別人的譏諷變爲稱讚和同情，這種方法雖然簡單，但是，不是人人都可以容易學得的。

只要你正面迎擊對你的批評，它反而會爲你所溶化與克服。我們之所以怕批評，是因爲批評乃是眞的事實，愈眞實則我們愈害怕而想逃避。然而批評之所以可貴，便是因爲裡面包含著眞實的緣故。別人批評康能好像草包，他並不害羞和逃避，反而，承認自己是草根型的人；不過在他粗野外型的內在，能夠顯示出他是一個正直的人。凡是有頭腦的人總是時時審視自己是不是完全的人，他曉得他自己確有許多缺點。批評是揭發這種缺點的一種好方法，我們應當不要排斥。

我們應當練習不要臉皮薄。我們不可以對一點小小的批評就憂心忡忡，似乎全身要崩潰一樣。不過很重要的，我們對於批評不可臉皮太厚，以致不知我們的言行舉止有哪些地方是別人所不喜歡的。因此，我們的臉皮不可太薄，也不可太厚。我們要利用別人的批評來讓自己的進步，第一步就是要能夠得到這種平衡。

批評我們的即使是我們的仇敵，或是想侮辱我們以掩飾自己弱點的人，那又何妨呢？無論批評者的動機如何，我們總可以利用批評作爲改進自己的一種指南。的確，敵人的批評比朋友的批評還更可貴些。

批評你的人或許存心不良，但是批評的事實卻可能是眞的。他或許想害你，但是假使他的批評能使你改進，對你反而更有助益。你因他的批評而使自己喪氣，那就讓他詭計得逞了。大多數的人都不夠聰明，他們希望別人重視自己，希望獲得別人的稱讚，假使別人說自己的缺點或錯誤，便覺得受了委屈或怒氣衝天。於是，朋友們往往不敢說弱點，他們只會稱讚，或是默默無語。

對我們進行反面批評的，大半是那些不喜歡我們的人，或是想傷害我們的人。因爲這個緣故，所以對於這樣的批評可以不去理會。但是從反面來看，假使我們是聰明人，就會利用這種批評來改進自己，並認爲這是一件很好的事。

一個粗魯的警察，或是經常奔波在外的業務員，常常以爲自己是居於特殊的地位，而侮辱別人。只要你曉得如何對付批評的人，那麼，對於這種傲慢的行爲，你就不會覺得受到屈辱，或是認爲對抗而有損自己的身分了。甚至有些身居高位的人，也喜歡侮辱較低層次的人。一個人對於這種侮辱的反應如何，就可以衡量他處世如何。侮辱人的輕視態度與朋友的玩笑話是不同的。但是，即使是開玩笑也可以指出我們的缺點來，羅斯福年輕時就曉得如何對付朋友們的玩笑。

話說，有一天年輕的羅斯福在培德蘭和幾個人砍樹以便清理出一塊空地來建造房子，工作完畢時，工頭問他們今天工作的成績如何。他聽見有一個工人答道：「皮爾砍了五十二株，我砍了四十九株，羅斯福咬下了十七株。」羅斯福回想起他所砍的那些樹，眞好像海狗咬過一樣，便禁不住笑起來。他老老實實地承認他砍的樹實在是比不上他的同伴們。

成名後的羅斯福總統，奉承他的人實在非常多，但他曉得從一個粗俗而講老實話的人那裡，比從一個只知一味奉承的人那裡所學的一定要多些。即使是別人的批評很魯莽，也還是可以用來改進自己。

四、成長加油站：成功者的雅量

早期美國紐約電話公司的總經理麥卡羅（McCarro）因爲小時候被人開過一次很大的玩笑，才醒悟過來。麥卡羅小時候非常易於受欺騙，非常依賴別人，自己從不費力思索。他那時是在火車站的車道上做各種零碎的工作。一個七月大熱天的下午，有一個名叫比爾（Bill）的工頭，叫麥卡羅去拿一點「紅油」以備紅燈之用。他說「紅油」是在有一哩遠的圓房子裡，麥卡羅很恭敬地聽了工頭的話，便一心朝著那個方向走去，以便完成他的任務。到了圓房子裡，他就向那裡的人要「紅油」。

「紅油？」那裡的職員感到十分奇怪地問，「做什麼用的呢？」

麥卡羅解釋說：「點燈用的。」

那個職員心中明白了，於是說：「啊，我曉得了，『紅油』是在那個圓房子的油池裡。」

於是麥卡羅又在那滾燙的焦煤渣上走了一哩。那裡的人告訴他「紅油」並不在那裡，而且不曉得究竟是在哪裡，最好到站長的辦公室裡去問問。於是麥卡羅又走回去了。在火熱的太陽下，他就這麼走來走去地走了一整個下午。最後他著急了，便跑去問一個資深的工程師，這個慈祥的老工程師很憐憫地望著他說：「孩子！你不曉得那紅光是紅玻璃透映出來的嗎？你現在回到工頭那裡去和他理論吧！」

那個工頭不曉得他是和將來紐約電話公司的總經理開玩笑，也不曉得這孩子將來手下的職員有六萬人之多。麥卡羅得到這次教訓後，就發誓以後絕不像呆子般被人玩弄了還不知道。他決心將來做事要先用大腦想過。

麥卡羅得到了一個很重要的教訓：不可太信任人。但他也沒有陷入另一個極端：對於人人都猜疑。這也是被批評的人所易於陷入的另一種陷阱。批評我們的人無論其動機是怎樣的惡劣，都不應對人產生猜忌心理，以為人人都是自己的仇敵，這是相當不健康的想法。大人物難免也要受到不公平的批評、無理由的侮辱以及惡意的誹謗。

做人難免有仇敵，大人物所樹立的仇敵要比一般人多。不過敵人的數目多其實是無關緊要的，因為偉人常能利用敵人的攻擊來更好地宣傳自己。敵人的批評，常常是對的。小人就以為無論自己對不對，總要設法來替自己辯護，於是漸漸養成一種自以為是的觀念。把自己的任何過錯都歸咎於別人的惡意，以為別人有意陷害自己，並時時刻刻認為自己是完美無缺的。假使我們已是完美無缺的，便不必再求什麼進步或修正了。一旦有了這種觀念，很容易讓自己打敗自己。

別人的批評是難能可貴的事，可以顯示出你正處於什麼地位。別人批評你的時候，要欣然接受並作為你進步的嚮導，不可作為失敗的藉口。要以客觀的態度來衡量別人的批評。不要衡量其究竟傷害你到什麼程度，或是別人批評你的動機究竟如何。利用別人的批評來看清自己的行為，看出你究竟是對還是錯。假使你是錯了，便修正過來；假使你本來是對的，便不必在意別人的批評而感覺不安。

總之，麥卡羅的經驗告訴我們：要掌握可能的機會，為成長開發潛力。別人批評自己的時候，不要感覺自己正受著迫害。無論如何，假使你的仇敵能指出一條路打垮你的剛愎自用，使你能夠改進，那麼，他就是幫了你一個大忙。

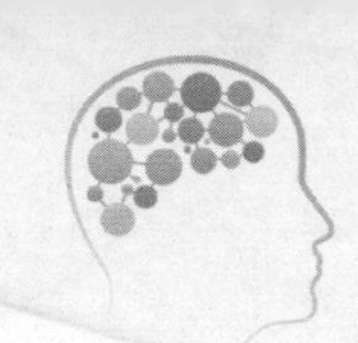

1.根據人力資源管理專家研究分析，個人的努力情形以及所獲得的成就，可以分爲哪四種人？

2.爲了克服拖延的習慣，可以嘗試使用哪三種方法？

3.爲何要不爲報酬而工作？

4.找出喜歡的工作，有何好處？

5.怎樣做到「工作超越報酬」？

6.鋼鐵大王卡內基與弟弟所玩「假如」的遊戲，有何用處？

7.如何面對別人對你的批評？

第十章

讓我的成就得以實現
——爲成長增加價值

- 為你一生的財富定位
- 打造財富的敲門磚
- 掌握財富的有效策略
- 成長加油站：振鋒拚出吊鉤世界冠軍

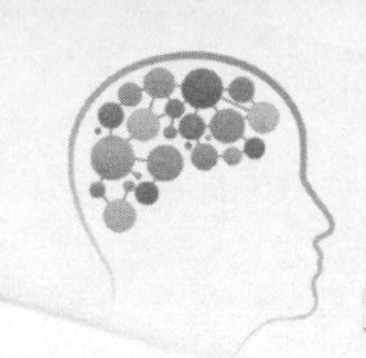

本書探討「自我探索與成長」的論題將近尾聲，在踏入就業市場之前，我們應該討論有關收入與金錢的議題。由於篇幅有限，就業市場與求職規劃技術問題，請讀者參考筆者兩本著作：《生涯規劃與發展》與《就業實務》。我們就有關賺錢與金錢管理進行討論。

「金錢好嗎？」許多持消極心態的人常說：「金錢是萬惡之源！」但是《聖經》上卻說：「貪財是萬惡之源！」這兩句話雖然只有一點差異，卻有很大的區別。

美國作家泰勒．希克斯（Taylor Hicks），他的著作《心靈充滿靈魂》（*Heart Full of Soul: An Inspirational Memoir About Finding Your Voice and Finding Your Way*）鼓舞了許多內心失落的青年人。他曾經針對擁有金錢提出他的看法，認爲金錢可以在下列十二個方面，生活得更美好：(1)物質豐富；(2)適當的娛樂；(3)接受更高的教育；(4)休閒旅遊；(5)更好的醫療照顧；(6)退休後的經濟保障；(7)與朋友分享；(8)更強的信心；(9)更充分地享受生活；(10)更自由地表達自我；(11)激發自己取得更大成就；(12)提供從事公益事業的機會。

事實上，人類社會發展的歷史證明：金錢對任何人、家庭以及社會都是重要的。金錢是有益的，它使人們能夠從事許多有意義的活動。因此，只要不是「貪非分之財」或「愛財不擇手段」，個人在創造財富的同時，也正如泰勒．希克斯所指，除了利益自己之外，也對他人和社會做出貢獻。

本章根據「讓我的成就得以實現——爲成長增加價值」的主題，討論三項議題：爲你一生的財富定位、打造財富的敲門磚以及掌握財富的有效策略。首先，關於「爲你一生的財富定位」，討論內容包括：成功與致富、金錢的故事、殷勤與認眞，以及錢財如流水。其次，「打造財富的敲門磚」，討論內容包括：培養賺錢的人格特質、個性與態度、避免獨占之心，以及對人生充滿信心。最後，關於「掌握財富的有效策略」，討論內容包括：從白手到富有、理財與致富有方，以及掌握致富之道。

金錢無罪，唯有貪財才是萬惡之源。
因此，人生中任何有價值的事情，都值得為它奮鬥。

——拿破崙・希爾《一生的財富》

一、為你一生的財富定位

隨著現代社會的不斷發展，人們對生活水準的要求不斷提高。現實生活中，我們每個人都承認：「金錢不是萬能的，但是，沒有金錢，卻又是萬萬不行的！」

我們每個人都需要擁有一些財產，包括寬敞的房屋、實用的家具、現代化的電器、流行的服裝以及安全性能的轎車等等，而這些都需要用錢去購買。人們的消費欲望永無止境，當你擁有了自己朝思暮想的東西之後，你會渴望得到新的、更好的東西。這樣的話，你年輕時，會更努力讀書；成年後，會更努力工作，以便擁有自己希望的生活。

在現代社會中，金錢是一種交換的手段，金錢就是力量，但金錢可拿來做壞事，也可以用於做好事。舉例來說，已故的成功學家拿破崙・希爾（1883-1969）用一生的豐富經驗，他的「希爾基金」以及他的許多著作，例如：《思考致富》（*Think and Grow Rich*）、《成功與致富來自信念》（*Succeed and Grow Rich Through Persuasion*）、《一年致富》（*A Year of Growing Rich*），實實在在地激勵了成千上

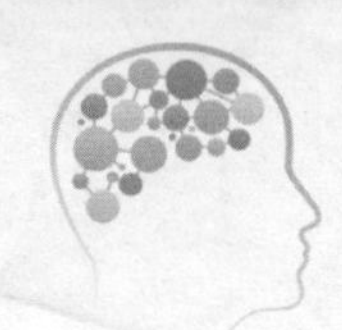
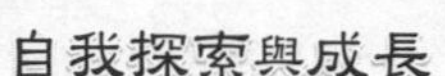

萬的人，以認眞思考與努力實踐取得財富。其中有下列三件事，特別值得一提。

首先，印度聖雄甘地（Mohandas Karamchand Gandhi）在閱讀他的著作後，與他會面談論致富之道。隨後通令全國學習希爾的成功致富學，希望讓印度邁向富強。其次，希爾擔任菲律賓政治家奎松（Manuel L. Quezon）的顧問多年，他的成功致富學大大的影響著奎松，結果二十四年後，他成爲菲律賓總統。第三，輪船大王羅伯特．達拉（Robert Dollar）研讀希爾的成功致富學後，他帶著惋惜的口氣說：「假使我在五十年前就學到拿破崙．希爾的法則，只要一半的時間，就可取得目前的成就！」

(一)成功與致富

世界上有不少所謂「有錢人」，但是，他們並不一定是「富有的人」，因爲他們缺少對他人的影響，以及與他人分享財富。換言之，這些「有錢人」，一生雖然有錢，但並不算成功。安德魯．卡內基的故事將使讀者深信，卡內基能與別人分享他所擁有的一部分東西：金錢、哲學以及其他東西。

安德魯．卡內基是一個貧窮的蘇格蘭移民家庭的孩子，經過一生的努力，變成了美國最富有的人。他那動人的經歷和勵志哲學，我們可以在《安德魯．卡內基自傳》中學習到。卡內基一生勤奮地工作，直到八十三歲逝世。在此期間，他一直努力致富，同時也明智地與人們共享巨大的財富。1908年，十八歲的拿破崙．希爾訪問了這位偉大的鋼鐵大王、哲學家和慈善家安德魯．卡內基。第一次訪問持續了三小時之久。卡內基告訴希爾：「我最巨大的財富不是金錢，而是在我的哲學中。人生中任何有價值的東西，都值得爲它而奮鬥。」

雖然當時僅十八歲的希爾，不見得能全然體會卡內基的話，後來希爾瞭解了，他說：「應用這句自我激勵警句就會得到幸福、健康以及財富。任何人都能學會和應用安德魯·卡內基的人生準則。」

此後，拿破崙·希爾在這句話的激勵下，首次創造出最系統、最全面的《成功定律的16堂課》（*The Law of Success In Sixteen Lessons*），提出了最激勵人心的成功定律。在希爾的成功學的影響下，全世界成上千萬的人從一無所有到功成名就，無不是由於希爾成功學的激勵。

這些人，除了上面提到的印度聖雄甘地、菲律賓總統奎松、輪船大王羅伯特·達拉之外，還包括柯達公司總裁伊士曼（George Eastman）、刀片大王吉利（King Camp Gillette）、汽車大王亨利·福特（Henry Ford）以及約翰·洛克菲勒等的成就，無不是希爾成功學的鐵證。

(二)金錢的故事

金錢可以用來做壞事，也可以做好事，關鍵在於用在正確的方面，金錢除了滿足基本生活花費外，還可用於慈善事業。例如，洛克菲勒家族透過贈予金錢給成千上萬的人帶來了幸福。在十九、二十世紀之交，許多曾使美國工業蓬勃發展的大人物開始陸續離開人世，他們的龐大家產將落在誰的手中，不少人都很關心這件事。人們預料那些繼承人大多數將不會守住繼承的事業，會將遺產揮霍掉。

就拿大名鼎鼎的鋼鐵大王約翰·蓋茨（John Gates）來說，他曾在鋼鐵工業界因冒險精神而贏得「一贏百萬金」的稱號。後來他把家產傳給兒子，兒子卻揮霍無度，以致人們給他取了一個綽號叫「一擲百萬金」。此外，人們自然也以極大的熱情關注著小洛克菲勒，他成爲一位成功的財富繼承者。1905年他在《世界主義者》（*Cosmopolitan*）雜誌發表了一組題爲「他將怎麼安排它」（How will he arrange it?）的

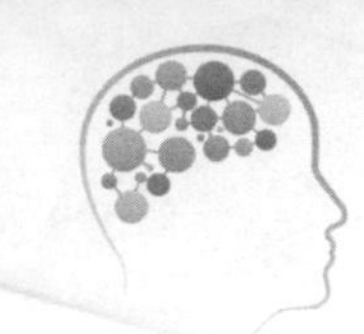

論點，開場白這樣寫道：

> 人們對於世界上最大的一筆財產，即約翰·洛克菲勒先生的財產今後的安排感到很大興趣。這筆財產在幾年之中將由他的兒子小約翰·洛克菲勒來繼承。不言而喻，這筆錢影響所及的範圍是如此廣泛，以致繼承這樣財產的人完全能夠施展自己的財力去徹底改革這個世界。……或是就用它去做壞事，使文明推遲四分之一個世紀。

此時，在老洛克菲勒晚年最信任的朋友蓋茨牧師（Pastor Gates）的愛心與誠心建議下，他已先後把上億的巨款，分別捐給學校、醫院、研究所等，並建立起龐大的慈善機構。對所建立的慈善機構，老洛克菲勒雖然進行了大量的投資，但當時在感情上，老洛克菲勒對這種慈善事業，他還是冷漠的。他更看重賺錢這門藝術，致力於怎樣把錢從別人口袋裡賺到自己手中，是他畢生的工作，也是他活著的唯一動力。後來，小洛克菲勒曾回憶說：「蓋茨牧師是位傑出的理想家和創造家，我則是個推銷員，隨時隨地向我父親推銷的中間人。我們是志同道合的。」

在老洛克菲勒「心情愉快」的時刻，例如飯後或坐車出去散心時，小洛克菲勒往往就抓住這些有利時機進言。果然有效，他的一些慈善計畫常常會得到父親同意。在十二年的時間裡，老洛克菲勒一共投資了446,719,371美元給他的四個大慈善機構：醫學研究所、普通教育委員會、洛克菲勒基金會，以及和勞拉·斯佩爾曼·洛克菲勒紀念基金會。

在投資過程中，他把這些機構交給了小洛克菲勒。在這些機構的董事會裡，小洛克菲勒有非常積極的作爲，他除了幫助推行計畫，還物色了不少傑出顧問人才來管理指導這些機構。

1901年，小洛克菲勒應慈善事業家羅伯特·奧格登之邀，和五十位知名人士一起搭乘火車考察南方黑人學校，這是一趟歷史性的旅行。回來後，小洛克菲勒寫了幾封信給父親，建議創辦普通教育委員會，老洛克菲勒在接信後兩個星期內，就給了他1,000萬美元，一年半以後，又陸續捐贈了3,200萬美元。

對於善用金錢而言，洛克菲勒父子與他們的基金會可以說是舉世無雙，給世人留下美好的榜樣。下面是一些點點滴滴的項目，提供參考：

- 1910年買下緬因州一個景色優美的島嶼，後來捐給政府成爲阿長迪亞國立公園。
- 1911年資助創立紐約市社會衛生局。
- 1914年創設中國醫學會，並在北京設立協和醫學院與協和醫院。
- 1924年爲懷俄明州的黃石公園提供美化工作，成爲美國政府一項永久性的政策。

洛克菲勒基金會發起美國的衛生、教育和福利事業。爲世界各地的飢荒提供糧食供應。同時，由基金會資助的一些傑出的科學家，發展了玉米、小麥和大米的新品種，對全球未開發與開發中國家提供了廣泛的技術援助。某些基金還被用於資助科學技術方面的研究工作，例如在加州建造了世界上最大的天體望遠鏡，在加州大學裝置了有助於分裂原子的184英寸迴旋加速器。

在美國，有超過一萬六千名科技人員享受了洛克菲勒基金提供的費用，他們當中有不少人是世界一流的科學家。根據美國媒體的報導，除了上列關鍵的貢獻之外，還有以下八項公益壯舉：

1.小洛克菲勒爲保護自然，花了幾千萬美元。
2.建設阿長迪亞國立公園花了300多萬美元。
3.購買土地，把特賴思堡公園送給紐約市花了600多萬美元。
4.替紐約州搶救哈得遜河的一處懸崖花了1,000多萬美元。

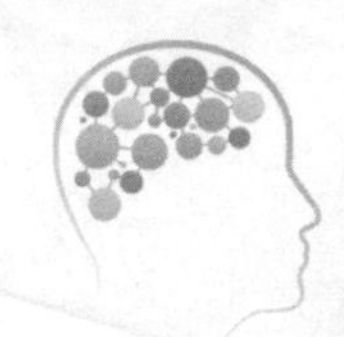
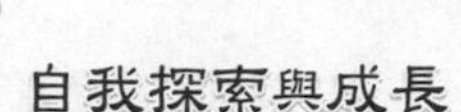

5.捐贈200萬美元給加州「搶救繁榮杉林同盟」。

6.捐贈160萬美元給約塞米國立公園。

7.捐贈164萬美元給謝南多亞國立公園。

8.花去1,740萬美元買下三萬多畝私人地產，把大特頓山的著名景觀「傑克遜洞」完整地奉送給公眾。

在老洛克菲勒在世的最後二十年中，他陸續捐出超過5億美元，留下相等的金錢給兒子小洛克菲勒。他給自己只留下總額約二十分之一價值（約20萬元）的股票。這筆龐大的家產留給小洛克菲勒，但他從來就把金錢看作是用以改善人類生活的工具。他說：

> 給予是健康生活的奧秘……金錢可以用來做壞事，也可以是建設社會生活的一項工具。

小洛克菲勒所贊助的事業，無論是慈善性質還是經濟性質，都是範圍廣大而深遠，而且在投資前，都經過了詳細調查。我們確信，有大量金錢必然帶來幸福的觀念並未使人們因有錢而得到愉快。愉快來自能做一些使別人滿意的事。說這話的人是老洛克菲勒，但徹底實踐的卻是他的兒子小洛克菲勒。對他來說，贈予似乎就是本職、天職與專職。

世界上，再沒有比錢包滿滿更能使人放心的了，或者銀行裡有存款，或者保險櫃裡存放著股票，無論那些對富人持批評態度的人怎樣辯解，金錢的確能增強憑正當手段來賺錢的人的自信心。在實際生活中的許多事情告訴我們，隨著個人財富的增長，他的自信心也隨之增強。拿破崙·希爾說：

> 錢，好比人的第六感官，缺少了它，就不能充分推動其他的五個感官。這句話眞實地道出了金錢對於消除貧窮感的作用。

有家業的男人會擔心被解僱，當他爲自己的嗜好花了好幾千塊錢時，會有一種犯罪感。因爲這筆錢可以買許多生活必需品，因缺錢而產生的壓力阻止他自己想做的事，他的欲望受到壓抑，他被縛住了手腳。如果你渴望自由，如果你渴望表現自我，就把它們當作賺錢的動力吧！這種動力也是強有力的刺激源，讓你邁向成功致富。

(三)殷勤與認眞

爲個人一生的財富定位時，除了繼承與機會之外，更重要是個人的殷勤與認眞，才能夠像洛克菲勒家族一樣，讓致富與成就的人生連接起來，否則就如加拿大鋼鐵大王約翰．蓋茨，他曾因冒險精神而贏得「一贏百萬金」稱號，後來他兒子卻揮霍無度而得到綽號「一擲百萬金」。繼承大筆財富，最主要的缺點在於，經常會使繼承者變得懶惰並失去自信。

成功學家拿破崙．希爾早年曾擔任某位大富翁的秘書。那位先生將他的兩個兒子送到外地上學。拿破崙．希爾的工作之一就是每個月各開一張1,000美元的支票給他們，這是給他們隨意花費的零用錢。後來，這兩個人帶著文憑回家了，他們還從學校帶回了文憑以外的其他東西——好酒量。因爲，他們每人每月所收到的1,000美元，讓他們不必去爲生活奮鬥，也因此使他們有機會訓練酒量。

幾年之後，他們的父親破產了，而那棟豪華大住宅被公開拍賣出售。兩兄弟中，有一人死於精神錯亂，另一人住在精神病院中。並不是所有的富家子弟都有如此悲慘的下場，但是，懶惰會造成畏縮，畏縮會導致進取心及自信心的喪失。一個人缺乏這些基本的優點，終其一生都要在不穩定中生活，就如同一片枯葉隨風飄浮。

拿破崙．希爾認爲許多人能夠在這個世界上功成名就，主要是因爲他在生命初期就被迫爲生存而奮鬥。許多父母因爲不知道從奮鬥中

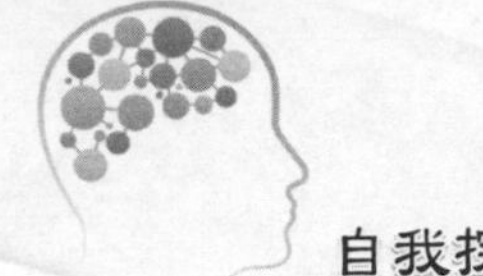

可以培養出進取心，但是他們會這樣說：「我年輕時必須辛苦工作，但我一定要我的孩子能過得舒服。」這眞是所謂「天下父母心」的通病，既可憐又愚笨。

生活過得「舒服」，通常反而會害了孩子。努力工作以及強迫自己有最好的表現，並使你培養出節儉、自制、堅強的意志力、知足常樂及其他一百項以上的美德，這些都是懶惰的人永遠得不到的。因此，有句警語說：「懶惰使人畏縮，唯有殷勤與認眞才能成功。」

(四)錢財如流水

俗語說：「錢財和水一樣，往低處流。」這也就是說：越謙虛的人，越能賺到錢。擁有客氣的態度，對於生意人來說具有特別的意義。所謂和氣生財；對顧客採取低姿態，是生意人的基本態度。美國石油大王洛克菲勒從事的石油事業蒸蒸日上時，晚上睡覺前，他總會拍拍自己的額頭說：「如今你的成就還是微乎其微，以後路途仍多險阻，若稍一失足，就會前功盡棄。切勿讓自滿的意念，攪昏你的腦袋，當心！當心！」

人們大多會有一種想法：愈是謙遜的人，你愈是喜歡找出他的優點來推崇；愈是認爲自己的所作所爲很了不起，孤傲自大的人，你愈會瞧不起他，更喜歡找出他的缺點，加以全力攻擊。洛克菲勒正是明白這個道理，才勸說人們要謙虛，尤其在稍有成就時應格外當心，不要驕傲。只要先警惕在心，若因小有所成而引起的過度興奮情緒，很快便平靜了。樂極生悲，過度興奮就會出差錯。就像打麻將一樣，胡了一副大牌就開始心神不寧，接下來如果情緒不穩定就容易打錯牌。

金錢就像流水一樣，由高處往低處流，愈到下游，覆蓋的面積愈大，土地也愈肥沃，賺錢的情形就是這樣。採取低姿態、謙虛、滿懷感恩之心的人，金錢會順流向他而去。愈是有涵養、穩重的君子，態度愈謙虛；相反的，毫無內涵、輕薄的小人，態度愈驕傲。愈是賺大錢的人，態度愈謙虛。想要賺錢你就要有謙虛的態度。如此，金錢必會像水一樣，不間斷地向你湧來。

二、打造財富的敲門磚

一位學習成長與發展中的年輕人，當你「爲一生的財富定位」之後，更重要的工作是如何「打造財富的敲門磚」。這個「財富的敲門磚」包括以下四項學習的功課：培養賺錢的人格特質、個性與態度、避免獨占之心以及對人生充滿信心。

(一)培養賺錢的人格特質

培養賺錢的人格特質是財富的第一個敲門磚。許多人錯誤地認爲賺錢是靠「技巧」，這種觀念特別呈現在股市投資人身上。他們不肯用心研究投資的對象或市場的大環境，反而專門打聽「明牌」與「小道消息」，並且絕對相信。關於這個問題，請參閱本人的專著《股票投資的危機處理》與《一生的理財規劃》。現在綜合一些重要觀點，指出成功投資者的六項人格特質，提供參考。

1.「可靠」是優秀的投資者人格的奠基石。有品格的人信守信諾，在已議定的條件下，說出來，就要做到，獲得他人信賴。信守信諾的人，讓他人感覺得「信賴」，更讓自己的投資行爲「可靠」。
2.「意念」會成爲投資者人格中永遠的一部分。它是一種個人「能量」或「潛力」展現的形態，直接或間接地影響投資行動的決策取捨。

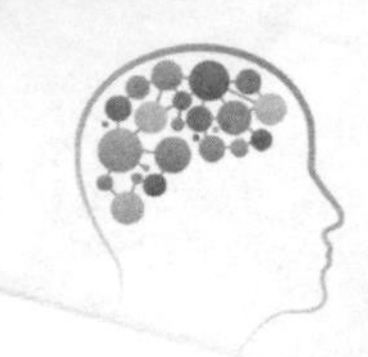

3.「誠實」是投資者人格的精神特質，不是金錢可以衡量的。雖然投資是物質取向的金錢交易行爲，就長遠來看，誠實具有投資風險低，回報較高的人格特質。

4.「奮鬥」是另一項重要投資人格。投資是一項「得失」與「取捨」的遊戲。經驗告訴我們，競爭鼓舞我們克服困難，並將我們推上成功。

5.「靜思」是投資人運用時間的最有益的方式。「靜思」的最大效益是產生「熟慮」，從中搜尋出正確投資指引和方向。

6.「自制」的投資人，能夠完全控制自己的行爲，才能當自己的主人。成功者之所以在工作及事業上取得成就，因爲他們展現了管理自己的能力。

那些生活不幸福的人，
永遠都不會意識到使自己的人格完整、和諧，
與保持自身整潔、健康和經濟上的富足是同等必要的。

——海特（Gilbert Highet）《學習的樂趣》（*The Pleasure of Learning*）

(二)個性與態度

個性與態度是財富的第二個敲門磚。話說，王先生是一個樂天知命的公司負責人，不論洽談生意成功與否，臉上常掛著笑容，走起路來抬頭挺胸，從來不怨天尤人，朋友都很喜歡和他在一起。張先生則爲人悲觀、老是沒精打采的年輕工廠老闆，繼承父親的事業。遇到困

擾就愁眉苦臉，因爲受他的影響，他的員工沒有太多工作熱情，上司屬下關係稍微有一點緊張。

由於王、張兩人處世的態度不同，做事的方針便有差異。王先生樂觀積極，員工也很活躍，遇有新構思和提議，也樂於和王老闆分享，公司全員充滿幹勁，富有進取精神。張先生的公司恰恰相反，員工們受他的影響，死氣沉沉，公司上下缺乏朝氣，這家公司當然難以發展。

會賺錢的人肯定是王先生。因此，建議朋友們抬頭挺胸，談笑風生，用快樂感染周圍的人。保持活力的形象有助你賺錢。另外，找朋友也要找樂天派，從他的情緒，你也會跟著積極向上。

(三)避免獨占之心

避免獨占之心是財富的第三個敲門磚。拿破崙・希爾曾向一家公司董事長推薦一位具有相當水準的朋友。他是個很會賺錢的人才，能力非常強。假若這位董事長能重用他，對公司一定有很大的幫助。他果然備受董事長的信任，所設計的商品推出後，沒多久就受到大衆的歡迎，賺了一大筆錢。可是，賺了錢的董事長卻沒有將紅利分給這位朋友，他得到的仍是固定的月薪。

這位朋友很快就被另一家同行給挖走，這位朋友對原來的董事長也疏遠了。由此，董事長失去了這位朋友，也失去了很多賺錢的機會。這位董事長是位典型的具有獨占利益觀念的人。也許他也知道這樣不好，可是本能的愛財使他原諒了自己。我們只能表示可惜，因爲這位董事長既有能力又有經驗，只是他的獨占之心限制了事業發展。

有些人在還沒有賺錢之時，也許有這樣的想法：「等賺了錢，我一定要好好回報他們。要是賺了錢，我一定把其中幾分之幾拿出來，分配給大家。」可是一旦錢賺到手，想法就完全變了，稍有良心的，

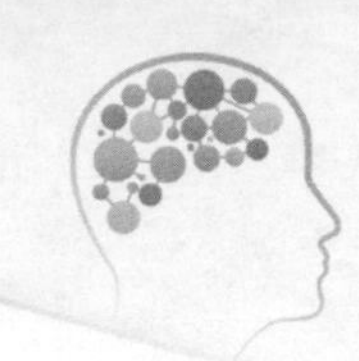

就只拿出少之又少的一部分來慰勞大家。這樣的人，太貪心，最後一定是衆叛親離。記得，2017年在台灣勞資爭論不停的休假與加班費問題，老闆們爭的是，新制的加班費要增加一大筆支出，但是，老闆們卻不敢提出這項增加支出是總收入的百分比率，爲什麼？或許僅是「九牛一毛」？！

相對的，越是富有的人，越不會鋪張浪費，揮金如土；而錢少的人則往往喜歡擺闊。就以旅行爲例，眞正的有錢人每次出外旅行時，穿的都是輕便的休閒服、球鞋。他們並沒有感到寒酸或丟人現眼。相反的，沒錢的觀光者，經常穿金戴銀，好像唯恐天下的人不知道他很有錢似的。筆者記得，在1987年夏天，從舊金山飛往紐約的經濟艙，有緣與鄰座的老先生聊天，後來得悉他是位退休的億萬富翁，慷慨捐給加州某大學500萬美金。他不搭乘頭等艙的理由是：那裡的座位空間是一扇牆。

事實上，越是有錢的人，往往不在乎使用廉價物品，而沒有錢的人都怕使用廉價物品會降低了他們的身分。這種「打腫臉，充胖子」的心態，是人類的一種悲哀。

(四)對人生充滿信心

對人生充滿信心是財富的第四個敲門磚，也是最關鍵的財富敲門磚。我們經常在電視上看到這樣的廣告鏡頭：一位上了年紀而精神不錯的男人挽著一位妙齡女郎。這位男人看起來是上了年紀的成功男人，在他身上仍有年輕人精力充沛、旺盛的影子。然後，置入性行銷商品。

這類廣告應該有效。人們看到這一對老少，並不會產生不協調的感覺。一個人只有精神充沛，才能對事業鍥而不捨。健康的身體才是賺錢的本錢。因爲身體不佳，對於自己、對於世界都會失去希望。

隨著年齡的增長，不但要保養好你的身體，而且要永遠保持年輕的心。如果你抑鬱寡歡，多愁善感，毫無自信，失去了追求的目標，你的身體也會隨之快速衰老。讓你的生理年齡和心理年齡都遠遠小於你的實際年齡，你將更吸引人。因此，每天愉快地生活吧！不要太勞心。

三、掌握財富的有效策略

當一個人想賺錢，只培養賺錢的人格特質與打造財富的敲門磚是完全不夠的，他必須能進一步發揮潛力——掌握財富的有效策略。大部分希望賺錢的人，他們最大的難題是缺少資金。法國以《茶花女》（*La Dame aux Camélias*）著名的劇作家小仲馬（Alexandre Dumas, fils）他的劇本《金錢問題》（*La Question d'Argent*）中這樣說：「是的，商業就是那樣的簡單：借用他人的資金來達到自己的目標。這是一條致富之路。」

每個明白金錢重要性的人，都會對它產生「期望」，但空泛的期望並不能創造出財富，只有計劃出正確的路線，才能成功致富。

——羅蘭

財富是一種有用的事物，但是，只有在你覺得滿足的時候，它才會帶給你快樂，否則，一旦你成為它的奴隸，你的一生將毫無意義。

——蕭伯納

你是那種說自己發不了財的人嗎？爲什麼你不能發財？現在每天每分鐘就會出現一個百萬富翁，而擁有財富是人生成功的展現。

成爲百萬富翁的秘訣何在？假如你花個幾小時、幾個禮拜甚至幾個月去觀察並找出任何人成功的原因，你就會發現許多人之所以富有，是因爲他們擁有了打開財富之門的鑰匙。

有一個老漁翁在河邊釣魚，旁邊有一個孩子一直在默默地看著老人釣魚。老漁翁精通釣魚之道，技術純熟，僅僅一個上午就釣了一簍滿滿的魚。老漁翁看著旁邊的孩子非常可愛，就要把這些魚全都送給他。可是，孩子搖了搖頭。老漁翁詫異地問道：「我送給你這麼多的魚，你爲什麼不要呢？」

孩子說：「我要您手裡的釣魚竿」。

老漁翁說：「你要釣魚竿做什麼？」

孩子說：「這一簍子魚，我幾天就吃完了；要是我有了釣魚竿，可以自己釣魚，這樣就一輩子也吃不完。」

老漁翁笑著說：「光有釣魚竿也不行，還得學會釣魚的技術。」

於是，老漁翁不但把釣魚竿贈送給孩子，還將釣魚的技術傾囊相授，孩子學會後道謝而去。

「萬貫家財不如一技在身」，眞正成功致富的人不是靠父母的蔭庇，而是憑藉一種想要過一個更優越、更豐富而且更幸福生活的欲望，努力去找尋成功致富的鑰匙，自己去打開財富的大門。

(一)從白手到富有

霍瑞休・艾爾傑（Horatio Alger, Jr.）是克里蒙特・斯通（W. Clement Stone）的「老朋友」。斯通第一次遇見他是在密西根州的避暑農莊裡，那時斯通只有十二歲。有一天斯通爬到頂樓時，在那裡「遇見」艾爾傑。頂樓上至少有五十本他所寫的書，積滿灰塵地堆在一角。斯通拿了一本書到前院的吊床上去閱讀。那年夏天，他把艾爾傑寫的書全都看完了。這五十多本書每本的主旨都是：從襤褸到富有。

艾爾傑所寫的書銷售了多少本？沒有人知道。他寫的書激勵了成千上萬窮苦人家的孩子：「努力去做對的事，只因爲它是對的以及獲得財富。」後來斯通根據艾爾傑的書，結合自己的切身體驗，列出有關成功致富的原則：

1.自己本身就是財富：對於一個充滿幹勁的人而言，自己本身就是一筆龐大的財富。只要自己能夠站穩，不愁將來賺不到錢。
2.財富在於累積：每個人都希望自己的財富越多越好，但是一些薪水階級的人，總認爲財富是遙不可及的夢想。其實只要掌握了訣竅，任何人都可以成功致富。
3.學會支配財富：一個公司如果只顧賺錢，而忘記加以運用，那麼業績一定會急速下降。錢只有在使用時，才會產生它的價值，如果放著不用，就根本毫無意義。我們不僅要善於獲得財富，還要善於支配財富。
4.正確認識財富：金錢在我們的日常生活中，占著非常重要的地位。雖然不同的人有著不同的金錢觀，但我們每個人都不應該排斥財富。
5.獲得財富的正當手段：爲獲得財富而拚命努力是應該的，但是絕不能用不正當的手段來獲取財富，唯有靠自己努力工作所得到的，才是最值得讚賞的財富。經過一番努力才獲得的財富是可貴的，而未經努力所得到的財富，只會使人墮落。
6.財富的眞正意義：有許多人不惜冒著生命的危險，上山或下海地尋找寶藏。然而，因爲財富而使整個人大爲改變的人，會失去許多比財富更有價值的東西。財富的眞正意義在於它能使我們做自己的主人，從而創造更多的價值。

克里蒙特·斯通的這些原則，是幫我們成功致富的良方，在這一章裡，我們將對這些原則詳細闡述。

(二)理財與致富有方

在每年10月份，諾貝爾獎委員會都會公布一系列獲獎名單。而諾貝爾獎之所以能受到全球矚目，不單因為它代表著學術界最高的榮譽，主要的原因還是因為每個獲獎者可獲得高達一百萬美元的獎金。

諾貝爾基金會每年發布五個獎項，也就是每年必須支付高達500萬美元的巨額獎金。我們不禁要問，諾貝爾基金會的基金到底有多少？才能夠承擔得起每年巨額的支出。事實上，諾貝爾基金會的成功，除了諾貝爾本人在一百年前捐獻一筆龐大的基金以外，更重要的是要歸功於諾貝爾基金會的理財有方。

諾貝爾基金會成立於1896年，由諾貝爾捐獻980萬美元。由於該基金會成立的目的是用於支付獎金，所以基金的管理不容許出任何差錯。因此，基金會成立初期，其章程中明確地規定基金的投資範圍，應限制在安全且有固定收益的投資標的上，例如銀行存款與公債，特別需要注意的是不能投資於股票或房地產，以避免基金暴露於價格漲跌的風險之中。

這種保本重於報酬率、安全至上的投資原則，的確是穩健的做法，基金不可能發生損失的情況。但犧牲報酬率的結果是：隨著每年獎金的發放與基金運作的開銷，歷經五十多年後，低報酬率使得諾貝爾基金會的資產流失了將近三分之二，到了1953年該基金會的資產只剩下300多萬美元。

眼見基金會的資產將逐漸消耗殆盡，諾貝爾基金會的理事們及時覺醒，意識到投資報酬率對財富累積的重要性，於是在1953年做出了突破性的變革。他們更改基金管理章程，將原先只准存放銀行與買公債，改變爲應以投資股票、房地產爲主的理財觀。資產管理觀念改變後，一念之差從此扭轉了整個諾貝爾基金的命運。在其後的四十年，巨額獎金照發、基金會照常運作，而到了1993年時，基金會不但將過去的虧損全數賺回，而且基金會的總資產也增長到2.7億美元。

如果四十年前諾貝爾基金會沒有改弦易轍，仍保持著以存銀行爲主的理財方式，那麼諾貝爾基金會現在早已因發不出任何獎金而銷聲匿跡了。

諾貝爾基金會成長的歷史，再次驗證了理財的重要性。基金會初期基金金額雖大，若理財無方，就根本無法承受長年的入不敷出；相反地，坐吃山空的速度雖快，若善於理財的話，財富增長的速度將更快。

致富的想法幾乎人人都有，爲何只有少數的人才能達成？是因爲這些人運氣特別好嗎？還是因爲他們格外聰明呢？事實上，其差別就在於觀念與行動。任何人的成功與財富都不是偶然得到的，而是妥善規劃、積極行動與反覆實踐的結果。

幾十年前諾貝爾基金改變方針才保有了今天的地位，而安全至上的投資原則，無疑將使資產消耗殆盡。同樣地，個人、家庭、企業或其他團體，財富之多寡與消長，要看他們以何種方式投資與置產。

那麼，你在數十年後，是會像早期的諾貝爾基金逐漸萎縮呢？還是像後期的諾貝爾基金快速增長呢？關鍵在於你的資產是以何種方式投資？倘若你和多數人一樣，仍將多數的錢存在銀行，那麼請及時覺醒，爲時未晚。諾貝爾基金會只因爲改變理財觀念而扭轉情勢。你也應該改變你的理財習慣，開啓你理財之心智，那麼，數十年後，你便可望擁有更多的財富！

(三)掌握致富之道

一天晚上，在「成功的科學」班上，一位在一家大廣播公司裡兼

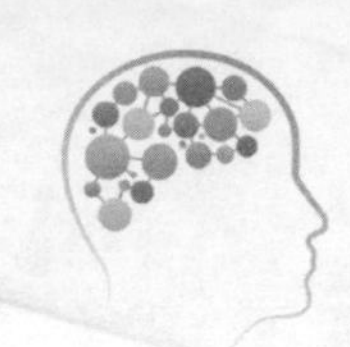
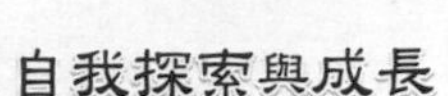

差的音樂教師，突然站起來問克里蒙特・斯通：「斯通先生，積極的人生觀如何能幫助我？我的一生之中，如果只是做一位音樂教師，我永遠不可能期望每個星期賺到100元以上。一般音樂教師都像我一樣不敢有這種奢望。」

斯通立刻回答他：「你說的完全正確！你永遠不可能每個星期賺到100元以上——如果你相信是這樣的話。但是如果你相信你能夠賺到250元、300元、350元，或任何數目的錢，你就會像一個星期賺到100元錢一樣容易地賺到這些錢。請記住拿破崙・希爾在《思考的力量》中所說過的那句自我激勵的名言：『思想所相信的事，靠思想就可以達到它。』今天晚上你帶著感情地把這兩句話說五十遍以上，然後再訂出你的目標。把目標訂高一點，接著再採取行動，最後請你告訴我結果怎麼樣。」

三個半月以後，這位教師給斯通的信中說：「自從我參加了『成功的科學』班之後，我已走出了迷宮，我的健康比以前更好。在過去的十個星期之中，我平均收入已經跳升到一個星期370元到380元。儘管我每天多工作了幾個小時，但是我的人生觀變成更積極、愉快。」

那麼這位音樂教師是如何創造了對他來說以前根本達不到的財富呢？原來有一天下午，當一位著名的演員以貴賓身分到廣播公司時，這位音樂教師決定採取行動。他遵行了斯通教給他的自我激勵的話：現在就做。

於是，他非常熱情地告訴這位演員，如果一個人從學會彈奏一件樂器進而熱愛音樂，就會獲得很多的樂趣。那位演員聽了之後，就邀請這位音樂教師教他。那位演員付得起學費，何況這位老師還願意配合他的時間，配合他的行程表來教他。

由於這位音樂教師具有了新的人生觀，他找尋原則，並且從經驗中獲得了訣竅。在其他貴賓來到廣播公司的時候，他就向他們大力推銷學習及喜愛音樂的快樂。他說只要教授方法正確，學習樂器是非常容易的事。他只是重複應用影響那位演員的那一套，讓他獲利不少。

這就是這位教師怎樣獲得財富的方法。在教授音樂之外，他還尋求其他方式來賺更多的錢——由於他尋求，他也找到了。

在給斯通寫這封信的時候，這位音樂教師仍然教授音樂以及在同一家廣播公司工作。他仍然是同一個人，那麼發生了什麼事使他改變了呢？是誰使得這些事情發生了呢？是斯通的積極人生觀的巨大魔力！這位音樂教師對於斯通給他的建議有了反應，他運用了自我暗示的方法，爲自己設立了一定的目標，並努力尋求方法以使自己的目標得以實現，他果眞做到了。同樣地，如果你也具有獲得財富的決心，那麼你完全可以像這位音樂教師一樣，根據自身的條件找出你可以創造財富的方法！

四、成長加油站：振鋒拚出吊鉤世界冠軍

2017年1月9日新聞報導，位在台中工業區的振鋒企業拚出了吊鉤世界冠軍。

振鋒企業於1985年成立，董事長洪榮德當時年僅二十五歲。一開始專業製造鏈條與鋼索吊鉤配件，但洪榮德認爲吊鉤市場相當可爲，且製造業是國家的根本，因此在1996年響應產業根留台灣，於台中工業區購地建廠，創立自有品牌“YOKE”，生產吊鉤及相關配件。

相當重視品質的洪榮德，要求工廠所生產的吊鉤一定要符合安全規定標準，而且還要超過標準，因此在業界建立好口碑，每年營業額達7、8億。

振鋒在2008年金融海嘯時面臨重大考驗，營業額一下子掉到4億左右，當時有很多企業倒閉，雖然當年振鋒仍有盈餘，但因營業額下降，仍不得不裁員。爲降低員工對於遭到裁員的傷害，洪榮德協助有

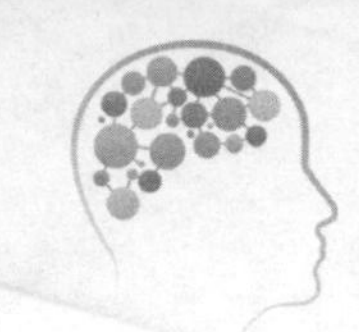

意創業的員工擔任振鋒的代工廠，而在振鋒營運恢復往日業績時，洪榮德還回聘當年被裁、願意再回公司的員工。

由於洪榮德發現過去經營的盲點，開始進行戰略的改變，實施「物美價廉，快出快進」的策略，就是依然將吊鉤品質達至安全標準，但去除不必要的成本浪費，讓吊鉤維持品質卻降低價格，且要求進出貨流暢。戰略改變後，振鋒的營業額恢復到8億，且每年營業額都呈現20～25%成長，2016年營業額已達20多億元，並且年年持續成長。

振鋒雖屬中小企業，隱身在台中工業區，占地五千多坪，員工約三百多人。有些企業不太喜歡僱用年輕人，洪榮德卻喜歡進用年輕人，他認為年輕人有活力、有創意，雖容易犯錯，但管理者只要會教，年輕人會成為公司的資產。振鋒相當重視員工福利，洪榮德會撥利潤的10%作為年終獎金。此外，洪榮德還相當有愛心，成立慈善基金會，發放獎助學金給清寒學生，讓學生不因家境清寒而影響就學。

1.美國作家泰勒．希克斯認為金錢可以在哪十二個方面，生活得更美好？

2.「有錢人」與「富有的人」的差異是？

3.請舉例說明金錢可以用來做壞事，也可以做好事。

4.為什麼懶惰使人畏縮，唯有殷勤與認真才能成功？

5.為何金錢就像流水一樣？

6.成功投資者的六項人格特質是什麼？

7.避免獨占之心，為何對致富很重要？

8.你認為成為百萬富翁的秘訣何在？

9.克里蒙特．斯通的成功致富原則是什麼？

第十一章

腦筋是倉庫還是工廠?!

——爲成長高歌一曲

- 回應成就的深切召喚
- 編寫我們的成長歌曲
- 讓我們成長目標實現

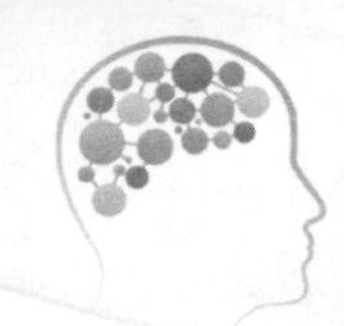

生命，正如著名德國哲學家、詩人與作曲家尼采所說：生命是獲取知識的工具，我們要進一步指出：人類生命的潛能好像一個有待開發的金礦，有無窮寶藏和無比價值。可惜，由於沒有進行各種訓練，人的潛能從未得到完全的發揮。否則，只要發揮了足夠的潛能，任何一個平凡的人都可以透過學習成長與發展過程中，成就一番個人的偉業。因此，你也可以成爲「愛因斯坦」。

在本書最後的一章，我們要愼重地思考一個問題：我的腦筋是倉庫？還是工廠？

如何將我們所學習到的知識與專業技能發揮「工廠」的作用？——發揮我們生命中的無限潛力，以便回應成就與成功的召喚。相反的，它不應該僅是儲藏知識的「倉庫」而已，在學習與成長的道路上面對願景邁進。根據「爲成長高歌一曲」的副題，討論三項議題：回應成功的深切召喚、編寫我們的成長歌曲、讓我們成長目標實現。

首先，關於「回應成功的深切召喚」，討論內容包括：天賜我們巨大潛力、我們的潛能無窮盡。其次，「編寫我們的成長歌曲」，討論內容包括：想像我們肯定會成功、我們的想像力與成功。最後，關於「讓我們成長目標實現」，討論內容包括：要勇敢向前邁進、高唱出生命之歌。

> 生命是獲取知識的工具，
> 只要秉持這個原則，
> 我們不僅會勇氣百倍，
> 同時還能夠盡情生活與開懷大笑。
>
> ——尼采（Friedrich Nietzsche）《快樂的科學》（*Happy Science*）

一、回應成功的深切召喚

當小朋友上幼兒園的時候，老師通常會按照性別發給一張小孩的立姿圖畫，要他們按照自己喜歡的樣子爲自己塗上顏色。現在，讓我們再一次當幼兒園學生，爲我們喜歡發展的未來成就添上色彩——回應成功的深切召喚。

(一)天賜我們巨大潛力

對於人類擁有的無限潛能，世界頂尖潛能大師安東尼·羅賓曾講過一個小故事：

一位已被醫生確診爲殘疾的美國人，名叫梅爾（Mel），以輪椅代步已十二年。他的身體原本很健康，十九歲那年，他被派往越南打仗，被流彈打傷了背部的下半截，被送回美國醫治，經過治療，他雖然逐漸康復，卻無法行走。他整天坐在輪椅，覺得此生已經完結，有時就藉酒澆愁。有一天，他從酒吧出來，照常坐輪椅回家，卻碰上三個劫匪，動手槍他的錢包。他拚命吶喊拚命抵抗，卻觸怒了劫匪，他們竟然放火燒他的輪椅。輪椅突然著火，梅爾忘記了自己是殘疾，他拚命逃走，竟然一口氣跑完了一條街。事後，梅爾說：「如果當時我不逃走，就必然被燒傷，甚至被燒死。我忘了一切，一躍而起，拚命逃跑，及至停下腳步，才發覺自己能夠走動了！」

後來，梅爾在奧馬哈城找到一份職業，他身體健康，與常人一樣走動。

其實，巨大潛力其實上天已公平的賜給我們了，包括你、我、他，每一個人都擁有。人的潛能是多方面的：體能、智能、宗教經驗

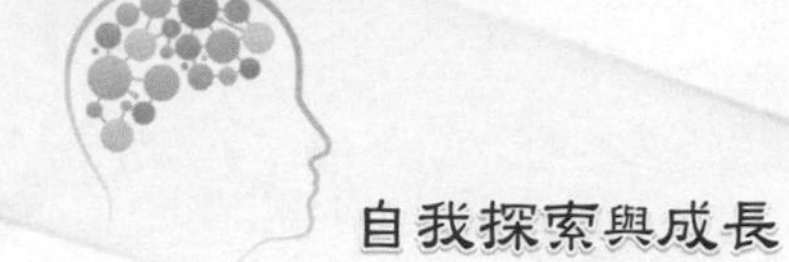

與情緒反應等等。然而，由於情境上的限制，人只發揮了其中十分之一的潛能。潛能是人類最大而又開發得最少的寶藏！無數事實和許多專家的研究成果告訴我們，每個人身上都有巨大的潛能還沒有開發出來。有學者的研究指出，普通人只開發了他蘊藏能力的十分之一，與應當取得的成就相比較，我們幾乎只不過是半醒著的。我們只利用了我們身心資源的很小很小的一部分而已。

科學家發現，人類貯存在腦內的能力大得驚人，人平常只發揮了極小部分的大腦功能。要是人類能夠發揮大半的大腦功能，就可以輕易地學會四十種語言、背誦整本百科全書、拿十二個博士學位。這種描述相當合理，一點也不誇張。愛迪生小時候曾被學校教師認爲愚笨而失去了在正規學校受教育的機會。可是，他在母親的幫助下，潛能被成功開發，最後成爲世界上最著名的發明大王，一生完成兩千多種發明創造。他在留聲機、電燈、電話、有聲電影等許多項目上有開創性的發明，大幅改善了人類生活的品質。愛迪生的成就關鍵是：腦筋是生產的工廠，而不是倉庫。

潛能大師安東尼・羅賓告訴我們，任何成功者都不是天生的，成功的根本原因是開發了人的無窮無盡的潛能。只要你抱著積極心態去開發你的潛能，你就會有用不完的能量，你的能力就會越用越好。相反的，如果你抱著消極心態，不去開發自己的潛能，那你只能嘆息命運不公平，並且更消極無能了！ 每一個人的內部都有相當大的潛能。愛迪生曾經說：

> 如果我們做出所有我們能做的事情，我們毫無疑問地會使我們自己大吃一驚。

從這句話中，我們可以提出一個相當科學的問題：「你一生中有沒有想要使自己驚奇過？」

(二)我們的潛能無窮盡

潛能大師安東尼・羅賓在心靈革命的課程中，爲了證明人類的巨大潛能曾做過一個實驗；就是用赤足從火上走過的課程（類似台灣民間宗教的過火儀式），在整堂課裡，所有的學員必須得面對火紅熾熱的木炭所鑄成的「火路」，然後大膽而勇敢地赤足走過。對於沒有過火經驗的人而言，那是極爲嚇人的場面，有人會哭、有人會叫、也有人腿軟、更有人發抖，甚至有人會哀求不要有這種「考驗」，不過最終所有的學員還是得走過這條路，因爲沒有經歷過這場考驗的人，就無法在隨後的課程中得到最大的效果。對此，安東尼・羅賓說：

> 我們當中很少有人有過赤足過火的經驗，但卻有不少人見過他人赤足過火的場面，特別是在寺廟的過火祭典中。當我們看見過火之人平安走過火堆之後，總以爲是神明在庇佑那些人，或是有人預先在火堆中做了手腳，殊不知過火行爲只要在妥善安排而不是使詐的情況下，人人都能平安走過。

根據美國的科學家對過火過程的觀察與測試，發現不需要用跑的，只要步行的速度夠快，便不會灼傷腳底。因爲每當腳掌在接觸火炭的瞬間，便會立即釋放出汗水，形成一層絕緣體，在那層汗膜尚未蒸發前提起腳掌，汗水便會吸收先前的熱量而化爲蒸氣消逝，因而使腳掌不會受傷。

由於大多數人不瞭解人體的神奇機能，以無知來接觸那些自己視爲可怕的遭遇，便容易陷入畏縮不前的狀態中。就算是眞的不知道這些原理，當那些研討會的學員在咬緊牙關平安走過火堆後，他們原有的整個觀念會有很大的改變，因爲原先認爲必然做不到的事，竟然可以輕易實現，原來——「任何的限制，都是從自己的內心開始的。」

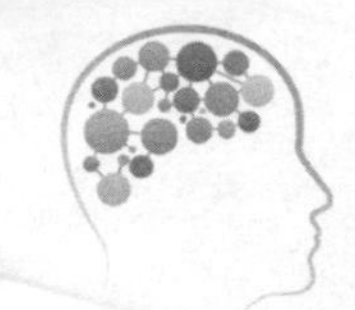

多年來，人人都知道要用不到十分鐘的時間跑完一英里的路程是不可能的。生理學刊物上刊登的文章也證明，人類的體力無法達到這個極限。但是，羅傑・班尼斯特（Roger Bannister）卻於1954年打破了四分鐘的紀錄（3:59.4）。誰也沒想到，不到兩年，又有十位運動員打破了這項紀錄。這其實證明了一個道理，所謂的極限是可以突破的，人類的潛能是非常大的，甚至可以說是無限的。

蒂爾達・肯普能（Tilda Kemplen）生長在美國田納西州東部的山區，她一直在只有一間教室的學校念書到八年級，結果因爲當地沒有高中，她又念了一年八年級。後來，她在一所教會學校當廚師。就在那時，她決心要重回學校念書。當她去高中註冊時，已經三十二歲了；有丈夫、三個孩子、工作以及一個家需要照顧。五年後她高中畢業，最後她拿到大學文憑。

蒂爾達希望幫助山區的孩子，使他們不再有自己遭遇的問題。她想爲他們建立學校，但是，她沒有基金也沒有教室，因此蒂爾達自願免費露天教書；接著她又爲一所兒童發展中心籌募到經費，那個中心在有26%失業率的鎮上僱用了六百名員工。當蒂爾達在華盛頓獲得紀念傑佛遜總統而成立的「傑佛遜公共服務優異獎」（Jefferson Public Service Award）時說：「每個人都有才能。如果我能做到，你也能！」

親愛的讀者，處身於當今所謂「M型社會」的中產階級貧窮化，資源分配不均與競爭起跑點不平等的情況下，許多年輕人對22K（韓國88世代，指月入8萬8韓幣，不足3萬新台幣）的無力感是可以諒解的，但是，蒂爾達勉勵的話：「如果我能做到，你也能！」值得深思與自我勉勵。人生的成就並非決定於你的遭遇如何，而是決定於你面對遭遇時的態度。高齡九十五歲才獲得高中文憑的海倫太太說：「就算是拿不到文憑，我的高中生活依然是我生命中非常美好的一頁。」

當年她和其他五個同學因爲學校債務的緣故，一直沒有收到文憑。但是，海倫最後還是領到了文憑。1983年5月，海倫太太，這位緬因州南湯瑪士頓城最老的居民，也是她那所高中唯一健在的畢業生，終於領到了文憑，一張遲了七十六年的文憑。

一個人要編織夢想、學習新知識，甚至改變生活型態都永遠不嫌太遲。人們永遠可以編出各種理由——太老、太年輕、性別、年齡不對或者機會不可得。開創生活雖然不是很容易，但是，它卻能帶給你無窮的回報。你無法使時間停止，但是可以停止消極悲觀的思想，立即開始運用自己的潛能，你就能得到你所追尋的。

二、編寫我們的成長歌曲

回顧在探索篇第一章「我是誰？——自我與我的存在」討論過：探索眞實的自己、尋找自己的未來以及讓我的夢想成眞。然後，在成長篇第六章「我的未來不是夢！——爲成長規劃願景」討論過：屬於我自己的願景、成長的二部曲以及成爲生命的贏家。於是，循著脈絡進行探討「編寫我們的成長歌曲」。

(一)想像我們肯定會成功

在開始另一階段學習成長與發展行程之前，你必須弄清你身處何方，這是個基本準則。你可能在頭腦裡想好了目的地，手上拿著地圖，但除非你知道你現在置身於地圖上的哪一點，你才能到達目的地。所以，在你開始到達自己的目標以前，列一張清單，寫明自己處於什麼情況中，想到哪裡去，要勇敢地剖析自己。你的態度、行動、外表以及限制你成功的背景如何？你有何技能而且需要怎樣改進？

改變生活的最有效方法之一，就是使用想像的技巧。想像是一種

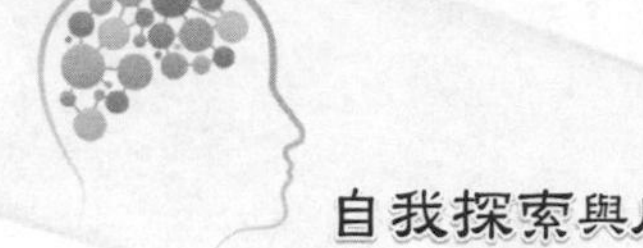

創造行爲，透過這種方法，你就可以組成思維形象，它能清理頭腦裡的思路。第一個目標就是想像你自己將成爲什麼樣子，任何時候都可以想像。或一開始就把自己想像成處於各種具體的情況中，給自己幻想出一種思維形象。

1988年漢城奧運會時，一個蘇聯跳高選手漢那第（Hennadiy Avdyeyenko）就是這樣做的，他當時在準備刷新紀錄。隨著電視鏡頭的移動，你可以看到他的嘴唇在動，就好像在自言自語，這種身體語言暗示著他想像自己跑向橫竿、屈曲雙腿、扭動身體，就好像他在想著一系列動作一樣。他堅毅地點了點頭，準備好了。攝影機移近了，鏡頭對準了該選手的臉部。他按下了腦中的啓動按鈕，咬緊牙關，接著是有力的大步助跑，不斷加快速度，提腿、弓腰，最後成功地越過橫桿。發生了什麼事？這位跳高選手總共跳過了那高度兩次：「一次是在他的想像中，另一次是在觀衆眼裡看到它發生的！」

這位跳高選手承受著巨大的壓力，而他僅有一次機會，他必須讓它成功才行。於是他先讓自己在想像中看到自己成功了，這給了他信心，讓他在現實中也成功了——獲得一面金牌。

(二)我們的想像力與成功

想像練習有兩點益處：它能使你準備好去應付某種情況；另外，這實際上是一次排練。任何表演的團員在沒有排練的情況下是絕對不會有令人讚賞的演出。排練是經歷的提前顯現。俗話說：「熟能生巧」，這是因爲每次你做什麼事都總是先把它練得更好。

人們做什麼都要先想像一下嗎？當然不是。想像一定要在有準備之後，跳高選手能夠想像他取得成功是因爲他自己有所準備。可是，你會這樣反駁，有關想像的方式不就變成自我膨脹了？跳高選手不僅要想像他的成功，仍要通過幾個階段的艱苦訓練，才能夠達到自己的目標。儘管他進行訓練，儘管他有嫻熟的技巧，他也十分清楚在某種情況下仍會失誤，他還必須消除那種令人分心的疑慮。透過想像自己能夠跨越橫竿，他就能增強信心，改進自己的動作。他一直對自己說：「這一點我能辦到，以前我成功過，現在我再來一次。」

想像其實只是尋找自己的注意力，並把它集中起來的一種手段，想像提醒你什麼是正確的手段，該增加哪方面的知識。你怎樣使用這個技巧？

要意識到如果沒有刻苦工作或練習作爲基礎，想像便毫無作用。如果你沒有做好詳細的準備工作，你會發現想像自己成功是不可能的。如果你在談生意或社交時感到不適應或受挫折，並因此常常感到坐立不安，很可能是你沒有做好準備工作，以增強自己的信心。一旦你爲了成功而把自己武裝起來時，你就會發現你所缺乏的自信。

自信會在一夜之間出現嗎？當然不會。如果你全身心地投入，它會出現嗎？當然會。相信你自己，相信你的潛能，想像自己在經營這個公司而不是爲它效勞，要超越你的同事，去實現看起來很荒誕的夢想，這些都不是毫無價值的空想。但是，你首先必須想像自己在這樣做。

鋼琴樂譜

一位音樂系的學生走進練習室。鋼琴上，擺放著一份全新的樂譜。他翻動著，便說：「超高難度。」

指導教授是個極有名的鋼琴大師。他給這學生一份新樂譜。「試試看吧！」他說。

樂譜難度頗高，學生彈得錯誤百出。「還不熟，回去好好練習！」教授在下課時，叮囑學生。

學生練了一個星期，第二週上課時，沒想到教授又給了他一份難度更高的樂譜，「試試看吧！」對於上星期的樂譜，教授提也沒提。學生再次掙扎於更高難度的彈奏。

第三週，更難的樂譜又出現了，同樣的情形持續著，學生每次在課堂上都被一份新的樂譜為難，卻怎麼樣練習都追不上進度，一點也沒有因為上週的練習而有駕輕就熟的感覺，學生感到愈來愈不安、沮喪及氣餒。

已經三個月了，自從跟了這位新的指導教授之後，他不知道為什麼教授要以這種方式整人？勉強打起精神，他開始用十隻手指頭彈著，讓琴音蓋住了練習室外的腳步聲。

教授走進練習室。學生再也忍不住了，他向鋼琴大師提出這三個月來何以不斷折磨自己的質疑。

教授沒開口，他抽出了最早的第一份樂譜，交給學生。

「彈彈看！」他以堅定的眼神望著學生。

不可思議的事發生了，連學生自己都詫異萬分，他居然可以將這首曲子彈奏得如此美妙與精湛！教授又讓學生試了第二堂課的樂譜，學生仍然有高水準的表現。演奏結束，學生不可思議地看著老師而說不出話來。

「如果，我任由你表現最擅長的部分，可能你還在練習最早的那份樂譜，不可能有現在這樣的程度。」鋼琴大師緩緩地說著。

人，往往習慣於表現自己所熟悉、所擅長的領域。看似緊鑼密鼓的工作挑戰、永無止境地難度漸漸提高的環境壓力，不也就在不知不覺間養成了今日的能力嗎？

焦點：這也許就是潛移默化吧！努力是不會白費的，只要扎實地認真練習；一個與自己的極限奮鬥的人，可能面臨失敗，但正是這種失敗，使人們一再將自己的能力提升。

三、讓我們成長目標實現

既然，肯定天賜我們巨大潛力以及從想像邁向成功，就要讓我們成長目標得以實現。這是我們邁向成長與發展的最關鍵課程，包括：要勇敢向前邁進與高聲唱出生命之歌。

(一)要勇敢向前邁進

美國作家查爾斯（Charles Templeton）在五十五歲前從沒寫過小說，也從未打算寫小說。有一天，當他向一家國際財團申請有線電視網執照時，他有了一個想法。當時，一位在管理部門的朋友打電話來，說他的申請可能被拒絕，查爾斯突然面臨著這個問題：「我今後怎麼辦？」查閱了一些資料後，查爾斯爲自己寫下備忘錄，其中是十幾句字體潦草的句子，寫下了一部電影的基本情節。他在辦公室裡靜靜地坐了一會兒，思索著是否該把這項工作繼續下去。

於是，查爾斯拿起話筒，撥電話給他的小說家朋友阿瑟（Arthur）：「阿瑟，我有一個自認爲不尋常的想法，我準備把它寫成電影劇本。我怎樣才能把它交到某個經紀人或製片商或任何能使它拍成電影的人手裡？」

阿瑟回應：「查爾斯，這條路子成功的機會幾乎等於零。即使你找到某人採用你的想法並把它變爲現實，我猜想你的故事大概所得的報酬也不會很大。你確信那眞是個不同尋常的想法嗎？」 查爾斯語氣堅定回答：「是的。」阿瑟隨後指出：「那麼，如果你確信，你可以花一年的時間，把它寫成小說，如果你能做到這一點，你可以從小說中獲利。如果很成功的話，你就能把它賣給製片商，得到更多的

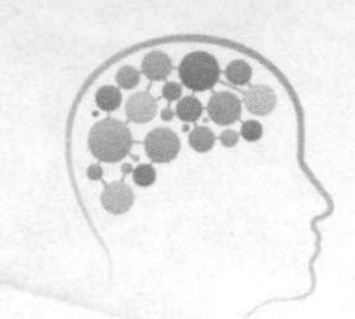

錢。」

查爾斯放下話筒，散步了好長一段路。他想：「我有寫小說的天賦和耐心嗎？」當他這樣沉思時，他越來越有信心辦成。他於是自己進行調查、安排情節、描寫人物、開始撰寫、然後潤飾……。一年三個月後小說完成了，1976年2月《綁架總統》（*The Kidnapping of the President*）由加拿大的麥克萊蘭和斯圖爾特（McClelland and Stewart）公司出版，在美國也由西蒙與舒斯特和艾瑪袖珍圖書公司（Simon & Schuster and Emma Pocket Book Company）出版，以後也在英國、義大利、荷蘭、日本和阿根廷等地出版。

最後，此書由理查．墨菲（Richard Murphy）改編，拍成非常賣座的電影《綁架總統》。此後，查爾斯寫了許多部作品，包括2016年5月出版的《消失的人和其他奇怪的故事》（*The Vanishing Man and Other Strange Tales*）以及2016年11月出版的《迷失在迷霧》（*Lost in the Mist*）。

任何人只要下定決心、堅持不懈、按部就班、刻苦工作就能獲得一切嗎？當然不是。但是，假如你有想像自己成功的願望、奉獻和能力，你就會獲得比你夢想中更多的成就。

(二)高聲唱出生命之歌

正如查爾斯的奮鬥歷程，不少年輕人一直滿懷熱情地，夢想打破身處其中的困境，但是，他們遲遲沒有行動，不久，夢想消逝殆盡，計畫徹底失敗，他們再次陷入摸索之中。他們不停地下決心說：總有一天，我會做到，那一天……。可惜，遺憾的是，那一天總是不到來。爲什麼呢？因爲他們不相信自己。可是，要怎樣才能相信自己呢？要怎樣才能變得更好呢？

安東尼．羅賓告訴我們，開始時不要去想馬拉松的三十公里長跑，不要想著當總裁，也不要想著去當掌握市場通路的大商人，而是去解決近在眼前的挑戰。不要把眼光拋向最高的工作，而是望著下一件事。要到一個遙遠的城市旅行，你得開始邁出第一步。

所有巨大的成就都是很簡單的，觀看海鷗飛翔後，你就會駕駛飛機。開設一家自行車工廠後，你可以逐漸發展出大規模的汽車生產線。當然，「希望不等於結果」，這就是關鍵。你必須行動，你必須走出第一步，你必須靜坐下來與自己談一談——「我想要有多大的成功？」、「我有決心讓自己努力獲得這些成功嗎？」、「對我來說，那有可能嗎？」。

沉思一會兒，你便意識到，過去曾有很多次，在對某事感到沒有多大作爲時，你決心改變他們。成千上萬的人採取不良的生活方式來傷害自己的健康，並一直持續不斷。成千上萬的人吃高膽固醇的食物，結果永遠減輕不了體重。許多人在吃中餐時要喝雙份咖啡，或者在週五晚上買整箱的啤酒。此外，還有人發誓要更認眞讀書工作，或對事情考慮更周到，或者花更多時間閱讀書籍與上網查詢新知識，他們這樣做了，結果他們的人生目標與生活態度改善了。

將決心變爲現實，並下決心改變自己吧！只要我們意識到我們應該改變我們生活中的某些方面，我們就會採取行動而且會達到目的。

1972年筆者在瑞士日內瓦大學讀書，在校園裡聽到一首名爲「生命之歌」（chanson de la vie）的法語詩歌，是John Mbiti教授（肯亞人，母語是英語，太太瑞士人，母語是法語）十一歲女兒Anne唱的，是母親教她唱的，她精通法、英兩種語言，有時也唱父親教的英語歌。歌詞記得內容是這樣翻譯：

生命是一首詩歌——高唱它，
生命是一場遊戲——玩賞它，
生命是一種挑戰——面對它，

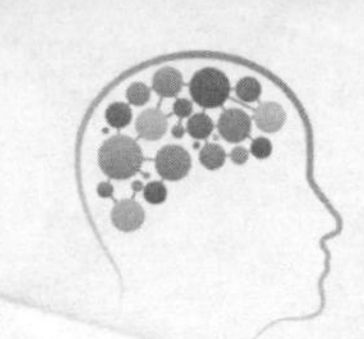

生命是一個夢想——實現它
生命是一種犧牲——貢獻它，
生命是愛——享受它。

La vie est une chanson- chanter.
La vie est un jeu- jouer.
La vie est un défi- la rencontrer.
La vie est un rêve- réaliser.
La vie est un sacrifice- offrez-le.
La vie est amour- l'apprécier

Life is a song- sing it.
Life is a game- play it.
Life is a challenge- meet it.
Life is a dream- realize it.
Life is a sacrifice- offer it.
Life is love- enjoy it.

我經常向Anne學唱這首歌，因爲喜歡它的歌詞內容，非常貼近我的生活環境與發展期待。事隔四十多年，歌譜已經幾乎忘記了，歌詞卻依然記得，因爲它正是我人生歷程的寫照！

1.試說明：成功的根本原因是開發了人的無窮無盡的潛能？

2.用赤足從火上走過，是科學或神的奇蹟？爲什麼？

3.試舉例說明改變生活的最有效方法之一就是使用想像的技巧。

4.想像練習有哪兩點益處？

5.爲了獲得成就，你必須行動，你必須走出第一步，你必須靜坐下來與自己談一談。要談什麼？

參考書目

Blak, Jenny (2011). *Life After College: The Complete Guide to Getting What You Want.* Publisher: Running Press Adult.

Cannon, Walter B. (1963). *The Wisdom of The Body.* Publisher: W. W. Norton & Company.

Cron, Ian Morgan & Suzanne Stabile (2016). *The Road Back to You: An Enneagram Journey to Self-Discovery.* Publisher: IVP Books.

Keller, Anne Davidson (2017). *Empty Chairs.* Publisher: Rocky Dell Press.

Hill, Napoleon (2011). *The Law of Success In Sixteen Lessons.* Publisher: Wilder Publications.

Hoffman, Reid & Ben Casnocha (2012). *The Start-up of You: Adapt to the Future, Invest in Yourself, and Transform Your Career.* Publisher: Currency.

Horowitz, Mardi (2014). *Identity and the New Psychoanalytic Explorations of Self-organization.* Publisher: Routledge.

Moore, Joshua & Helen Glasgow (2017). *The Growth Mindset: A Guide to Professional and Personal Growth.* Publisher: CreateSpace Independent Publishing Platform.

Patel, Meera Lee (2016). *Start Where You Are: A Journal for Self-Exploration.* Publisher: Particular Books.

Reed, Mackenzie (2017). *The 100-Day Prompt Journal: A Writing Prompt Journal for Self-Exploration and Life Improvement.* Publisher: CreateSpace Independent Publishing Platform.

Robbins, Anthony (1991). *Awaken The Giant Within.* Publisher: Free Press.

Roth, Charles B. & Roy Alexanderjavascript:void(0) (1997). *Secrets of Closing Sales*. Publisher: Prentice Hall Press.

Senge, Peter M. (1990). *The Fifth Discipline.* Publisher: Doubleday Business.

Trump, Donald (2005). *Trump: Think Like a Billionaire: Everything You Need to*

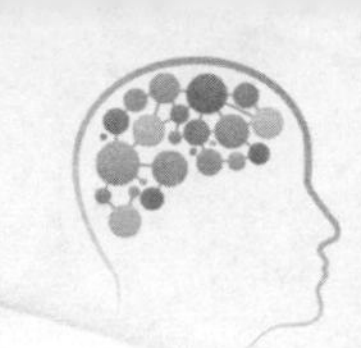

Know About Success, Real Estate and Life. Publisher: Ballantine Books.

West, Hailey (2017). *300 Writing Prompts: The Complete Self Exploration Journal.* Publisher: CreateSpace Independent Publishing Platform.

Woodward, Michael (2012). *The YOU Plan: A 5-Step Guide to Taking Charge of Your Career in the New Economy.* Publisher: Keynote Publishing.

林仁和（2001）。《成為生活的贏家》。晨星出版社。

林仁和（2012）。《邁向成長之路》。Agape Education Center。

林仁和（2013）。《生涯規劃與發展》。心理出版社。

自我探索與成長

作　　者／林仁和
出 版 者／揚智文化事業股份有限公司
發 行 人／葉忠賢
總 編 輯／閻富萍
特約執編／鄭美珠
地　　址／22204 新北市深坑區北深路三段 260 號 8 樓
電　　話／02-8662-6826
傳　　真／02-2664-7633
網　　址／http://www.ycrc.com.tw
E-mail／service@ycrc.com.tw
ISBN／978-986-298-290-7
初版一刷／2018 年 4 月
定　　價／新台幣 350 元

國家圖書館出版品預行編目（CIP）資料

自我探索與成長 / 林仁和著. -- 初版. -- 新北市 : 揚智文化, 2018.04
面； 公分

ISBN 978-986-298-290-7（平裝）

1.自我實現 2.自我肯定 3.生涯規劃

177.2 107003242